向阳而生，拥抱未来

——大学生心理健康

王华芳 焦 丽 ◎ 著

中国商业出版社

图书在版编目（CIP）数据

向阳而生，拥抱未来：大学生心理健康 / 王华芳，焦丽著. -- 北京：中国商业出版社，2024.9. -- ISBN 978-7-5208-3158-1

Ⅰ. G444

中国国家版本馆 CIP 数据核字第 2024F560R4 号

责任编辑：滕 耘

中国商业出版社出版发行

（www.zgsycb.com 100053 北京广安门内报国寺1号）

总编室：010-63180647 编辑室：010-83118925

发行部：010-83120835/8286

新华书店经销

北京中献拓方科技发展有限公司印刷

*

710毫米 × 1000毫米 16开 15.25印张 240千字

2024年9月第1版 2024年9月第1次印刷

定价：58.00元

****

（如有印装质量问题可更换）

前　言

党的二十大报告明确指出："教育、科技、人才是全面建设社会主义现代化国家的基础性、战略性支撑。必须坚持科技是第一生产力、人才是第一资源、创新是第一动力，深入实施科教兴国战略、人才强国战略、创新驱动发展战略，开辟发展新领域新赛道，不断塑造发展新动能新优势。我们要坚持教育优先发展、科技自立自强、人才引领驱动，加快建设教育强国、科技强国、人才强国，坚持为党育人，为国育才，全面提高人才自主培养质量，着力造就拔尖创新人才，聚天下英才而用之。"大学生作为高等教育人才建设的主体，担负着全面建设社会主义现代化国家的使命和任务，大学生综合能力的培养和提升，是高等教育最重要的任务之一。随着科技的发展和竞争的加剧，时代的不确定性逐渐增强，大学生在学习与成长中必然会遇到方方面面的困惑、压力和挑战，如果这些压力和挑战得不到有效的处理与疏解，将会阻碍大学生健康成长和发展，破坏校园良好文化氛围的营造，影响我国高等教育的质量，对整个社会主义现代化建设人才的培养不利。

大学是人一生中最为关键的时期，如何以积极的心态应对大学生活中产生的心理困惑是大学生必须掌握的技能，是促进大学生自身健康发展的需要，也是社会主义现代化建设的必然要求。作为陪伴大学生学习生涯最亲密的指导者，辅导员是最了解大学生心理的一个群体。本书是笔者结合多年的一线工作经历，着眼于大学生在入学适应、人格发展与心理健康、情绪管理及情商培养、学习指导与习惯培养、人际交往心理、网络心理障碍与调适、幸福探索与追寻等多个方面普遍存在的问题和应对的不足，从认知调整、情绪调节、行为指导三个层面来解析大学生的生活现状和具体的应对策略，希望能够丰富大学生心理素养的提升方法，为高校的人才培养贡献力量，让所有的

☞ 向阳而生，拥抱未来

大学生都能向阳而生，拥抱未来。

  本书在写作过程中，参阅了一些专家和学者的研究成果，同时结合当代大学生的心理特征和笔者在一线教育实践中的工作经验，形成了较为系统的大学生心理健康教育的基本内容，具有一定的可读性、趣味性和实践指导性。本书的第三、第四、第七章由王华芳撰写，第一、第二、第五、第六章由焦丽撰写。笔者在写作过程中深感学术水平有限，希望广大的读者尤其是青年大学生提出宝贵的意见，我们将进一步完善著作，在此由衷地向大家表示感谢！

目 录

第一章 扬帆起航新人生
——大学生入学适应 1
第一节 有关适应的心理学理论 1
第二节 大学生常见的适应性问题 6
第三节 大学生心理适应的基本方法 13

第二章 打开决定命运的钥匙
——大学生人格发展与心理健康 23
第一节 气质概述 23
第二节 性格概述 37
第三节 大学生的人格特征 51
第四节 大学生常见的人格缺陷与人格障碍 53
第五节 大学生人格完善的途径和调适方法 59

第三章 建立合理的信念体系
——大学生情绪管理及情商培养 65
第一节 情绪概述 66
第二节 大学生的情绪特点及影响因素 80
第三节 大学生情绪健康的标准及常见的情绪困扰 88
第四节 大学生情绪调节的策略与情商修炼 96

第四章 树立终身学习的理念
——大学生学习指导与习惯培养 ······ **110**
第一节 大学生学习理论知识 ······ **110**
第二节 记忆、思维、潜能开发与学习 ······ **117**
第三节 学习的意义、动机与习惯养成 ······ **125**
第四节 大学生常见的学习困扰与学习技巧的调整 ······ **133**

第五章 学会与周围世界和解
——大学生人际交往心理 ······ **147**
第一节 人际交往是人健康成长的基本过程 ······ **147**
第二节 大学生常见的人际交往问题与影响因素 ······ **161**
第三节 大学生人际交往能力的培养 ······ **173**
第四节 大学生与亲子关系 ······ **182**

第六章 让网络为梦想插上放飞的翅膀
——大学生网络心理障碍与调适 ······ **192**
第一节 网络及其对大学生的影响 ······ **192**
第二节 大学生常见网络心理障碍及行为偏差 ······ **198**
第三节 大学生网络人际关系 ······ **203**
第四节 大学生如何对待网络 ······ **208**

第七章 寻找生命的价值与意义
——大学生幸福探索与追寻 ······ **212**
第一节 幸福的基础理论 ······ **213**
第二节 幸福的意义及影响因素 ······ **220**
第三节 大学生的幸福困扰及其解决对策 ······ **225**

参考文献 ······ **237**

第一章　扬帆起航新人生

——大学生入学适应

历经十年寒窗,终于踌躇满志地步入大学校园,每个大学生都需要面对一个全新的世界。从中学到大学,无论是生活环境还是学习方法,无论是个人目标还是社会期望,对大学生而言都发生了巨大变化。面对全新的生活环境、学习任务和人际关系,大多数大学生能够面对心理和行为上的困惑与挑战,调整自身状态,最终适应大学生活。但是,也有少数人因为身体或心理上的不适应而出现诸多问题,以致影响大学生活以及个人的发展与进步。从达尔文的"适者生存"的自然选择,到我国古人的"识时务者为俊杰",再到著名心理学家皮亚杰的"智慧的本质就是适应",众多杰出人物都指出了适应的重要性。可见如何由不适应到适应,顺利完成从中学生到大学生的身份转变,尽快融入大学生活,是摆在每个大学新生面前的重要课题。

第一节　有关适应的心理学理论

一、适应的概念

适应是指个体通过不断调整自身使其个人需要能够在环境中得到满足的过程,是一种自我与环境和谐统一的良好的生存状态。每个人都有自己的生存或生活环境,适应就是人与环境所达到的一种动态平衡状态。个体只有适应了环境后，才能使自己的生存需要、安全需要、归属与爱的需要以及尊重的需要得到满足，从而促进个体的发展。

人类对其所属环境都有一定的适应能力。"良好适应"至少要符合两项条件：就主体来说，个体的需求已获得满足，紧张情绪也已消除；就社会来说，个体满足需求的方式要为社会所认可。也就是说，适应要同时具有"需求满足"与"社会认可"两项条件；反之，就是"不适应"或"适应不良"。缺乏前者为"个体不适应"，缺乏后者为"社会不适应"。良好适应能增进个体的心理健康，进而形成健全的人格；不良适应则可能导致个体行为异常或人格的偏离。

二、关于适应的心理理论

（一）适应是智慧的本质

瑞士儿童心理学家皮亚杰认为，智慧的本质就是适应。适应的本质在于取得机体与环境的平衡。实现这种平衡需要通过两种形式：一是同化，即个体把环境因素纳入已有的认知图式或认知结构中，以扩展和充实自身的行为；二是顺应，即个体改变行为以适应环境因素的变化。如果机体与环境失去平衡，就需要行为主体改变自身的行为模式，重建平衡。这种"平衡—不平衡—平衡"的过程便称为适应。

（二）适应就是解决个体发展危机

埃里克森的自我发展理论认为，人格发展包括机体成熟、自我成长和社会关系三个不可分割的过程，经受着内部与外部的一切冲突，其发展按年龄顺序分为八个阶段。每一个发展阶段都存在着一种发展危机。这种危机可以理解为个体与环境的一种不协调状态，表现为个体的成长需求与环境限制的冲突。冲突解决的结果有两个：成功与不成功——成功的解决有助于自我力量的增强和对环境的适应；不成功的解决则会削弱自我的力量，阻碍个体对环境的适应。并非每个人都能顺利渡过发展危机，这就需要个体不断学习，使自己不断地完成每一个阶段的适应任务，在经验中完成自我调适。

埃里克森把人生划分为八个阶段，并将其称为心理社会发展阶段，见

表1-1。

表1-1 埃里克森的心理社会发展八阶段

阶段序号	所处阶段	年龄/岁	发展危机	发展顺利者的心理特征	发展障碍者的心理特征
1	婴儿前期	0~1.5	信任对不信任	对人信任,有安全感	面对新环境时会焦虑不安
2	婴儿后期	1.5~3	自主行动对羞怯怀疑	能按社会要求表现目的性行为	缺乏信心,行动畏首畏尾
3	幼儿期	3~6或7	主动自发对退缩愧疚	主动好奇,行动有方向,开始有责任感	畏惧退缩,缺少自我价值感
4	童年期	6或7~12	勤奋进取对自贬自卑	具有求学、做事、待人的基本能力	缺乏生活基本能力,充满失败感
5	青少年期	12~18	自我统合对角色混乱	有了明确的自我观念与自我追寻的方向	生活无目的、无方向,时而感到彷徨迷失
6	成年早期	18~30	友爱亲密对孤僻疏离	与人相处有亲密感	与社会疏离,常感寂寞孤独
7	成年中期	30~60	精力充沛对颓废迟滞	热爱家庭,关怀社会,有责任心,有义务感	不关心别人与社会,缺少生活意义
8	成年后期	60岁以后	完美无憾对悲观绝望	随心所欲,安享余年	悔恨旧事,消极失望

注：表中所有的阶段划分并没有严格的年龄界限，故每个阶段对应的年龄均为概数。

大学生正处于埃里克森所说的第5和第6阶段，即青少年期和成年早期。这一时期适应和发展的主要任务是确立一个正确的自我概念，获得"一种熟悉自身的感觉"，知道"自己将会怎样生活的感觉"，如能够客观地评价自我，能够独立地作决断，并能够承担起社会责任。此外，还要逐步形成亲密感，如能够与他人建立和谐的关系，并从中获得相互的认同；能够与异性伴侣建立亲密关系，从而体验爱情。正确认识自我，形成亲密感，建立良好的人际关系，对于大学生适应大学生活、适应社会都具有重要作用。

（三）适应就是"在其位，谋其政"

1. "角色采择"和"角色期望"

从社会角色理论的角度来看，适应是指一个人的态度、行为与社会"角色期望"的匹配过程，正所谓"在其位，谋其政"。

每个人在不同的社会关系中都会担任一定的角色，社会对于不同角色应当表现出来的态度、行为模式都有一定的要求和期望，即"角色期望"。一个人的态度、行为如果偏离了角色期望，就可能引起周围人的异议或反对。在这种情况下，人们就会通过观察或想象，依据他人对自己的表情、态度等出现"镜像自我"，即把他人对自己的态度当成镜子来认识自己的形象，从而形成自我概念，这种按照他人的期望不断调节自己的行为与塑造自己，就称为"角色采择"。

每个人都处在一定的社会关系和环境中，周围的这些社会关系和他人都会根据人们的职位、个性、家庭背景等不断地提出一定的"角色期望"，而每个人都会通过"角色采择"塑造自己的自我形象，并不断向这个方向靠近。如果"角色采择"的自我形象和"角色期望"中的一致，个体就能和谐发展；如果不一致，个体就可能出现一定的不适应，可能会出现心理失衡等问题。

2. "角色间冲突"和"角色内冲突"

（1）"角色间冲突"。由于每个人在不同的社会环境中都具有不同的身份和扮演着不同角色，比如作为一名大学生，在学校时可能是一名普通学生或学生干部，在家里是父母的女儿或儿子，在某项活动中可能是一名组织者……社会对每一种角色都会有不同的要求，有时候这些角色之间可能互不相容，这就会出现"角色间冲突"。这种冲突常常会使人感到左右为难。为了摆脱这种困境，个体需要依据当时所处的境况明确自己当时主要的角色地位及其行为界限，同时还要考虑社会对自己的角色期望。

（2）"角色内冲突"。一个人作为一种角色，也常常由于不能同时实现两个或更多的自我期望而产生矛盾，这就称为"角色内冲突"。解决这种冲突就必须分清轻重缓急，采取先后兼顾或舍末求本的方式进行处理。

当一个人能够正确地了解自己的"角色期待"，能够正确地进行"角色采择"，并能够正确地处理角色冲突时，这个人就能够很好地适应与发展；反之，则会出现许多适应不良的心理问题，阻碍个人的发展。

◇ 拓展阅读

适应性自我测试量表

1. 量表简介

适应性自我测试量表可用于评估个体面对新环境的适应能力，见表1-2。

请根据自身情况分别选择A、B、C、D、E：A表示很符合自己的情况，B表示比较符合自己的情况，C表示不太确定，D表示比较不符合自己的情况，E表示很不符合自己的情况。

表1-2 适应性自我测试量表①

题目	A	B	C	D	E
1. 如果周围再安静一点，而且没有人监考，我的考试成绩一定会更好。					
2. 刚到一个新地方，我常常失眠，而且常感到身体不舒服。					
3. 每到一个新的环境，我与周围的人很容易接近，并能与他们相处融洽。					
4. 我喜欢学习新的知识和学科，因为能给我带来新鲜感，激发我的兴趣，而且我总能很快找到适合自己的学习方法。					
5. 我很喜欢参加社交活动，每次活动都能结识很多新朋友。					
6. 已经记得很熟的课文，面对全班同学背诵或默写时，我总会出错。					
7. 课堂上即使很吵，我也能集中精力学习，学习效果不会下降。					
8. 我比其他人更希望夏天能凉快一些，而冬天能更暖和一些。					
9. 参加重要的大型考试，我的脉搏总会比平时跳得更快。					
10. 学习任务很繁重时，我可以精力充沛地学习一个通宵。					
11. 到一个新的地方，饮食、气候变化很大，我一般能很快习惯。					
12. 除了我熟悉的朋友外，其他客人来我家做客时，我一般都会回避。					
13. 到一个新班级，我很难较快与班上的同学建立良好的关系。					
14. 无论在课堂上还是在会场上发言，我都能镇定自若。					
15. 如果有老师站在旁边，我学习、做事总感觉有些不自在。					

---

① 心理适应性测试 [EB/OL]. (2009-11-25). https://www.hbxggz.cn/pages/218.html.

续表

题目	A	B	C	D	E
16. 在众人特别是陌生人的面前，我都会感觉有点不知所措。					
17. 在大多数情况下，我会接受大家的看法而放弃个人的意见。					
18. 在任何情况下，我做事都会很细心，从不会很慌张。					
19. 和别人争论时，我常语无伦次，争不过别人，但事后总能想到好的反驳办法。					
20. 我每次遇到大型考试时，考试成绩就会比平时要好一些。					

2. 计分标准

题号为1、2、6、8、9、12、13、15、16、19的题目，从A到E五种回答依次记1、2、3、4、5分；题号为3、4、5、7、10、11、14、17、18、20的题目，从A到E五种回答依次记5、4、3、2、1分。

3. 评分说明

81~100分：适应性很强，你能很快适应新的学习环境，因此无论到一个什么样的环境里，你总能应对自如。

61~80分：适应性较强，你能够比较轻松地适应生活、学习上的变化，遇到问题也能够比较从容地应对，不至于惊慌失措。

41~60分：适应性一般，进入一个新的环境，经过一段时间的调整与学习后，你基本可以适应这些变化。

31~40分：适应性较差，你习惯已有的生活环境，稍有改变就会觉得不适应，遇到困难，不是积极寻求解决办法，而是怨天尤人。

20~30分：适应性很差，你进入一个新的环境，即使经过较长时间的调整，也很难适应，常常感到与周围的事物格格不入，与他人交往总感到手足无措。

第二节　大学生常见的适应性问题

面对生活环境、角色、学习和人际关系等诸多方面的变化，大学生如果不能及时、有效地调整好自身情况来适应这些变化，很可能产生很多适应性问题。

一、生活环境的变化

大学生面临的第一个变化就是生活环境的转变。

（一）校园环境的变化

大学校园的面积往往比中学校园要大很多，有的大学校园甚至占地上百万平方米，各类教学楼、实验室、社会活动中心、体育健身中心以及各类生活设施等更为丰富，完全是一个崭新的社会生活圈。对于刚踏入大学校门的学子，特别是在大学环境与原先的中学环境相差甚远的情况下，可能需要很长一段时间才能熟悉大学校园内的各处学习、生活场所和环境。

（二）气候环境的变化

我国幅员辽阔，不同的地方会有不同的地理特征和气候环境，许多大学新生，考入离家乡较远的外省市高校就读，便要重新适应新的气候环境。例如，北方学生就读于南方高校时，需要适应南方的闷热、潮湿、多雨；南方学生就读于北方高校时，也要适应北方的寒冷、干燥、风沙等。有很大一部分学生在气候环境发生变化的时候，会出现明显的身体不适现象，如出现湿疹、腹泻等，再加上心理也处于对陌生环境的适应阶段，会导致免疫力比较低下，加重了身体上的不适。

（三）饮食习惯的变化

新生入学后，还要适应当地的饮食习惯。尽管现在各大高校都开设了南北各地的风味餐厅，但一些地区特殊的饮食习惯与口味，还是需要时间才能完全适应。有些学生在入学后很长一段时间，依然适应不了学校食堂的饮食，导致身体素质下降。出现这些现象时，学生一定要及时向家长及老师反映，以免影响正常的生活、学习。

（四）生活习惯的变化

很多学生在中学时期是居住在家里的，尤其是独生子女家庭，自幼就有自己独立的生活空间。独生子女在其成长过程中，长辈往往会给予更多的宠爱，进入大学校园后，通常是4~6人共居一室。同一个宿舍的人，来自五湖四海，生活习惯又各有不同，有的外向、喜欢侃侃而谈，有的则内向拘谨、少言寡语；有的喜欢早睡早起，而有的喜欢早上不起、晚上不睡。每年都会有相当一部分学生因为与室友作息时间冲突、生活习惯不同、性格差异太大而要求调整寝室，严重者还患上了神经衰弱、抑郁症，导致休学、退学，甚至发生犯罪行为。

面对以上各类生活环境的变化，大多数学生在入学后，经过一段时间的调整，均可以很好地适应。但是，还是有一些学生，出于身体或心理上的原因，长久不能适应新的环境，便会出现各类身体或心理状况，如失眠、乏力、头晕、胸闷、食欲减退、恶心、腹痛、过敏、抑郁等，这些状况如果不能及时得到缓解，便会影响到学生正常的生活与学习，严重的可能需要休学治疗。

二、角色的变化

"角色"一词是指社会生活中每个人所处的位置和身份，每个人在不同的社会关系中所扮演的角色不尽相同。从中学到大学，生活、学习环境的变化，要求所有大学生重新定位自身的角色，而这一角色转变的过程是否顺利，则会影响大学生今后能否顺利适应生活和学习，以及能否顺利承担新的社会角色责任。

（一）由中心角色向普通角色的转变

对于踏入大学校门的新生来说，在中学阶段，大多数是学生中的佼佼者，自我感觉良好。进入大学之后，只有少数学生还能保持原先的优势地位，对于大多数学生来说，将会从原先老师、家长眼中的"中心角色"向"普通角色"转变。很多学生在面对来自全国各地的优秀学子时，原先那种优越感荡然无存。面对这种变化，有些学生会产生失落感与自卑感，往往会采取逃避或对抗等消极态度。这种情绪持续发展下去，会引发多种心理障碍，若得不到及时的疏导，会影响学生的身心健康发展。

（二）由单一角色向复杂角色的转变

在上大学之前，一个中学生的主要角色是学生、儿女，老师、父母对他们的期望主要是健康成长和努力学习。而进入大学之后，他们的角色还会是某个社团的成员或负责人、某些活动的参与者或组织者、某些竞赛中的竞争者等，自己对自己的角色认同与他人对自己的角色期望经常会发生冲突。如果不能平衡各种角色之间的定位，就会陷入个人对角色理解的迷茫与困惑中。

三、学习的变化

对于大学新生来说，进入大学，除了生活环境上的变化外，最重要的就是学习上发生了变化。学习上的不适应是每一位大学生都有可能面对的困惑，也是最不易解决的适应问题。学习的变化通常表现为学习环境的变化、学习目标的变化、学习要求的变化、学习方式的变化等多个方面。

（一）学习环境的变化

在中小学阶段，大家已经习惯了有固定的教室，每一个学段也会有相对固定的授课老师和比较固定的同学，而进入大学后，这些都发生了本质上的变化。首先，除了专业要求的必修课程之外，其他的课程需要自己安排，如何高效地安排课程需要自己做好规划；其次，不同课程的授课时间、授课地点和授课老师都是不同的，理论课、实践实验类课有不同的授课设施与要求，甚至很多课程是在户外或远离校园的野外实地授课；最后，在基础课、专业课、选修课等不同课程中一同上课的学生也是不同的，如果要学有所成，必须有充足的自觉性和自主性。此外，上下课之间，学生需要在不同的教学楼之间、教室之间穿梭，有些课程还需要"抢座位"，难免会让新生感到紧张或忙乱。

（二）学习目标的变化

小学阶段和初中阶段属于基础教育、义务教育，重在全面提高全民素质，突出普及性与基础性；高中阶段，老师、家长和学生的目标非常明确，主要是备考，争取考入一个好的高等学校；大学则是为社会培养高级专业人才，更注重学生专业知识、技能的培养以及各方面综合素质的塑造。有的学生进入大学后，离开了父母、老师的陪伴与督促，自己又没能及时找到前进的方向，变得迷茫、困惑。有的学生入学成绩很好，但第一个学年下来，成绩平平，甚至会出现多门功课不及格的现象，如果不及时调整，树立明确的学习目标，甚至会影响毕业证、学位证的获得。还有的学生经过高中的紧张学习，进入大学后，宽松的学习氛围让其觉得终于有了放飞自我、发挥个人兴趣爱好的地方，没有协调好专业学习与社团活动的关系，进而对学习慢慢失去了兴趣，荒废了学业。

（三）学习要求的变化

在中小学阶段，人们更看重考试分数和学习结果，尤其是在高中阶段，高强度的学习和各类模拟考试，加重了分分必争的紧张学习氛围。父母、老师的期望和周围同学的努力，让学生的所有重心集中于学习和考试。进入大学后，社会和高校更注重对学生学习过程的关注，着重提升学生解决实际问题的能力，课程设计也更体现以学生为中心，注重学生自我能动性的培养。只有学以致用的知识，才能发挥知识的价值。大学是为了培养满足社会需要的国家栋梁的，随着社会需求的变化，大学各类实践类课程占比也明显加大，对于学生主动性、积极性、自我思考能力的要求也更高。这使得那些习惯于父母、老师安排的学生，在面对需要发挥自我能力的时候，显得手足无措。

（四）学习方式的变化

中小学的学习主要以老师讲授为主，学习内容、学习方法、课堂练习等都按老师的要求完成即可，所有的学习重点就是围绕课本知识、考试范围进行反复练习。进入大学后，对学生的综合素质与能力都有了多方面的要求，每个专业开设的课程也相对较多。因此，每门课程给定的授课时间非常有限，大学老师不可能还像中学老师那样，把整本书全部讲授完，再对所有知识点进行反复练习、考试。大学老师在课堂上主要讲授该课程的重点、难点，要想学好一门课程，需要学生充分发挥个人的自动性与积极性，做好课下的学习，针对课堂讲授的重点、难点，主动进行预习、复习，还要查阅大量的相关资料，进行课堂讨论、小组辩论等。这种教学与学习方式的改变，更体现了以学生为中心的大学教学理念。学生主动式的学习，才更容易发现问题所在，在实践中学习，也才更能体现学以致用的价值。如果学生不能及时调整学习方式，还习惯于中学时过分依赖老师、依赖死记硬背而较少进行独立思考和实践操作能力培养的学习方式,那么在转变学习方式的过程中将会出现各种学习适应性问题,如学习动机不明确、缺乏学习兴趣、学习方法不对等。和中学相比,在大学里,没有父母的陪伴,没有老师的监督,没有同学一起学习,没有人帮助制订计划,看似轻松的学习氛围,其实是外松内紧,每个学生都要学会独立面对学业上的变化,学会制订自己的学习计划、学习目标。在大学里,学习是全方位的,更注重综合能力的培养和全面素质的提升,这都需要每一位新生去独立适应。

四、人际关系的变化

大学生所处的年龄特征和心理特征决定了他们具有渴望迅速融入新集体并获得尊重、获得认同的心理需要,他们热切希望被新同学接纳并建立友谊。在中学阶段,大多数同学是住在家里,和同学之间的接触也主要是学习方面的,而且在紧张的高中阶段,主要精力也是用在学习方面。即便发生人际关系方面的矛盾,一般家长、老师也会出面帮其解决。进入大学后,大学生往往远离父母,与老师的关系也比较疏离,同时大学生又缺乏社会生活经验,尤其是独生子女缺乏社会交往阅历,再加上大学生所处的年龄阶段,当面对冲突时往往比较冲动,可能会做出一些过激的行为,使得他们在人际交往方面存在诸多烦恼和困惑。

(一)师生关系比较疏离

在学校里,老师是学生面对的主要交往对象,但大学老师完全不像中学老师。在中学阶段,学习计划、学习内容、学习目标等都由老师来安排,学生只需要按部就班跟着老师的节奏就可以了。在大学里,老师上完课就会离开课堂,学习上遇到的困难,一般需要自行解决或与同学讨论解决,又或者等待下次授课时再向老师请教。大学里面安排的班主任,需要管理的学生数量比较多,最多一周与学生见一次面,师生关系比较疏离,老师很难关注到每一位学生在生活、学习上遇到的问题,这就需要学生有一定的自理能力和解决困难的能力,或者及时与老师沟通寻求帮助。

(二)同学关系比较亲密

在大学的人际关系中,同学关系是比较亲密的,也是最容易出现问题的。

经过高考，来自全国各地素不相识的多个学生在同一所高校、同一个班级组成了一个新的集体，来自不同地域、不同家庭环境的4~6名陌生的学生更是要在同一个宿舍里生活，每一个人的生活习惯、思想观念、价值标准、兴趣爱好、作息时间、性格特点都存在明显差异，因此，日常发生一些思想矛盾、意见冲突、生活不便，都是在所难免的。例如，有的学生从未住过校，第一次体验这样的集体生活，在心理上难免都需要适应一段时间。

每个人的差异都是客观存在的，每一位大学生都要学会正确地面对它、接受它，并尽快调整好与同学之间的关系。首先，要认同大家的差异性，接受他人不同的价值观与生活方式；其次，对于严重影响大家正常生活、学习的行为，要及时地、婉转地提出意见，把矛盾解决在微小时；最后，当集体生活出现矛盾的时候，要先反思自身行为是否存在不当，做到严于律己，宽以待人。大家在日常生活中要做到"三主动"，即主动与同学打招呼、主动与同学交流、主动帮助同学。学习一些与陌生人相处的技巧、提出意见的有效方法等，这些技能也会对今后的工作带来很大的帮助。

（三）人际交往范围更广

从人际交往范围来看，大学生的人际交往范围更为广泛。中学时代的人际交往对象，主要是学校的同学、邻居、亲戚、成长伙伴等，社交活动比较单一，主要是围绕生活、学习。进入大学后，社会活动范围、活动内容、交往形式都丰富了许多。在大学，学习不再是唯一的活动主题。对于大学生来说，每天除了学习，还会参加许多社团活动、实践活动、竞赛活动等。在这些活动中，他们会交往到学习伙伴、社团成员、实践团队成员、竞赛小组成员等。在不同的活动中，各成员需要围绕其活动主题完成各自不同的任务目标，活动的成功不仅需要个人的努力，更需要成员之间的团结、协调与合作。在活动过程中，为了达到更好的活动效果，他们需要不断调整各自的交往方式、沟通方式、表达方式等，来提高团队协作能力与凝聚力。在大学阶段，有些学生还会与志同道合的同学参加一些公益活动，在活动中展现自身价值。

（四）往往缺乏人际交往技巧

进入大学后，交往的对象是来自五湖四海的同学，不同地区的风俗习惯有很大区别，性格也有很大差异，还要同各种社团成员进行协同合作，一些学生由于缺乏人际交往的技巧而导致沟通不畅，产生交往障碍，出现诸如焦虑、苦恼、烦躁等心理不适。在中学阶段，老师与学生之间接触的时间长、频率高，对每一位学生的关注也比较多，会及时发现其身体或心理上的不适应。进入大学后，学生与老师之间接触的时间短、机会少，在生活、学习中遇到的很多问题都需要学生自己主动去寻求老师的帮助，这时有的同学会羞于找老师沟通，或者想沟通但又缺乏一定的人际交往技巧，这都会导致与老师的沟通不畅，以致老师不能及时帮助学生解决遇到的各类生活、学习或心理上的问题。

（五）异性交往心理适应不良

大学生正值青春年少时期，出于生理、心理等方面的原因，对社会与校园里的异性交往也产生了前所未有的关注，也希望能找到自己的"灵魂伴侣"或"人生知己"。但是，很多学生在与异性交往的过程中，考虑问题简单、感情容易冲动，常常会出现一些情感困惑。例如，有的学生因"单相思"而产生自卑、自闭等心理障碍；有的学生因为投入了大量的时间、精力在感情上面，而影响了学习；有的学生不能很好地处理彼此之间的情感问题，而出现精神萎靡不振的情况，影响正常的生活、学习，甚至做出一些伤害他人或自己的事情。这些心理障碍对他们日后的生活、学习、工作都会产生有害的影响，轻者影响学习成绩甚至毕业，重者可能会患上精神疾病。

总之，大学生在进入一个崭新的环境后，会遇到各种各样的不适应。对此，高校应加强心理健康教育，讲授一些大学生心理适应的方法与技巧，同时也应配备专业的心理咨询部门，针对学生个人无法排解的心理困惑、心理障碍，给予一定的心理疏导，以便有效地帮助大学生更好地适应新的环境、新的团体、新的社交活动等。

第三节　大学生心理适应的基本方法

大学生要及时总结出现心理适应不良现象的原因，主动学会适应，在思想上学会独立,在行动上改变自己,勇敢迈出第一步。因为绝大多数时候,以人的个人能力是无法改变客观环境的,那么就要学着去改变自己,去适应这个世界。世界万物的生存法则,从来都是"适者生存",人的一生就是在不断适应的过程中成长起来的。对此,大学生应从以下几个方面来调整自身,以适应大学生活。

一、适应大学的生活环境

(一)熟悉并积极适应大学生活环境

对于大学新生来说,进入大学后,首先要熟悉校园的生活环境,如上课的教学楼、实验楼、餐厅、邮局、银行、超市、书店、出行的公交路线等。其次,要逐步熟悉校外的生活环境。比如,大学所在城市的主要地标性建筑、商业区、科技区、行政区等的位置。除了自己的家乡,大学生活的城市将是你最熟悉的第二故乡,无论以后你是否会继续留在这个地方,生命最美好的时光都会在这里度过,这个学校、这个城市都将成为你人生中魂牵梦绕的地方。进入大学后,一定要尽快熟悉校园环境、城市周边环境等,为自己在这个校园、这座城市更好的生活和发展做好准备。

(二)学会自我管理,提高生活自理能力

在中小学阶段,学生的主要精力都在学习上,生活上的绝大多数事情都是由父母包办的,对于家务活更是不甚熟悉,有的人甚至还被溺爱到养成了不尊重他人、爱指使他人的坏习惯。到大学后,一切事情都需要亲力亲为,大学生必须拥有独立处理各类事务的能力,还要学会尊重他人、与他人协同合作,这样才能在新的环境中得到他人的尊重,更快地适应新的环境,同时也为以后参加社会工作、处理好同事关系做好准备。这是人生发展的一个必然转变过程,也是个体必须学会的心理适应过程。

(三)学会"理财"

在中小学阶段,父母把衣食住行都安排得妥妥当当,学生对于日常生活中的收入、花费、物价较少关注。进入大学后,大学生就要自己独立计划日

常开支。很多人因缺乏一定的"理财"规划,又没有父母的监督,很容易导致盲目消费、冲动消费,有时一次聚餐就花掉了半个月的生活费。有的学生甚至相互攀比消费,养成不良的消费习惯,没有节约、自制的观念。

因此,大学生要树立正确的消费观念,要珍惜父母的血汗钱,避免无节制的铺张浪费;要根据个人家庭经济情况理性消费,制定一个每月消费限度,每个月余下的钱可以存入银行,以备急需时使用。

(四)培养良好的生活习惯

大学生正处于长身体、长知识的关键时期,良好的生活习惯对于大学生的健康成长尤为重要。进入大学后,首先,要制定合理的作息时间,进行适当的体育锻炼和娱乐活动,健康的身体是以后学习、工作的前提和保障。其次,要养成良好的、科学的饮食习惯,荤素搭配,营养均衡。最后,要远离吸烟、酗酒等坏习惯,不要过度沉溺于电脑游戏而荒废了学业。

(五)适应高校管理模式

我国高校的管理模式属于全面管理,学校、院系、各职能部门和辅导员、老师都直接参与学生管理,包括学生的学习情况、思想动态、宿舍生活、课外活动,实践活动、社团活动、心理辅导等各个方面。大学生要学习学校各部门的规章制度,知道遇到不同的问题和困难时,该找哪些部门、哪些人员寻求帮助。

二、进行正确的角色定位,适应新的角色要求

(一)学会做一个成年人

进入大学后,学生已由青年期向成年期迈进,那就应该以成年人的标准来要求自己。大学生要学会独立生活,面对生活和学习中的困难要有责任心、有担当,学会自己设定学习目标,并为目标的实现制订可行的学习计划,提高自控能力,保证持续有效地执行计划。遇到困难,要学会冷静思考,不要冲动、意气用事。

（二）确立新角色，寻求新定位

大学生应学会正确认识自己，找到适合自己的角色定位。改变以前自以为是的盲目乐观，也要避免迷失自我的自暴自弃，给自己制定确实可行的发展目标。大学阶段除了要把专业课学好外，还要关注综合素质和个人能力的发展，以适应未来社会的需要。大学生应找到适合自己的定位，充分发掘自身潜能，不断超越自我。

（三）实现从中心角色向普通角色的转变

从中学到大学，对于很多学生来说，自我评价都会受到不同程度的影响。在中学阶段，只要成绩优秀，就会成为家长、老师关注的中心。但进入大学后，成绩不再是评价优劣的唯一标准。当代的大学要求培养全面发展的综合型人才，对大学生的学识、眼界、实践操作能力、社交能力、组织协调能力、创新意识等多种能力的发展都提出了更高的要求。面对大学这样的评价机制，很多以前学习成绩优秀，但在其他方面表现平平的学生，可能会产生自卑感、失败感，甚至封闭自己。大学生要逐步走向成熟，要明白"天外有天，人外有人"，即使是专家等权威人士也只是在某一特定领域有所专长，超出这个范围，他们也是普通人。因此，不必因为自己某一方面技不如人就全盘否定自己，要客观对待自己的优势与劣势，虚心学习别人的长处，发挥个人的优势，实现从中心角色向普通角色的转变。

（四）适应新的角色要求

对于大学生来说，随着年龄的增长、生活环境的变化，每个人承担的角色也逐渐多元化。例如，大学生要承担子女、学生、舍友、朋友、恋人、社团成员或学生会干部等多重角色。不同的角色有不同的身份要求，面临不同角色之间的冲突，大学生尤其是大学新生经常会感到紧张、迷茫等。多重角色的有效转换，是每个人成长过程中必然面对的"危机"事件。当面对角色冲突时，大学生要学会积极应对、迎难而上，冷静分析自身的优劣势，积极调动内外资源，来度过这个心理冲突阶段，调整角色间的转换，在"平衡—不平衡—平衡"中促进自身的健康成长。大学生不断解决各类冲突的过程，也是不断走向成熟的过程。

三、适应新的学习环境

（一）树立明确的学习目标，制订学习计划

从中学到大学，每天的课程不再是那样紧凑，学习内容感觉也轻松了很多，空闲时间也一下子多了，导致很多大学新生在入校后的很长一段时间，除了上课、吃饭、睡觉，不知道自己该做什么、可以做什么、该如何安排空闲的时间。有调查发现，59%的大学新生学习目标不明确，缺乏学习动力。没有明确的学习目标，会导致学习懒散，课堂上注意力分散，学习态度不端正。

大学，虽然表面上看不像高中阶段那样有明确的目标——考上大学，但大学各类课程的内容量、难度和广度是增加了许多的，而且学习过程对学生的主动性要求更高。因此，对于大学生来说，要明确树立每一阶段的学习目标，制订能达成目标的学习计划，以增强学习的内驱力。

（二）正确认识大学的学习特点，找到适合自己的学习方法

进入大学后，要改变高中时期一切依靠父母、老师的思维定式，摸索并找到适合自己的学习方法，尤其是要培养自学能力。在大学，除了教室外还有很多可以学习的地方，如图书馆、自习室、实验室等；除了上本专业的课程外，空闲时还可以寻找自己喜欢或感兴趣的课程去听；可以通过图书馆、电子资源扩展自己的学习视野；可以积极地去听大学的各类专家报告，了解专业学术前沿，提高自己的专业学习动力；可以多与专业老师交流，拓展一下课堂之外的知识面；可以参加专业老师的研究课题，提高自己的研究能力；可以参加个人感兴趣的社团活动，培养一项体育爱好，并坚持下来，打造学习和工作必需的健康体质。

（三）主动适应大学的学习氛围

进入大学，要主动适应大学的学习氛围，要养成自主学习、广泛学习、深入学习的学习习惯。大学的学习是外松内紧的，没有了父母、老师的监督，

完全靠自己来安排学习计划，但这并不代表没有竞争。在大学里，竞争是潜在的、全方位的。因此，在进入大学校园后，大学生就要规划好自己四年的奋斗目标以及每一年的阶段性目标，对待专业课程学习、社团活动、学科竞赛、科研讨论都要认真。认真不仅是一种学习态度，它更体现了你对人生的态度，认真的人在对待不同类型的学习都是认真的，认真地努力付出，终会有丰厚的回报。

（四）根据自身兴趣参加社团活动，培养自己多方面的能力

在大学里，各类社团可谓是琳琅满目，大多数学生可能会盲目地、不加选择地报了一堆社团活动，其实这些社团里面自己真正感兴趣、可以发挥个人特长的并没有几个。最后不仅没有学到什么，还浪费了宝贵的时间。因此，在选择大学社团的时候，一定要结合自己的兴趣和特长认真选择。在社团中，你可以充分发挥你的个人特长，把高中时期压抑的潜能挖掘出来。

四、适应大学里的人际交往，建立和谐的人际关系

（一）适应新的同学关系

和谐的人际关系是大学生健康心理的标准之一，也是适应大学生活的重要条件。每个大学生都要以真诚、平等、尊重、宽容的心态去对待身边的每一位同学。同学关系是大学里最重要的人际关系，尤其是共同生活在同一个班级、同一个宿舍的同学，彼此之间的影响是非常大的。人们常说"家有家规、班有班风"，一个和谐上进的班集体，对于每一个学生的健康成长都是非常重要的。

由于每个学生在生活习惯、学习方法、性格偏好、个性特征上存在明显差异，因此，尊重彼此的差异，求同存异，是处理好大学生关系的重要原则。在遇到矛盾的时候，要本着相互尊重、体谅、沟通协商解决问题的心态，采取有效措施化解矛盾，切忌采取过激行为。

（二）适应新的师生关系

大学老师除了教学外，还有一项很重要的工作就是进行科研。大学任课

老师除了上课外,很少有时间与学生交流,即使是专职辅导员、班主任也是同时要管理几百名学生,因此,老师也不可能记住所有学生的姓名。在大学里,很多专业课程是在一个学期或者两个学期就上完了,以后再也不会有这门课程了,很多专业老师可能四年就讲授一到两门专业课程,老师根本记不住学生的名字;还有些课程同时由几位老师轮流上,结果一个学期下来,学生可能连老师的名字也分不清。因此,学生无须纠结与老师建立亲密的师生关系,如果有需要,学生可以主动与老师沟通、联系,而且随着网络的发展,交流渠道丰富多样,如电话、邮箱、社交软件等,完全不会影响师生之间的交流和沟通。

五、学习心理知识,寻求心理帮助

(一)学习自我心理调节和认知调节

大学生活最大的特点是要求学生必须学会自己独立处理生活、学习上的各类问题。每一个人都要面对很多选择,每次选择都是在自身限制性资源下的决策,那怎样才能使得自己的选择更优良呢?那就需要不断地扩充自身的资源,这些资源不仅是物质上的,更重要的是认知、学识上的。因此,要尽可能地不断去学习各类知识,提升自己的认知水平,在每一次选择时,都尽可能地达到最优。在遇到挫折、困境时,要学会自我调节,平时学习一些自我心理调节知识,以便提高适应能力,注重调整和加强心理训练,保持健康的情绪状态,成长为一个身心健康的优秀大学生。

(二)学会主动疏导不良情绪

情绪的基础是需要,需要得到满足便会产生积极的情绪体验;相反,则会产生消极的情绪体验。需要的满足往往会受到客观条件的限制,因此,要获得积极、乐观的情绪,就必须使自己的需要符合社会政治、经济、文化的发展水平以及个人能力。

当自己的需要不能得到满足而产生消极情绪时,如考试成绩不如意、竞赛失利、恋爱受挫、人际关系冲突等,均会引发紧张、焦虑、愤怒、悲伤等消极情绪。针对这些情况,要及时进行心理疏导。疏导的方法有:找自己的朋友进行倾诉，找学校专业的心理咨询老师寻求帮助，寻找新的关注点转移注意力等。大学生要学会做情绪的主人，能根据不同的情境，采取不同的调节方法主动疏导、宣泄，把消极情绪的伤害减到最小，情绪稳定是一个人成熟的标志之一。

（三）有意识地建立积极的心理防御体系

心理防御体系是指当个体处于挫折与冲突的紧张情绪时，其心理活动中反映出的自觉或不自觉的解脱烦恼，以减轻不良情绪，恢复稳定的一种心理适应性倾向。

心理的自我防御有积极的和消极的两种形式，大学生应采取积极的形式来应对消极情绪。一是转移，当个体遇到挫折，悲观失落时，可以有意识地把这种情绪转移到其他事物上。二是补偿，当个体在自身处于劣势的活动中，未能取得成功时，可以做一些自己擅长的、有优势的事情，取得成绩后以补偿这项活动带来的损失。三是幽默，个体在遇到挫折或难以解决的困难时，可以采取幽默的方式来消除误会，化解紧张气氛，放松情绪以维持心理平衡。四是调整，当个体在同类事件中屡次受挫时，不能钻牛角尖，要及时调整目标，改变行事方法，另辟蹊径，实现目标。五是升华，当个体欲望因限制性条件不能满足时，可以把原有的压抑在意识中的内部动机转向社会许可的文化艺术、科学研究或其他有益的活动中去，并在这些活动中获得成功，得到精神满足。

（四）积极寻求心理咨询的帮助

大学生在遇到困境时，首先要进行自我调节，同时可以寻求家人、朋友、老师的帮助。如果这些方式都无法缓解心理压力，应及时、主动地寻求专业心理咨询人员进行专业的心理疏导。

大学一般都设有专业的心理咨询机构，配备有专业的心理咨询老师。心理咨询是针对学生学习、生活中的各种困惑、心理冲突、感情纠葛、精神压力等心理问题，帮助学生分析问题症结，提供专业心理疏导的方式。大学生通过心理咨询，可以缓解心理冲突，恢复心理平衡，促进个体健康成长。

总之，为了尽快地适应大学的生活、学习，大学新生要积极调整心态，主动去适应各类新的变化，遇到困难、挫折，要勇敢面对，学会正确的处理方法。

◇ **拓展阅读**

我国学者提出的大学生适应与发展的任务和要求

我国学者根据联合国教科文组织对于 21 世纪青少年教育的要求，结合我国的实际情况，对大学生的适应与发展提出"四个学会"。

1. 学会做人

《礼记·大学》有"大学之道，在明明德，在亲民，在止于至善"的教育格言。几千年以后，我国也指明教育的根本任务是立德树人。学会做人是大学生的立身之本，人格的发展和完善是大学生心理健康的标志，也是大学生适应与发展的任务和目的。大学生要树立共产主义的远大理想，树立正确的世界观、人生观、价值观，坚定理想信念，不断追求更高的目标，养成良好的道德品质，培养良好的心理素质和自尊、自爱、自律、自强的优良品格，增强克服困难、经受考验、承受挫折的能力，提高思想认识和精神境界。

2. 学会做事

大学生要增强自主意识，学会自我管理。一方面，要有独立生活的能力，培养独立选择、独立处理问题的能力；另一方面，要学会处理学习成才、择业交友、健康生活等方面的具体问题，多经历，多经验，不断积累相关经验。

3. 学会与人相处

培养独立生活的能力是大学生发展与成熟的必备因素，学会合作、学会与人相处更是大学生发展不可或缺的条件。在人际交往中，大学生对他人应该尊重、真诚、热情，理解彼此在价值观、生活习惯等方面的差异，欣赏他人的长处，接纳对方的不足，能够与他人进行积极的沟通，在合作中促进自我和他人的成长与发展。

4. 学会学习

对于大学生的发展任务，有人形象地总结为"在大学里你不能只是学习，但是更不能不学习"。培养浓厚的学习兴趣、拥有适当的学习动机是大学生心理健康的重要标志。大学生既要学好本专业的知识，还要拥有跨学科的学习

☞ 向阳而生，拥抱未来

能力，拥有综合分析问题、解决问题和在复杂信息环境中检索、判断的能力，拥有不断创新的能力。所谓"学"，不仅是学习知识，更重要的是学习一种认识和探索世界的思维、方法和手段。

第二章 打开决定命运的钥匙

——大学生人格发展与心理健康

第一节 气质概述

在日常生活中,人们经常会说"这个人好有气质""那个人气质真独特""学习一些舞蹈和形体训练,会使得自己更有气质"等。从这些语言可以看出,气质更多地表现为一种外在的美感,但人们似乎忽略了外在表现是源于内在根源的。外在优雅的气质一定是与内在的高尚、纯洁、善良的修养以及先天性的内在品质分不开的。

一、气质的内涵

从专业角度来说,气质是一个心理学概念,它和人们日常所说的"脾气""秉性"的含义相近。气质是人的心理特性之一,是一个人心理活动的稳定的外在表现,而人的心理活动又是对外在环境变化所作出的心理反应。气质就是人对于外在变化所作出的稳定的心理反应,并外显地表现出来的稳定的动力特征。这一稳定的心理活动动力特征是指心理活动发生的速度、强度和指向性等特点。速度是指知觉、思维以及动作对于外在变化所作出的反应灵敏程度。强度是指知觉、情感以及行为对于外在刺激所作出的反应强弱。指向性是指心理活动更多地指向于外部世界(外向型),还是指向于内心世界(内向型）。这些心理活动的动力特征，不以活动的动机、目的和内容而发生明显的变化，而是对于不同的外在变化，都以比较稳定的方式表现出来，使得一个人的心理活动的外在表现具有了个人独特的色彩。

二、气质的特征

从气质的内涵来看，气质具有以下特征。

（一）气质具有先天性，是由生理机制决定的

在日常生活中，人们会发现同一个家庭里的人，具有某些相同的外在表现，不仅是外貌特征，还有对于同类事件的情绪表达、知觉反应程度等。比如，有的人情绪表达强烈，爱哭、爱闹、爱动；有的人情绪表达沉稳，安静、平稳、胆怯。对于同样的外在变化，不同气质内涵的人，所作出的外在反应是完全不同的。这说明先天性的生理机制对于个体气质的形成起着基础性的作用。研究发现，同卵双胞胎要比异卵双胞胎在气质上更具有相似性，即使把他们放在不同的生活环境和教育条件下，他们对于同类外在变化，依然会表现出相似的气质特点，这说明气质是具有先天性的，是由内在基因所决定的。

（二）气质具有稳定性和可变性

人们常说："江山易改，本性难移。"这说明，人的气质具有一定的稳定性。比如，爱动、爱闹、爱激动的同学，在老师上课提问时，会急不可耐地举手发言；在体育比赛时会积极主动、踊跃争先；在遇到困境时会情绪暴躁、情绪激动等。而沉稳内敛的同学，在老师上课提问时，回答问题的频率不会太高，也不会太主动；在体育比赛时比较沉稳，耐力比较持久；在遇到困难时，比较隐忍、沉稳，善于思考，外在行为比较稳定。

当然，气质的稳定性是具有相对性的，它的稳定性主要是由气质的先天性决定的，但长期的外在环境影响也会使内在气质发生一定的改变。人是社会人，是在与周围的人或事不断交往的过程中成长起来的，因此，生存环境会在无形中对人的行为产生影响，长此以往，对这个人的内在气质也会产生影响，也就是人都会被生存环境所同化，与周围人的行为具有一定程度的一

致性。

因此,对于气质内敛的学生,可以引导其多参加一些社团活动,承担一定的班务活动,使其更加积极、外向,勇于表达自己;对于气质激动的学生,在其遇到困难时,可以引导其控制情绪、沉稳思考,理性地去寻求解决方法。

三、关于气质的学说

由于气质具有先天性特性,几千年来很多学者先后从生理机制上探索了气质的类型,并形成了许多有关气质的学说。比如,我国古代的《黄帝内经》便根据人体内的阴阳二气所占比例的不同,将人分为太阳之人、少阳之人、太阴之人、少阴之人、阴阳平和之人。同样,西方对于气质的探索也形成了许多理论。比如,古希腊希波克拉底的体液说、德国精神病学家克雷奇默的体型说、美国心理学家伯曼的激素说、日本学者古川竹二的血型说等。下面就其中影响比较大的几种学说进行介绍。

(一)气质的体液说

气质这一概念最早是由古希腊医生希波克拉底提出来的。他认为,人身体内存在四种体液,分别是血液、黄胆汁、黑胆汁和黏液。这四种体液在不同的人体内所占的比例是不同的,因而形成了四种气质类型,即多血质(血液比例占优势)、胆汁质(黄胆汁比例占优势)、抑郁质(黑胆汁比例占优势)和黏液质(黏液比例占优势)。

希波克拉底的理论后经罗马医生盖仑整理和发展,他用拉丁语"temperameteum"一词来表示四种体液在身体中所占的不同比例,这就形成了现代心理学中有关气质类型的最初理论。

用现代的观点来看,用体液的比例结构来划分气质类型,显然没有足够的科学依据。但当时该理论对四种气质类型的划分,是通过长期、大量的观察总结得出的,具有一定的现实依据。因此,气质类型的体液学说一直沿用至今,并被后来的很多哲学家或心理学家不断地进行丰富。各种气质类型所表现出来的心理和行为差异主要有以下几个方面。

1. 多血质

多血质的人温而润,好似春天一般。此类人的特点是反应灵敏、开朗活泼、善于交际，对一切新鲜事物都会表现出兴致勃勃的反应，但注意力不够持久。对事物的热情度来得快去得也快，体验不深刻，情绪易波动但强度不高，情绪外露，表情丰富生动。在群体中比较受欢迎，言语富有亲和力，但喜怒易变。在良好教育的引导下，容易形成能言善辩、朝气蓬勃、易于接受新生事物、适应能力强的品质，但在不良环境的影响下，也容易形成做事不踏实、缺乏耐心的品质。

2. 胆汁质

胆汁质的人热而燥，好似夏天一般。此类人的特点是热情奔放、情绪兴奋、积极乐观、为人直率坦诚。比较以自我为中心，爱指挥他人，自制力差，容易感情用事，脾气暴躁，行为具有攻击性。在生活、学习中遇到困难时能主动采取行为坚决克服，但当困难不能有效解决时，又会情绪低落、一蹶不振。

3. 抑郁质

抑郁质的人寡而寒，好似秋天一般。此类人的特点是沉稳冷静、感情细腻、敏感多疑，在群体中不善于表达自己，尤其在与陌生人交往时会表现出胆怯与压抑。做事优柔寡断，行动迟缓，精力不足，容易疲劳。情感体验深刻，感情专一，但不善于表达自我，常常会使自己处于内心压抑的状态。在不良环境的影响下，极易形成心胸狭隘、悲观绝望、情感压抑的品质。

4. 黏液质

黏液质的人寒而湿，好似冬天一般。此类人的特点是安静沉稳、反应缓慢、情感冷漠，但注意力集中、兴趣专一。情绪反应强度低，但持续时间长，典型的"慢性子"。为人比较随和，但不善于主动与人交往，人际关系比较简单，活动圈子比较小。在良好的教育引导下，容易形成坚定、勤勉、踏实、持之以恒的特点，但在不良环境的影响下，也容易形成冷漠、固执、萎靡的品质。

现代心理学家研究表明，具有以上一种典型气质的人只占极少数，大多数人同时具有两种或两种以上气质类型。此外，研究还发现，这些典型的体液型气质类型更易在儿童及青少年身上表现出来，随着年龄的增长，后天生存环境的影响以及阅历认知的积累，人的气质特征更多地表现为多种类型的综合体。

◇ **拓展阅读**

气质测验表

了解自己的气质类型，对于选择专业、提高工作学习效率、处理好人际关系等，都有非常重要的意义。下面给出巴甫洛夫的气质类型测试的 60 个有关气质测验的题目，将对表 2-1 中题目的回答填入表 2-2，即可大致测定你所属的气质类型。在回答这些问题时，完全符合自己特征的，计 2 分；较为符合自己特征的，计 1 分；介于符合与不符合之间不太确定的，计 0 分；较不符合自己特征的，计 -1 分；完全不符合的，计 -2 分。

表 2-1 气质测验题目

题目	完全符合	较为符合	不太确定	较不符合	完全不符合
1. 做事力求稳妥，一般不做无把握的事。					
2. 遇到可气的事就怒不可遏，想把心里话全说出来才痛快。					
3. 宁可一个人干事，也不愿很多人在一起。					
4. 到一个新环境很快就能适应。					
5. 厌恶那些强烈的刺激，如尖叫、噪声、危险镜头等。					
6. 和人争吵时，总是先发制人，喜欢挑衅别人。					
7. 喜欢安静的环境。					
8. 善于和人交往。					
9. 羡慕那种善于克制自己情感的人。					
10. 生活有规律，很少违反作息制度。					
11. 在多数情况下，情绪是乐观的。					
12. 碰到陌生人觉得很拘束。					
13. 遇到令人气愤的事，能很好地自我克制。					
14. 做事总有旺盛的精力。					
15. 遇到问题总是举棋不定、优柔寡断。					

续表

题目	完全符合	较为符合	不太确定	较不符合	完全不符合
16. 在人群中从不觉得过分拘束。					
17. 情绪高昂时,觉得干什么都有趣;情绪低落时,又觉得干什么都没有意思。					
18. 当注意力集中于某事物时,别的事物很难使我分心。					
19. 理解问题总比别人快。					
20. 碰到危险情景,常有一种极度恐怖感。					
21. 对学习、工作怀有很高的热情。					
22. 能够长时间做枯燥、单调的工作。					
23. 符合兴趣的事情,干起来劲头十足,否则不想干。					
24. 一点小事就能引起情绪波动。					
25. 讨厌做那种需要耐心、细致的工作。					
26. 与人交往不卑不亢。					
27. 喜欢参加热烈的活动。					
28. 爱看感情细腻、描写人物内心活动的文艺作品。					
29. 工作学习时间长了,常感到厌倦。					
30. 不喜欢长时间谈论一个问题,愿意实际动手干。					
31. 宁愿侃侃而谈,不愿窃窃私语。					
32. 别人总是说我闷闷不乐。					
33. 理解问题常比别人慢些。					
34. 疲倦时只要短暂的休息就能精神抖擞,重新投入工作。					
35. 心里有话宁愿自己想,也不愿说出来。					
36. 认准一个目标就希望尽快实现,不达目的誓不罢休。					
37. 学习、工作同样一段时间后,常比别人更疲倦。					
38. 做事有些莽撞,常常不考虑后果。					
39. 老师或他人讲授新知识、技术时,总希望他讲得慢些,多重复几遍。					
40. 能够很快地忘记那些不愉快的事情。					

续表

题目	完全符合	较为符合	不太确定	较不符合	完全不符合
41. 做作业或完成一件工作总比别人花的时间多。					
42. 喜欢运动量大的体育运动,或者参加各种文艺活动。					
43. 不能很快地把注意力从一件事转移到另一件事上去。					
44. 接受一个任务后,就希望把它迅速解决。					
45. 认为墨守成规比冒风险更稳妥。					
46. 能够同时注意几件事物。					
47. 当我烦闷的时候,别人很难使我高兴起来。					
48. 爱看情节起伏跌宕、激动人心的小说。					
49. 对工作抱有认真严谨、始终一贯的态度。					
50. 和周围人的关系总是不好。					
51. 喜欢复习学过的知识,重复做能熟练做的工作。					
52. 希望做变化大、花样多的工作。					
53. 小时候会背的诗歌,我似乎比别人记得清楚。					
54. 别人说我"语出伤人",可我并不觉得。					
55. 在体育活动中,常因反应慢而落后。					
56. 反应敏捷、头脑机智。					
57. 喜欢有条理而不甚麻烦的工作。					
58. 兴奋的事情常使我失眠。					
59. 老师讲新概念,常常听不懂,但是弄懂了以后很难忘记。					
60. 假如工作枯燥无味,马上就会情绪低落。					

表2-2 气质测验答卷

胆汁质	题号	2	6	9	14	17	21	27	31	36	38	42	48	50	54	58	总分
	得分																
多血质	题号	4	8	11	16	19	23	25	29	34	40	44	46	52	56	60	总分
	得分																

续表

黏液质	题号	1	7	10	13	18	22	26	30	33	39	43	45	49	55	57	总分
	得分																
抑郁质	题号	3	5	12	15	20	24	28	32	35	37	41	47	51	53	59	总分
	得分																

1. 评分结果分析

（1）如果某一项或两项的得分超过20分，则为典型的该气质。如胆汁质超过20分，则为典型胆汁质；黏液质和抑郁质得分都超过20分，则为典型黏液—抑郁质混合型。

（2）如果某一项或两项以上得分在20分以下、10分以上，其他各项得分较低，则为一般气质。如一般多血质、一般胆汁质—多血质混合型。

（3）若各项得分均在10分以下，但某项或几项得分较其余项高（相差5分以上），则为略倾向于该项气质（或几项的混合）。如略偏黏液质型、多血质—胆汁质混合型，其余类推。一般来说，正分值越高，表明该气质特征越明显；反之，分值越低或负值越大，表明越不具备该项气质特征。

2. 四种气质类型及其典型的行为特征

胆汁质：坦白、直率、精力旺盛、反应迅速、情绪发生快而强、易怒且暴躁，具有外倾性。

多血质：活泼好动、反应迅速、敏感、情绪发生快而多变，注意力和兴趣容易转移、语言思维敏捷、善交际、亲切、爱生气，但往往轻率、具外倾性。

黏液质：沉着、冷静、情绪发生慢而弱、反应缓慢，注意力稳定、不易转移，往往表现为固执和淡漠，具有内倾性。

抑郁质：情绪发生慢、深沉，反应慢、动作缓、行为孤僻，善于观察别人不易发觉的细小事物，具有内倾性。

（二）气质的高级神经活动类型说

俄国生理学家巴甫洛夫根据多年的实验和观察，以动物的高级神经活动为基础，提出了高级神经活动类型学说。

巴甫洛夫根据动物实验，指出动物高级神经活动有三个主要特性：兴奋过程和抑制过程的强度，即神经系统接收到强烈刺激的能力和持久工作的能力和耐力；兴奋过程和抑制过程的平衡性，即兴奋过程和抑制过程的相对关系，如果两者强弱相当则为平衡，如果两者强弱差异较大则为不平衡；兴奋过程和抑制过程的灵活性，即兴奋过程和抑制过程的相互转换的速度与难易程度，它表现为动物有机体对外界环境变化适应的快慢与难易程度。

巴甫洛夫以动物的高级神经活动的不同类型为生理基础，把气质分为四种类型，见表2-3。

表2-3 神经活动类型与气质类型的对应关系

高级神经活动类型	强度	平衡性	灵活性	行为特点	气质类型
兴奋型	强	不平衡		攻击性强、易兴奋、不易约束	胆汁质
活泼型	强	平衡	灵活	活泼好动、反应灵活、好交际	多血质
安静型	强	平衡	不灵活	安静迟缓、有节制、不好交际	黏液质
抑制型	弱			胆小畏缩、消极防御、反应强	抑郁质

1. 强而不平衡型

兴奋过程强于抑制过程，以易兴奋、激动、不能很好地抑制情绪为主要特点，又称兴奋型，其表现特性与胆汁质相似。

2. 强而平衡、灵活型

兴奋过程和抑制过程都比较强，反应灵敏、活泼好动，环境适应性较强，又称为活泼型，其表现特性与多血质相似。

3. 强而平衡、不灵活型

兴奋和抑制都较强，但两者不易转化，以安静、沉着、反应迟缓为特征，又称为安静型，其表现特性与黏液质相似。

4. 弱型

兴奋和抑制都较弱，且弱的抑制过程占主导，对于过度刺激会引发疲劳，甚至会引起神经官能症，主要表现为胆小畏缩、消极防御，又称为抑制型，其表现特性与抑郁质相似。

巴甫洛夫认为，可以根据高级神经活动把人类的气质分为以上四种类型，多数人的气质表现为以上类型中的两种或三种类型的综合体。后来心理学家经过大量研究，发现高级神经活动类型与气质类型不存在完全的一一对应关系，而且社会环境对人的气质会产生一定的影响。

（三）气质的体形说

德国精神病学家克雷奇默根据对精神病患者的临床观察，发现人的身体结构与气质特点存在一定的关系，于是根据人的体格把人类气质分为三种类型。

1. 矮胖形的人

体形矮胖、腿短、胸圆的人，一般具有外向、重感情、热情、乐观、善于交际的性格特征。

2. 瘦长型的人

体形瘦长、腿长、胸窄的人，一般具有不善交际、孤僻、沉默、羞怯、固执等性格特征。

3. 强壮型的人

体形强壮、身形魁梧、肌肉结实的人，一般具有乐观、进取心强、攻击性强等性格特征。

当然，根据精神病患者的体形特征来划分人类的气质类型，本身观察对象就具有一定的局限性，因此，气质的体形说并没有成为气质学说中的主流学说。

（四）气质的激素说

美国心理学家伯曼认为，人的气质特点是由内分泌活动所决定的。他根据人的某种内分泌腺的多寡把人类的气质划分为以下六种类型。

1. 甲状腺型

甲状腺素分泌较多的人，精神饱满、不易疲劳、知觉敏锐、意志坚强，处事和观察迅速，容易感情用事；甲状腺素分泌较少时，可能引发痴呆症。

2. 脑垂体型

脑垂体分泌较多的人，性情强硬、脑力发达、喜欢思考、骨骼粗大、皮肤较厚、早熟、生殖器发达，比较有自制力；脑垂体分泌较少的人，身材矮小、脂肪多、肌肉少、皮肤干燥、反应迟钝、行动懦弱、缺乏自制力。

3. 肾上腺型

肾上腺分泌较多的人，精力旺盛、皮肤偏黑而干燥、毛发浓密、专横好斗；肾上腺分泌较少的人，体力衰弱、反应迟缓。

4. 副甲状腺型

副甲状腺分泌较多的人，安静、缺乏生活兴趣、肌肉无力；副甲状腺分泌较少的人，注意力涣散、情绪控制力较差、容易激动。

5. 胸腺型

胸腺一般是幼年发育，青春期后停止生长，逐渐萎缩。如果成年后胸腺还在发育的话，则表现为单纯、幼稚、柔弱，不善于处理工作。

6. 性腺型

性腺分泌增多的人较难安静下来，且躁动、好色，具有攻击性；性腺分泌较少的人，性特征不明显，进攻行为少。

内分泌腺活动产生的各类激素对身体的不同机能会产生不同的刺激，从而引起不同的心理活动。因此，该学说在西方心理学界广为流传。

（五）气质的血型说

气质的血型说是由日本学者古川竹二提出来的，他认为人的气质与血型有关。A型血的人思维严谨，但灵活性不足，处事谨慎，追求完美；B型血的人思维灵活，但严谨性不足，喜欢自由自在、随心所欲，善于交际；AB型血的人兼有A型血和B型血人的特点；O型血的人务实，但好胜心强，比较独断。

气质的血型说在日本及东亚国家流传较广，但其科学证据不足，尚未得到心理学界的认可。

四、大学生气质类型的分布及特点

大学生作为未来社会的主力军，他们身上所具有的主要气质特征已成为许多心理学者关注的对象。近年来，有关这方面的研究也有很多，虽然由于研究方法和选取范围不同，使其研究结论存在差异，但仍能从研究结果中发现大学生在气质类型上存在某些共同的特性和发展趋势。

（一）大学生气质类型的分布

前面提到的五种有关气质的学说，气质的体液说目前在心理学界的影响比较广泛。在体液说中，根据四种体液在人体中分布的比例不同，将气质分为多血质、胆汁质、抑郁质、黏液质四种类型。但在现实生活中，属于单一气质类型的人比较少，大多数是介于各类型气质之间的中间类型，即复合型气质，如胆汁—多血质、多血—黏液质等。我国著名心理学家黄希庭等人通过调查研究表明，大学生中复合型气质的人（65.93%）多于单一气质型的人（34.07%），总的分布结构是多血质类型的人数最多，占比为56.32%；其次为黏液质的人，占比为24.18%；再次为胆汁质的人，占比为13.73%；抑郁质类型的人占比最少，为5.77%。

（二）大学生气质类型分布的特点

通过调查研究，发现大学生的气质类型与性别、专业存在一定的相关性。

1. 性别差异

在大学中男生气质属于胆汁质、胆汁—多血质、多血质、抑郁—多血质类型的人数多于女生，但差异不显著；女生气质属于胆汁—黏液质、多血—黏液质、黏液质、抑郁—黏液质的人数多于男生，但差异也不显著。

2. 专业差异

理工科的大学生中属于胆汁—多血质、多血质的人数多于文科的大学生，其中，胆汁—多血质差异存在显著差异；文科的大学生中属于胆汁—黏液质、多血—黏液质、抑郁—多血质、抑郁—黏液质的人数多于理工科的大学生，其中，胆汁—黏液质存在显著差异。

五、气质与实践

（一）气质类型无"好""坏"之分

从气质学说上来看，不管是体液说还是高级神经活动学说，人的气质只是与人体内分泌的体液的比例结构、不同激素的多寡、神经活动的强弱相关，但这些内在生理的不同只是影响了每个人的气质表现，对人类的智商水平并没有影响。气质既不能决定一个人的智商水平，也不可能决定一个人的道德水准，更不可能判断一个人的社会价值。

首先，气质与人的智商水平高低没有关系。气质特性影响的是一个人对于外界环境变化所作出的反应程度。例如，对于某一突发状况，多血质的人反应灵敏，黏液质的人反应迟缓，只是代表这两类人在思维的速度和灵活性上存在明显差异，黏液质的人反应迟缓但思维也许更缜密，而多血质的人反应灵敏也许思维粗略。智力水平主要取决于思维的深度而不是速度，因此，气质不能决定一个人智商水平的高低。同一气质类型的人可能有不同的智力水平，各种气质类型的人群中都有可能出现智力超群、成就非凡的人物。

其次，一个人的道德水准主要是后天培养出来的，受个人生存环境影响较大，而与气质无关。不同气质类型的人可以拥有相同的价值观；同一气质类型的人，既可以成为品行高尚的人，也有可能成为道德败坏、品行恶劣的人。

最后，一个人所发挥的社会价值，主要取决于个人的能力水平、努力程度，而与气质类型无关。任何一种气质类型的人都有可能成为成功人士，为社会作出巨大贡献，也有可能一生碌碌无为。

每一种气质类型都有其积极的或消极的一面。比如，多血质的人灵活好动、思维敏捷，但稳定性差；黏液质的人反应迟缓、灵活性差，但思维缜密；胆汁质的人行事果断，但易于冲动；抑郁质的人情绪敏感，但行事谨慎细致。而且在现实生活中，多数人的气质是多种类型的混合体，每个人都可以根据自身气质特性扬长避短，发挥自己的优势。

（二）气质是选择职业和选拔人才的依据之一

对于社会中的大多数工作岗位来说，各种气质类型的人都可以胜任，但对于某些特殊工作岗位来说，会对人的气质、心理要求比较高，因而在选择职业和选拔人才的时候就要考虑到人的气质特性，以便更好地开展工作。例如，多血质的人比较适合从事那些需要反应灵敏、与人交往的工作，如担任老师、推销人员、公关人员等；黏液质的人适合从事需要长时间专注的工作，如担任财务人员、实验员等；胆汁质的人更适合从事应急性强、具有一定冒险性和挑战性的职业，如担任警察、军人、探险者等；抑郁质的人比较适合从事那些风险较小、需要耐心的工作，如担任校对人员、化验员等，而且对于敏感的抑郁质的人来说，更容易对文学艺术产生兴趣，并取得成就。

（三）气质特征是老师因材施教的依据之一

不同气质类型的人，都各有所长，作为老师要引导学生发现自身的优势，扬长避短，加强自我行为的管理。老师要根据不同气质类型的学生，采取不同的教育方式，有针对性地"因材施教"。

对于多血质的学生，首先，要给予其更多的班集体活动机会，发挥其灵活敏捷、喜欢发言的气质特性。其次，在教育方式上，多血质的学生持久性差，应该注意培养其中心兴趣并鼓励、督促其坚持下来，逐步养成持之以恒的能力。

对于黏液质的学生，首先，要注意其反应迟缓的气质特性，上课时的语速和课程进度不宜过快，要经常查看、询问其是否可以跟上进度，如果对于课程感到吃力，要对其进行个别辅导。其次，要发挥其专注力强的优势，不断鼓励促进其持续地提高学习效率。最后，要注意引导其发展多方面的兴趣，多接触新鲜事物，敢于挑战新的领域。

对于胆汁质的学生，首先，根据其做事果敢、进取、主动的特点，在任务分配上可以让其多参与一些富有挑战性的任务，但要注意培养其自控能力，逐步克服冲动、轻率的缺点。其次，在人际交往上，充分发挥其热情、开朗的特性，可以适当安排其从事人际公关的事务，但要正确引导其在人际交往中克制自己脾气暴躁的缺点。最后，在教育引导方式上宜柔不宜刚，切忌态度强硬适得其反。

对于抑郁质的学生，首先，根据其认真仔细、耐心细致、情感丰富敏感的特性，可以让其从事记录、计算、实验类的工作。其次，鼓励其积极参加社团活动，培养其正确的人际交往方式。最后，对于抑郁质的学生，当其犯错或遇到困难时，宜单独教导，切忌在公共场合对其批评教育，以免使其产生心理障碍。

大多数人的气质特性是几种类型的混合体，在遇到具体的环境变化后，会因不同的事、不同的人、不同的场合而表现出不同的气质特性，老师在教育过程中也应根据实际情况及时调整教育策略。

第二节　性格概述

一、性格的概念

性格是个体在社会生活中形成的对外界环境变化所表现出的稳定的态度和习惯化的行为表现。

首先，性格不是先天具有的，而是后天形成的，这一形成过程与其生活的社会环境中的人与物息息相关。在周围人与物的影响下，人会形成稳定的认知、情感与思维方式，也就是对人与物所表现出来的稳定的态度。这一稳定的态度又决定了其行为方式，也就是说，性格就是其"为人处世"时所表现出来的稳定的态度与行为方式。

其次，性格的稳定性是相对的。既然性格是在后天环境变化中逐渐形成的，那么随着外界环境的变化，也会改变已经形成的性格特征。儿童早期的生活环境形成了他的性格基础，但在后天不断变化的环境中，其性格也会不断发展和变化。成年后，人的性格具有了一定的稳定性，因为成年人具有了较高的自我调节能力，自我调节对性格的约束及改造发挥着很大的作用。

最后，性格是一个人的人格中非常重要和显著的心理特征，在人格中起着核心作用。因此，现实生活中所说的性格大多指一个人的整个人格。

二、性格与气质的关系

性格与气质同属于人格范畴，两者都是通过个体典型的行为反映出来的，两者之间相互制约、相互影响。在日常生活中，人们经常把两者混为一谈。比如，常说某人性格热情开放、某人性子慢，其实都是前面讲到的气质的特征。性格与气质是既有联系又有区别的两种不同的个性心理特征。

（一）性格与气质的区别

首先，气质是先天具有的，如气质学说所提到的一个人的气质是与其内在体液、内分泌、激素有关的。因而，个体最初具备了生命体征时已经具有了先天性的气质，但还没有形成稳定的性格特征。当然，性格的形成与先天的遗传因素是分不开的，但性格更多的是在后天的社会环境影响下逐步形成的。

其次，气质无好坏之分，但性格却有优劣之别。气质是人产生心理活动的内在动力，与具体的心理活动内容无关，因此，气质无好坏之分。性格包括后天形成的稳定的态度和习惯化的行为方式，尤其是其行为方式是在一定社会环境中与周围人相处的过程中形成的，而习惯化的行为方式是与其心理活动内容相关的，具有一定的历史性，并且与其形成的稳定的道德评价有关。因此，性格有优劣之分。比如，"虚伪奸诈""阴险狡诈"就是不好的性格品质，而"勤劳勇敢""诚实善良"就是良好的性格品质。

最后，气质是先天就具有的，受生物遗传基因的制约，因而其可塑性很小。性格是后天在客观的社会环境中形成的，环境对性格的塑造有很大的影响作用。

（二）性格与气质的联系

性格与气质的联系是紧密和复杂的，相同气质的人可能性格完全不同，而性格相似的人可能具有相同类型的气质特征。具体来说，两者的联系主要表现在以下三个方面。

1. 气质影响性格的形成和发展速度

当某种气质与性格特征具有较大的一致性时，就有助于该性格的形成与发展；相反，则会阻碍该性格的形成与发展，甚至在性格塑造的过程中产生内在心理冲突。比如，胆汁质的人很容易就形成果敢热情、积极主动的性格特征，而对于抑郁质的人来说，就很难形成这样的性格特征。

2. 气质影响一个人的性格表现方式，使其带有个人色彩

气质的内在动力可以使得性格特征更加强烈，使得相同性格特征的人具有不同的表现形式。比如，同样是勤劳的性格特征，多血质的人表现出来的

是精神饱满、精力充沛，黏液质的人表现出来的是踏实稳重、认真仔细；同样是善良的性格特征，胆汁质的人表现出来的是热情豪爽，抑郁质的人表现出来的是温柔体贴。

3. 性格可以对气质进行掩盖和改造

性格对气质有重要的调节作用，性格是后天形成的，周围环境对其影响较大。比如，军人长期在部队里面进行严格的军事训练，纪律严明，行为举止都要求沉稳干练，这就可能掩盖或改造其胆汁质冲动急躁的气质特征。

三、性格的特征

性格同气质一样，由许多特征组成，我国心理学界将性格特征分为以下四大类。

（一）性格的态度特征

性格的态度特征是指人在处理各种社会关系时所表现出来的稳定的态度方面的特征。性格的态度特征具有较强的道德评价意义，在性格结构中具有核心地位，具体表现为以下三个方面。

1. 对社会、集体、他人的态度

一个人对社会、集体、他人的态度通常会表现出稳定的特征，也是一个人的重要性格特征之一。积极的特征表现为：热爱祖国、热爱人民、关心社会、热爱集体，具有较强的社会责任感和义务感，乐于助人、诚实守信、善良正直等。消极的特征表现为：对集体事务缺乏热情，缺乏社会责任感，对待他人冷漠，自私自利，认为"事不关己，高高挂起"等。

2. 对劳动、工作、学习的态度

积极的特征表现为：热爱劳动，对待工作认真负责，学习主动积极。消极的特征表现为：对待工作敷衍了事，对待学习粗心大意，缺乏刻苦钻研的态度。

3. 对自己的态度

积极的特征表现为：自尊自爱、自律自信、谦虚努力等。消极的特征表现为：自卑懦弱、自暴自弃等。

（二）性格的意志特征

性格的意志特征是指一个人所表现出来的意志品质，具体表现为以下四个方面。

1. 自觉性

自觉性是指个人行为的自主性。具有自主性的人，在遇到问题时会有自己的主见，不会轻易受他人建议的影响，但是对于他人提出的建议也会理性地思考，作出有效的取舍，能够虚心接受他人有益的意见。缺乏自主性的人，在遇到困难时，会表现出慌乱无助，没有自己的思维与判断，人云亦云，更多地表现为屈从或盲从，或者是过于独断，很难听取他人的建议。

2. 果断性

果断性表现为一个人在遇到困难时，作出决断的速度。果断的人，一般在遇到困难时，会冷静思索寻求有效的解决方案，并迅速地作出相应的行为举措。而缺乏果断性的人在遇到困难时，优柔寡断、踌躇不决、思虑过多，或者鲁莽草率、仓促决断。

3. 坚韧性

坚韧性是指一个人做事的毅力、耐力以及持久性。具有坚韧性的人，做事具有持久性，有较强的自制力，遇到困难也能勇敢地克服，坚持不懈地完成任务。缺乏坚韧性的人，在遇到困难、挫折时会表现出畏缩不前，缺乏挑战困难的勇气与毅力。

4. 自制性

自制性也称为自制力。自制力强的人对自我约束的能力比较强，能有效克制自己的不良行为和惰性，能克制影响目标达成的不良行为和情绪。缺乏自制力的人，往往容易受情绪左右，行为懒散，对于目标的达成也缺乏信心。

（三）性格的情绪特征

性格的情绪特征是指一个人表现在情绪上的强度、稳定性、持久性和主导心境等，具体解析如下。

1. 情绪强度

有的人在遇到问题时，情绪反应强烈、明显，容易被他人的情绪所感染；

有的人情绪反应微弱、隐晦，不易受他人情绪感染。

2. 情绪稳定性

有的人情绪稳定，波动幅度小；有的人情绪波动幅度大，情绪容易激动。

3. 情绪持久性

情绪持久性即某种情绪产生后，所持续时间的长短以及对身心影响的时间长短。有的人在遇到某些事情产生某种情绪后，经过一段时间的调节，很快会平复下来；而有的人在遇到某些事情产生某种情绪后，久久不能平复心情，甚至对身心产生较长时间的影响。

4. 主导心境

主导心境是指一个人经常性的情绪状态。比如，有的人总是积极乐观，即使遇到困难也会积极主动地寻求解决途径，情绪表现也一贯表现为平静；而有的人却整日消极悲观、愁眉苦脸。

（四）性格的理智特征

性格的理智特征是指一个人在认知活动中表现出来的心理特征。主要是指感知、记忆、想象、思维等认知过程中表现出来的态度和行为方式上的差异。

1. 感知方面

人在感知方面体现的性格的理智特征是指人在感知周围的人与事时，在心理上所刻画出来的心理特征。比如，有的人善于从全局出发来感知某一事物，而有的人则侧重于从细节处去认识某一事物。

2. 记忆方面

人在记忆方面体现的性格的理智特征是指人在记忆事物的速度、牢固性、记忆类型等方面上存在的差异。在记忆速度上，有的人记忆敏捷，过目成诵；有的人记忆速度慢，且需要反复记忆。在记忆牢固性上，有的人一旦记忆过某些事物，就会在脑海中保留很长的存储时间甚至是终身不忘；有的人，对于记忆过的事物，只能持续较短的时间，很快就会遗忘。在记忆类型上，有的人擅长通过视觉来记忆，有的人擅长通过听觉来保存记忆。

3. 想象方面

有的人想象力丰富、奇特、天马行空，想象的空间极其广阔；有的人想象力贫乏，局限于已有的思维空间，缺乏创新性。

4. 思维方面

每个人的思维方式都不相同。思维方式会对其行为产生重要的影响，有的人擅长抽象思维，有的人擅长形象思维；有的人擅长发散思维，有的人擅长聚合思维；有的人善于把握全局，有的人善于分析细节。思维方式决定行为方式，思维方式的形成又与其认知水平、生活经历相关。

四、性格的类型

（一）内—外倾性格

瑞士心理学家荣格根据力比多的倾向，将性格分为外倾型和内倾型。外倾型的人在力比多的引导下，倾向于对外部世界产生较多的知觉、思维和情感。外倾型的人情感外露，善于交际，对外部世界的新鲜事物感兴趣。内倾型的人在力比多的引导下，心理能量指向自身内部，更多地关注自己的内心感知、思维和情感，他们谨小慎微、深思熟虑、沉默寡言、不善交际。

这两种倾向具有四种基本的心理机能，即思维、情感、感觉和直觉。思维是指对事物是什么所产生的心理判断过程以及遇到问题时寻求解决途径的心理探寻过程。情感是指对待周围事物的好恶心理态度。感觉是通过感官对事物所产生的形象表征。直觉是对事物未来发展方向的心理预测，无须解释或论证。荣格认为，人在使用思维和情感时运用的是理性判断，而在使用感觉和直觉时运用的是非理性判断。

荣格把两种倾向和四种机能相结合，形成了人的八种性格类型，具体如下。

1. 外倾思维型

外倾思维型的人重视对自然现象、客观规律的观察与思考，喜欢分析问题，分析问题时逻辑结构严谨，有独立的判断和鉴别能力。

2. 内倾思维型

内倾思维型的人更多地关注自身内心的想法与感受，以自我为中心，情感冷漠，倔强偏执，缺乏对他人的理解与关心。

3. 外倾情感型

外倾情感型的人热情奔放，容易感情用事，爱激动，情绪反应强烈，喜怒无常。

4. 内倾情感型

内倾情感型的人沉稳冷静，对人冷淡，往往会把情绪压抑在自己内心，不愿与人分享个人的情感。

5. 外倾感觉型

外倾感觉型的人根据自身对外界的感觉来作出价值判断，对于事物的认知往往停留于浅层的感受，不做过多的思考。

6. 内倾感觉型

内倾感觉型的人对事物价值的判断往往根据自身内心的感受，而忽视事物本身客观存在的一些特性。

7. 外倾直觉型

外倾直觉型的人凭直觉判断事物价值，凭主观直觉解决问题，缺乏对事物的深刻观察与思考。

8. 内倾直觉型

内倾直觉型的人不关心外界事物，以自我意象为中心，内心充满幻想。

◇ 拓展阅读

性格类型测验

根据自己的情况回答表 2-4 中的题目，并根据表 2-5 的结果测验自己性格类型。

表 2-4 性格类型测验题

题目	是	否
1. 对人十分信任。		
2. 喜静安闲。		
3. 能在大庭广众之下工作。		

续表

题目	是	否
4. 工作时不愿他人在旁观看。		
5. 不常分析自己的思想和动机。		
6. 遇到集体活动愿意留在家中而不去出席。		
7. 自己擅长的工作愿意别人在旁观看。		
8. 宁愿节省而不愿耗费。		
9. 能将强烈的情绪（如喜、怒、悲）表现出来。		
10. 很讲究写应酬信。		
11. 不拘小节。		
12. 常写日记。		
13. 与观点不同的人自由联络。		
14. 不是十分熟悉的人，不轻易信任。		
15. 喜欢读书，常刨根问底。		
16. 常回想自己。		
17. 喜欢常常变换工作。		
18. 在公共场所中肃静无哗。		
19. 不愿别人提示，而愿别出心裁。		
20. 三思而后决定。		

表 2-5 测验结果分析

第一组	题号	1	3	5	7	9	11	13	15	17	19
	是或否										
第二组	题号	2	4	6	8	10	12	14	16	18	20
	是或否										

第一组"是"多的人，性格为外倾型；第二组"是"多的人，性格为内倾型；两者相差不多的人，属于中间型。

（二）六种性格类型

美国心理学家根据人类的文化生活领域，将性格划分为以下六种类型。

1. 理论型

理论型的人以知识和真理为中心，善于冷静地思考事物的本质，追求各种观念和理想，对于理论的理解和架构有一定见解。

2. 经济型

经济型的人以提高事物的有效利用率和实用性为出发点，从事物的实践性来判断其实用价值。

3. 审美型

审美型的人常以事物外在形态的对称性、协调性来衡量事物价值，善于感受事物的外在形态之美。

4. 社会型

社会型的人以群体活动为中心，把社会所能提供的一般福利和自身能为他人提供何种帮助为价值判断标准，喜欢各类社交活动，与人为善，能容忍他人，乐于参加一些公益性活动，追求整体社会福利水平的提高。

5. 政治型

政治型的人以权力、地位为中心，有强烈的控制欲与支配欲，喜欢命令他人，为人自负、独断专行、固执己见。

6. 宗教型

宗教型的人以信仰为中心，相信命运，为人谦和，敬重一切生命，能克制自己的欲望，相信神秘力量的存在。

（三）A–B–C型性格

20世纪50年代末，美国心脏病学家迈耶·弗里德曼请人为他候诊室里的家具重新安装皮套。工人们发现，沙发前沿的皮套磨损特别快。这一发现使弗里德曼想到，自己的许多患者在候诊时，好像会经常坐在沙发的前半部分。这使得弗里德曼开始好奇，是不是心脏病人会表现出独特的行为模式呢？

因此，他和瑞·罗森曼医生一起，开始研究行为模式和冠心病之间的联系。通过一系列观察研究和实验，他们最终提出著名的"A 型性格"和"B 型性格"理论。

1996 年，弗里德曼在他出版的书籍 *Type A Behavior：Its Diagnosis and Treatment* 中，将 A 型性格行为概括为：时间紧迫感，竞争和敌意。

A 型性格的主要心理特征包括：强烈而持久的抱负和雄心壮志；处处追求完美的内倾向；强烈而持久的进取心；过高的工作要求，挑战极限压力；经常使自己的心理与身体处于机警状态，即便休息也难以松弛下来。

在此研究之前，医学界多认为冠心病的诱因是高血压、高血脂、遗传等生物因素，直到弗里德曼和罗森曼的这项研究，才证明了 A 型性格者的这些行为也是冠心病的危险致病因素。有统计表明，85% 的心血管疾病与 A 型行为有关。而国际流行病学研究者，在 8.5 年间对成千上万的 A 型性格者进行追踪调查，获得了一致性的研究结果：A 型性格者罹患冠状动脉疾病（心绞痛和心肌梗死）的风险，比 B 型性格者高出 2 倍。

B 型性格的主要心理特征包括：很少有时间上的紧迫感以及其他类似的不适感；认为没有必要表现或讨论自己的成就和业绩，除非环境要求如此；能充分享受娱乐和休闲。

在弗里德曼等人提出 A 型性格和 B 型性格以后，国际上一些研究癌症的科学家也开始研究性格类型与癌症之间的关系，并把易患癌症的性格类型归为 C 型性格，C 就是取英文"Cancer"（癌症）的第一个字母，预示具有这种性格特征的人易患癌症。

C 型性格大体表现为逆来顺受，爱生闷气，敏感多思，主要心理特征包括：抑制强烈情感，顺从他人意愿，缺乏自信，避免可能冒犯他人的矛盾或行为；对待生活的态度沉静，表现出理性和冷漠；拥有感到无助和无望的感情取向。

C 型性格的核心特征是倾向于压抑强烈的感情，特别是压抑愤怒。这一性格特征易引起免疫功能减退、内分泌紊乱，从而引发一系列病理改变。现代医学研究表明，包括肠癌、肺癌、乳腺癌和恶性黑素瘤等在内的几种癌症都和 C 型性格特征密切相关。统计学研究也发现，具有 C 型性格特征的人肿瘤发病率是正常人的 3 倍以上。

需要注意的是，尽管已有许多研究发现，人的性格类型与不同疾病之间具有紧密联系，但并不意味着具有 A 型性格或 C 型性格特征的人就一定会罹患冠心病或肿瘤等。

现代医学研究已经证实，不同的疾病表现出特有的心理特征，而不同的心理特征也会在疾病的发生、发展和转化中起着重要作用。了解人的人格类型与疾病之间的相互关系，对于维护身心健康可以起到积极的预防作用。人的性格是在生活中形成的，同样也可以在生活中改变。下面就介绍几种有助于缓解心理压力的方法。

一是学会及时排解不良情绪，避免过分压抑自己的愤怒、抑郁等情绪。

二是确立自己的独立人格，不要过分在意他人的评价。

三是建立良好的人际关系网络，寻求有益的社会支持和情感支持。

四是学会主动表达和付出爱，在爱与被爱中变得成熟自信，获得自己的人生乐趣。

五、影响性格形成与发展的因素

在性格的形成和发展问题上，历史上有两种争论不休的观点：一种是遗传决定论，另一种是环境决定论。现代单一地持有某一观点的人很少了，一般认为，人的性格是在先天遗传的基础上，再经过后天环境的影响，两者共同作用所形成的。

（一）遗传因素

遗传因素是性格形成的自然基础，它为性格的形成与发展提供了潜在的可能性和必要性。虽然影响性格形成的遗传因素有很多，但从目前已有的研究来看，对性格起关键性作用的遗传因素主要有以下几种。

1. 高级神经活动的类型

高级神经活动的类型对于性格的形成具有一定的制约作用，它可以加速或延缓某些性格特征的形成，还可以对某些性格特征起到掩盖或改造的作用。如果某人的气质类型与性格类型相似时，则高级神经活动对性格的形成起加速作用；如果某人的气质类型与性格类型相悖，则高级神经活动对性格的形成起到抑制或延缓的作用。通常活泼型的人比抑郁型的人更容易形成热情大方的性格。在不利环境的影响下，抑郁型的人比活泼型的人更容易形成胆怯和懦弱的性格；

而在有利的条件下,活泼型的人比抑郁型的人更容易成为勇敢者。

2. 性别

性别差异对人类性格的影响也有明显的作用。一般认为,男性在性格上更具有独立性、自主性、攻击性、支配性、竞争性等强势的特征;女性在性格上更具有依赖性、忍耐性、顺从性等弱势的特征。这些差异与本身的遗传因素上的差异有关,也与长期的社会角色定位影响有关。

(二) 环境因素

1. 家庭环境的影响

很多心理学家都赞同人类的早期经验对于一个人的性格形成的影响作用,认为儿童早期生活环境对其后天性格的形成产生较大的影响。有心理学家跟踪研究发现,儿童时期一年的生活经历对性格的影响力要大于成年后数年生活经历对其性格的影响力。因此,人们常说成年人的性格是很难改变的。

在个体的早期生活经验中,家庭生活是其最主要的环境因素,儿童与父母的关系构成其最初的人际关系,尤其是与母亲的关系最为密切。在家庭生活中,直接影响儿童性格形成的因素有:父母的教养方式、家庭气氛、儿童在家庭中的角色与地位等。

(1) 父母的教养方式。不同家庭的父母教养方式存在很大的差异,对其子女性格的形成也发挥着重大的影响。已有的调查研究显示,父母的教养方式对子女性格的影响主要可以归纳为以下几种,见表2-6。

表2-6 父母的教养方式对子女性格的影响

父母的教养方式	子女的性格
支配型	依赖、服从、消极、缺乏独立性
溺爱型	任性、骄傲、利己主义、缺乏独立性、情绪不稳定
保护型	缺乏社会责任感、任性、依赖、被动、胆怯、深思、沉默、亲切
严厉型	顽固、冷酷、残忍、独立、怯懦、缺乏自信、盲从、不诚实
民主型	独立、协作、亲切、天真、有毅力和创造精神、直爽、大胆、机灵
忽视型	妒忌、情绪不安、创造力差、厌世
父母意见分歧型	易怒、警惕性高、说谎、投机取巧

（2）家庭气氛。家庭成员关系的和睦程度对于子女性格的形成有着非常重大的影响。一般来说，家庭成员关系和睦、愉快的家庭氛围，对于子女的性格形成起到积极的影响；家庭成员关系紧张、猜疑的氛围，对于子女的性格形成起到消极的影响。大量研究表明，离异家庭的儿童在性格表现方面，更易出现孤僻、冷淡、冲动、暴躁、恐惧、焦虑、抑郁等不良倾向，甚至表现出反社会的不良性格特征。

（3）儿童在家庭中的角色与地位。儿童在家庭中所处的角色与地位也会对其性格产生影响，比如在家庭环境中，受偏爱的那个孩子容易形成高傲自满、自以为是的性格，而受冷落的那个孩子容易形成自卑、嫉妒的性格。

2. 学校环境的影响

除了家庭外，对于儿童而言，学校是另一个在其生活中占据大部分时光的活动场所。因此，学校的各种环境对其性格的形成也产生着巨大的影响。

（1）学校的教学氛围。学校是社会有目的、有组织、有计划地培养和塑造下一代的专门机构。学校的教育观念、教学方式、教学内容以及教学水平，对学生认知结构的构建、学习态度和动机的形成、思想品德的形成都具有重要的影响作用。良好的教学氛围，可以引导学生树立正确的世界观、人生观、价值观、学习观，形成良好的性格品行；不良的教学氛围，可能引导学生形成不良的性格倾向。

（2）学校的人际关系。儿童在学校中，最主要的人际关系就是师生关系与同学关系。一般小学阶段儿童对老师的依赖性比较强，因此，老师的人格、修养、教育水平以及教育方式等，对其性格的形成起重要的影响作用。进入中学后，随着青春期的到来，中学生对于老师、父母的依附性减弱，而对于同学的依附关系在增强，同伴之间的友谊或竞争、接纳或排斥、重视或歧视、和睦或冲突等，对其性格的形成与发展起着重要的作用。同伴之间的言行举止，很容易成为彼此之间模仿的对象，因此，这个阶段要特别关注孩子身上的不良言行，及时引导其向正确的方向发展。进入大学后，大多数学生已经形成了基本的性格特征，但此时的性格特征还不具有稳定性，极易受外界环境的影响而发生改变。因此，大学校园内的学习氛围、社团文化、宿舍文化、班级文化、师生关系等都会对其性格的发展产生影响。

（3）学校的校园文化、班级文化、校风校纪。校园、班级是每一个学生生活、学习中非常重要的社会场所,在这个社会小环境中,校园文化、班级文化、校风校纪都会对其产生引导与约束作用,良好的校园文化、班级文化、校风校纪可以促进其形成良好的性格品行;不良的校园氛围对其性格产生不良的引导作用。因此,在重视提高教学水平的同时,要注重校园文化的建设,给学生健康心理发展提供良好的校园氛围。

3. 社会环境的影响

一个人走出校门,进入社会这个大环境中,社会中的各类环境、人际关系等也会对其性格的发展产生一定的影响。

(1) 职业的影响。一个人长期从事某一职业,性格特征在无形中就会带有一些职业特征。比如,老师一般社交能力强,工人大多豪爽,农民大多朴实,军人比较严谨,政府机关人员比较理智,艺术工作者情感丰富等。

(2) 恋爱和婚姻生活的影响。一般而言,步入婚姻阶段时,人的性格特征已经基本稳定下来,彼此是很难再改变对方的,但在长期的婚姻生活中,彼此的一些生活习惯会相互影响。幸福的婚姻生活会使一个人更加自信、乐观,而失败的婚姻生活也会使一个人颓废、气馁、自卑、消沉、孤僻。

(3) 社会文化的影响。广义上的文化是指人类社会历史实践过程中所创造的特征财富和精神财富的总和。狭义上的文化是指社会的意识形态以及与其相适应的社会制度和组织机构的总和。文化环境主要包括社会阶层、家庭结构、生活方式、生产方式、消费方式、风俗习惯、宗教信仰、伦理观念、审美观念等。社会文化渗透到社会生活的各个方面,每个社会阶层的制度建设必须与所处的社会文化相一致,这一制度才能有效运行。生活中这一社会文化制度中的每一个人都会受到影响。

一种社会文化对生活在其中的每一个个体都会产生整体性的影响,从而形成全体文化成员的一些共性特征,即所谓的国民性。国民性是指一个国家或民族中多数成员共同具有的精神特质或性格特征,如一个民族具有一些共性的价值观、思维方式、情感内涵、生活态度等。比如,西方文化注重自我、自主等观念,强调独立自主、自我肯定;而东方文化注重培养人的集体主义观念,强调责任感、人与人之间的和谐统一等。

(三) 自我教育因素

一个人的性格形成除了受遗传因素、环境因素影响之外,还受个体自我教育的影响。自我教育是通过自我意识和自我调节来实现的。自我意识是指个体对自身的认知、评价及态度。随着具体自我意识的不断发展，自我教育的能力不断提高，个体会逐渐意识到自身的优缺点，从而自觉或不自觉地进行自我调节，以不断地完善自我，逐渐地实现自己心目中的理想自我。这时，给学生树立一个良好的学习榜样是非常重要的，榜样就可能成为学生不断自我完善的学习对象和奋斗目标。因此，一个国家整体倡导的社会价值观、思想文化的榜样代表，对于一个民族的价值观的建立起着重要的引领作用。

第三节 大学生的人格特征

一、人格与人的身心发展

人格由气质、性格等多种因素相互作用而构成。人格很大程度上决定了人在面对各类外界刺激时，所作出的行为反应的方向、程度、速度、强度等，人格是人作出行为反应的基础。人格的健康与否，既决定了一个人的心理健康与否，也会对活动效率的高低、潜能开发的深浅、社会适应能力的强弱产生很大的影响。

近年来，人们越来越意识到，一个人能否成功，除了智商很重要外，情商的高低也起到了非常重要的作用，而情商包含了丰富的人格因素。"情商"一词是由美国心理学家丹尼尔·葛尔曼在 1995 年提出来的，他把"情商"概括为：认识自身的情绪、妥善管理情绪、自我激励、认识他人的情绪、人际关系等。人们发现，高情商的人更善于进行情绪控制与表达，通常外在表现更加独立自信、积极乐观，在工作学习中更易取得优异的成绩。也就是说，一个人的成功除了与智商有关外，还和良好的人格有非常重要的关系。

二、当代大学生人格发展的基本特点

大学生处于人生的青年时期，从心理年龄特征来看，此时的人格发展特点是：希望更深入地了解自己、把握自己的发展方向、对自己的人生有一定的规划。这个年龄阶段的青年有了比较稳定的性格特征，但对于自己的未来

还比较渺茫，时常会发自内心地问自己或他人："自己是什么样的人？将来要成为什么样的人？"这时，生活和学习中的榜样将对其产生重要的影响。青年人喜欢使用伟人的名言警句来鞭策自己，社会生活中的"明星"人物，也最容易成为青年模仿或崇拜的对象，因此，社会价值形象的代表人物对青年价值观的塑造非常重要。

根据国内外心理学家关于人格特征的研究，我国当代大学生的人格发展呈现以下五个方面的特点。

（一）能正确认知自我

人的生长过程，就是一个不断探索自我的过程。经过近 20 年的自我探索，在进入大学后，大多数人对自己的优缺点都会有一个比较清晰的认识；在选择了相关专业后，对自己未来的发展方向，部分大学生也有了一定的奋斗方向，但还有部分大学生对自我的认识和未来比较渺茫。这时，学校教育要有意识地引导大学生树立正确的奋斗目标。

（二）智力结构健全而合理

踏入校门的大学生，在智力水平上都是比较健全的，在观察力、记忆力、思维力、注意力和想象力上都具备比较好的发展，而且能较好地运用各种能力来获得学习的进步。

（三）对社会环境的适应能力较强

大学生正处于急切渴望认识外部世界的阶段，有着广泛的兴趣爱好，人际交往范围也在扩大，积极参与各类社团活动与社会实践活动。同时，在价值观上，也认识到人与人之间的差异，在与人相处时也能秉持求同存异的心态，正确看待彼此观念上的差异。能客观、辩证地看待周围的人与事，而不是根据自己的主观愿望来判断事物的对错。

（四）富有事业心，具有一定创造性和竞争意识

进入成年阶段后，我国当代大学生可以把工作、事业作为生活中的重要组成部分，富有事业心，积极进取；具有竞争意识和开放性的思想观念；喜

欢创造、勇于创新、敢于冒险、独立自主、态度务实。

（五）情感饱满适度

我国当代大学生在情绪上的稳定性与波动性、外显性与内隐性并存，情感丰富，在生活、学习中积极的情感体验占主导。

这些特点表明，我国当代大学生的人格发展状况基本良好，大学生在人格教育方面具有良好的自觉性。

第四节　大学生常见的人格缺陷与人格障碍

绝大多数大学生的人格发展是积极健康向上的，但由于先天遗传因素、环境影响因素中不良因素的影响，会造成少数大学生在人格发展上存在一些缺陷，甚至有些比较严重的会导致人格障碍。

一、大学生常见的人格缺陷

人格缺陷是介于正常人与人格障碍之间的一种人格状态，也就是人格发展中存在一定的不良倾向，或者可以说是轻度的人格障碍。

（一）自卑

自卑是自我对自身评价过低的心理体验与外在的一些表现，在心理学上有自我否定的倾向。主要表现为对自己的能力、学识、品质等评价过低，更多地关注自身的缺点而忽视自身的优点，常常拿自己的劣势与他人的优势相比较；心理承受能力较弱，经不起较强的刺激，谨小慎微、多愁善感，常对他人猜疑，行为畏缩，遇到困难就怨天尤人，或没有勇气去面对困难。

（二）社会障碍

对于大学生来说，在中小学阶段接触的主要是家人、亲戚、老师、同学，社会范围比较窄，交往的人群比较简单，交往内容也比较单纯，大家更关心的是学习成绩。进入大学后，除了与老师、同学交往外，还会参加各类社团活动、外联活动、社会实习活动、实践活动，因而需要与校内外的很多人员进行交往，交往的范围更加广泛，交往人群更为复杂，交往的内容也变得多样。而对于有社交障碍的同学来说，在与陌生人交往时，会感到手足无措，不知道该如何与对方进行交流，时常担心自己表现得不够好，不知道与对方聊什么样的话题，不知道如何表达自己的想法与情感，甚至在交往的过程中，在行为上表现得比较拘谨，不敢直视对方的眼睛。

（三）懒惰

懒惰是很多大学生难以克服的一种生活陋习，面对要完成的生活事务、学习任务，抱着能拖则拖的态度，不到最后时刻不着急，而越是着急做事的结果又比较糟糕，这又会给自己带来新的烦恼。懒惰的本质是内在意志力不足的外在表现，它会影响大学生积极、健康、有序地发展。

（四）狭隘

经济的高速发展，带来的是人们的价值观也在发生着变化，有的人变得凡事以个人利益为重，遇事斤斤计较，再加上独生子女家庭出身的孩子，凡事多以自我为中心，很难接受他人的建议，因而容易形成心胸狭隘、好嫉妒、好挑剔的性格。

（五）抑郁

抑郁也是大学生中比较常见的心理障碍之一，大学生在遇到困难无法解决时，会产生一种无助的消极情绪。大部分学生可以通过寻求父母、朋友、老师等的帮助，把内心压抑的情感宣泄出来，但有一部分学生与周围的人沟通得比较少，很难把自己的内心向他人敞开，长期的负面情绪积压，没有得到有效的情感输出，便会形成抑郁的内心困扰。

（六）焦虑

焦虑是个人在主观预测未来可能会发生不如意的结果时产生的一种担忧、烦恼、害怕、紧张的情绪体验。在经济高速发展的今天，工作、学习的竞争压力都比较大，每个人都有可能处于焦虑之中。适度的焦虑对于工作和学习有一定的促进作用，但长期高度的焦虑则会影响正常的工作和学习。

（七）以自我为中心

当代大学生大多数是独生子女，在家受父母宠爱，家人都以其为生活的中心和重心，尤其是那些有较强自尊心、独立感、优越感的孩子，更易形成过度的以自我为中心的性格，凡事从自身利益出发，很少考虑他人的需求和情感。

二、大学生常见的人格障碍

人格障碍又称为病态人格或变态人格，是指人格在发展过程中，产生偏离和畸形，导致个体以不适宜的方式持久地对待周围的人或物，在行为言语上表现出与周围的人格格不入。

人格障碍也有程度上的不同，轻度人格障碍的人不影响正常生活，但程度较重的则会对个人、家庭的生活和学习带来很多负面的危害。大学生常见的人格障碍主要有以下几种。

（一）偏执型人格障碍

偏执型人格障碍的主要表现为：心胸狭隘、固执己见；面对责任推诿，缺乏担当，不愿接受他人的批评与建议；不能宽恕他人对自己极小的伤害与侮辱，并伺机报复；敏感多疑，时常怀疑周围的人在利用自己或陷害自己，认为他人总是别有用心。因此，偏执型的人大多很难与家人、同学、朋友友好相处。

（二）强迫型人格障碍

强迫型人格障碍的主要表现为：经常有不安全感，过分注重细节；责任感强、追求完美，对于所做的事情常持怀疑态度，需要反复确认；对于周围的人或物的控制欲比较强，认为只有自己控制才放心，凡事爱亲力亲为，对他人做事不放心；喜欢用自己的思维去规范他人的行为，以致影响他人的自由。

（三）分裂型人格障碍

分裂型人格障碍的主要表现为：性格明显内向，与家庭、社会关系比较疏远，不主动与他人交往；在生活中很少有快乐的体验；表情呆板、情绪冷漠，甚至有时表现得不通人情。分裂型人格障碍症状比较严重的，在与人交往时，会感到极度不适，甚至发生冲突。

（四）情感型人格障碍

情感型人格障碍的主要表现为：情绪波动大，喜怒无常，高兴时情绪高涨，内心充满希望和信心；悲观时情绪低落、失控，轻则毁物，重则伤人；无处发泄时，一个人郁郁寡欢、焦虑、悲观厌世。

（五）爆发型人格障碍

爆发型人格障碍的主要表现为：情绪极不稳定，遇事特别容易冲动，且行事不计后果；常因一些小的冲突而引发非常强烈的愤怒情绪和冲动行为，有时甚至不能自制，发生破坏、伤人的行为；事后对自己的过激行为感到懊悔，但不能引以为戒，再次遇到类似事件时，还是很难克制自己的过激言行。因而，爆发型人格障碍的人在生活中很难找到持久的好友。

（六）被动攻击型人格障碍

被动攻击型人格障碍的主要表现为：以被动的方式表现出强烈的攻击倾向，表面上言听计从、唯唯诺诺，不敢发表个人的看法，背地里则不与人合作或故意搞破坏。这种类型人的性格一般比较固执，仇视情感与攻击倾向都比较强烈。

（七）反社会型人格障碍

反社会型人格障碍的主要表现为：情绪不稳定，易怒，以自我为中心，有暴力倾向，对于自己不满意的事情常采取过激的武力行为来解决；对于公共秩序、行为规则等约束性规定，经常不乐于遵守，而且对于一些违法乱纪的行为既无内疚感也无羞耻感；在日常生活中，冷酷，攻击性强。具有这种人格障碍的人在生活中只占少数，但对社会的危害比较大，在遇到困难或挫折时，很容易采取极端的行为来解决，从而走上犯罪道路。

（八）衰弱型人格障碍

衰弱型人格障碍的主要表现为：缺乏自信心和独立意识，在生活和学习上过多地依赖家人、老师的安排；精力不足、容易疲劳，做事不果断，缺乏判断力。具有这种人格障碍的人在生活和学习上的自理能力都比较差。

三、人格发展异常的原因

关于人格发展异常原因的研究有很多种，这取决于所支持的理论模型。这些模型涵盖了从神经生物到社会文化等诸多方面。在这里对其中影响比较大的几个模型进行介绍。

（一）心理动力—客体关系模型

心理动力—客体关系模型是心理分析中的经典模型，是现代科学家心理治疗发端的标志。该理论发展的基础是弗洛伊德的意识结构模型。在弗洛伊德的意识概念中，精神被分为本我、自我和超我。人在成长的过程中，每一个阶段都有应该实现的心理性欲，如果本该实现的心理性欲没有得到实现，那么就会在性格上留下烙印。不同发展阶段中的创伤性经历，可能会引起在那个阶段的"固着"，同时伴有某些性格特征。比如，个体固着在肛门发展阶段，那就极有可能形成一种肛门型性格，这种性格特征主要是克制、吝啬、狭隘和沉默。

心理学家科胡特利用自我心理起源论，发展了弗洛伊德的自恋概念体系。自我心理起源论强调自我与他人关系和早期依恋的映照功能的重要性。但该理论在自我凝聚和结构方面的缺陷导致了对自恋保护的过度依赖。

当代的心理分析革新者科恩伯格进一步发展了客体关系理论，应用这个模型形成了对边缘人格异常的专门治疗。这一模型强调早期依恋在人格发展中的首要性。例如，在感情调节、冲动控制和发展信任感的阶段，如果没有与周围客体形成较融洽的关系，那么很可能倾向于依赖原始的防卫，或者有情感失调的倾向，人际关系不稳定。

(二) 生物模型

人格特征与生物遗传因素有关，当代理论认为，可以用不同的神经传递介质和激素系统理解不同的人格类型。克劳宁格的"一元化生物社会人格理论"提出，三个行为脑系统与神经传递介质及其行为活动存在一定的关联性。实际上，这些系统为人格的形成设置了条件，同时合并形成了某些倾向。三个行为脑系统包括：追求刺激，这与高水平的多巴胺有关；伤害回避，这与5-羟色胺有关；趋利，这与去甲肾上腺系统有关。

(三) 人际模型

沙利文在病源学模型的基础上构建了两个维度的人际风格模型图：支配—服从和厌恶—热爱。在这一模型中，根据个体表现在这两个维度特征上的程度，确定了一个有16种"类型"的圆形或者环绕模型。人格异常是因为某一种"类型"人格的极端不适应。

(四) 认知模型

认知理论假设人格是一系列核心观念的产物，这些核心观念通过心理整合形成一种程式或者认知图谱，它指引着人的行为方式，并塑造着人格的不断发展。这些观念很大程度上是源于父母观念、行为的继承和在特定环境影响下所形成的。这些核心观念逐步在个体身上固化下来，形成个体独特的人格特征。当这些核心观念或者程式在思维过程中表现出各种歪曲或错误时，便会产生人格异常。

(五) 行为模型

米勒结合空间与类别模型提出了进化模型，他认为存在着三项特征学规则：首先，每一种生命机体都要生存；其次，为了生存每一个体必须适应所处的环境；最后，为了生命体不灭绝，需要繁衍生息。因此，米勒根据这三项规则推导出三种决定人格的倾向：一是为了生存，生命会努力寻求愉悦最大化，有愉悦性倾向；二是在愉悦与痛苦两者之间，可以选择愉悦最大化或者痛苦最小化；三是个体对愉悦与痛苦的重视程度不同，产生的人格特征也会不同。例如，为了生存，生命体可以被动地适应环境，或者积极地改变环境。这种选择倾向对于被动性人格或主动性人格的形成具有一定的影响。

（六）家庭功能紊乱和心理社会的多样化模型

该模型的研究者认为，人格异常的形成受心理社会因素的影响比较明显，这些因素包括父母的精神病史、个体的创伤体验等。例如，儿童时期遭遇过身体或者情感虐待，或者遭遇过急剧的家庭变故的，在其人格的形成过程中，极易受儿时这些经历的影响。帕里斯研究发现，具有反社会人格、物质滥用、边缘人格异常特征的人，通常其所处的家庭功能不太健全，家庭关系不和谐。

（七）在一个关系矩阵中的当代生物—心理—社会模型

当代心理学研究者大多认为人格异常不是由某一单一因素引起的，而是多范围、多因素、相互之间共同作用下的结果。界定人格是否异常的最好方法是采用生物—心理—社会模型，该模型吸纳了相当多的模型理论。人格形成的过程本身就是复杂的，当其中的功能出现紊乱时，人格这一系统就会表现出综合性的系统反应，从微小的生物方面、心理内部的认知情感方面，到人际关系方面、关联的社会关系方面以及社会文化方面，都有可能受到影响，从而产生人格障碍。通过生物—心理—社会模型理解人格异常的优点之一是，能对人格异常的多维度原因进行探讨，并提供更为广泛的有效干预。

第五节 大学生人格完善的途径和调适方法

调查研究发现，大学生的人格问题主要集中在两个方面：一是人际关系方面，二是学习能力方面。在人际关系方面，部分大学生由于性格内向、缺乏交往经验或者之前家庭管教比较严格、教育观念比较保守，内心是渴望与人交往的，但不敢交往、不会交往，因此游离于集体之外。在学习能力方面，在中小学阶段，学习目标、学习内容基本都由父母、老师包办了。进入大学后，脱离了父母、老师的安排，一时间没有了依赖，面对大学各种庞杂的课程，感到手足无措，没有规划，没有目标。如何有效地解决大学生的这两大主要心理问题，已成为高校管理者必须思考的问题。

一、大学生人格完善的途径

（一）在教学中渗透人格教育

现代大学教育提倡OBE（Outcome Based Education）教学理念，即以成果为目标导向，以学生为中心，持续改进的教学理念。所谓成果，不只是知识的传授，还包括学生学习能力的提升、实践能力的持续提高等；以学生为中心，就是授课内容要符合学生特点，既要关注学生学识的提高，也要关注学生心理的健康成长；围绕以上两点，对教学方法、教学内容持续进行改进。

高校教师在专业学科的教学中要注重对人的教育，在教学过程中要渗透心理健康教育，树立学生正确的世界观、人生观、价值观和培养健全的人格特征。建立一个以提高教育心理素质为核心的教学体系，使得学科、课程、心理形成一个相互作用、协调发展、共同促进学生身心健康发展的教学体系。

（二）优化校园文化环境

作为一个生命个体，为了生存和发展，首先要学会适应环境，然后在环境中逐步学会改造生存环境。在生存和发展的环境中，每一个人都不可避免地受到环境的影响，对于大学生来说，良好的生活和学习环境，无疑是其健康发展的基础。因此，高校要注重校园文化环境的建设，这包括两个层次的含义。一是软环境的建设，主要是指校风、教风和学风。良好的人文环境会潜移默化地优化学生的心理品质，如老师首先要关爱学生，让身处异地的学子感受到关心与被爱；班级优秀党员要发挥带头作用，关爱同学、尊重师长、文明礼貌、积极主动地承担任务；学校对于正能量事迹、标语要做充分的宣传，以起到积极的引导作用。二是硬环境的建设，主要是指校园文明设施和教学条件的建设。例如，校园图书馆的环境建设、藏书量的更新、教学楼的建设、实验设备的提升、学生自学环境的提供、学生娱乐健身设施的提供、社团活动场所的建设、宿舍环境的建设等。通过全校所有教职工的不断努力，为大学生的健康成长提供优良的校园环境。

(三)加强情绪稳定教育

情绪稳定是一个人有效学习的基本前提,大学开设的心理健康教育要使大学生了解情绪稳定是一个人成熟的标志,并且可以通过一些有效的手段来锻炼和控制自己的情绪。通过有效的情绪控制,使自己时常保持乐观、饱满、积极的心态,形成适度的情绪反应,避免忧伤、郁闷、急躁等消极情绪。由于大学生所处的年龄特征与环境要求,进入大学后经常会出现各类心理上的不适应。因此,大学进行心理健康教育是非常必要的,培养大学生对各类情绪的理解,掌握一定的情绪控制方法,对不良情绪进行有效的调节。

(四)加强积极适应教育

大学的生活环境、学习环境、学习压力、学习内容、教学方法、社交范围等诸多方面都发生了很大的变化。因此,对于大学生来说,进入大学的第一课便是要学会适应各类新的环境,更快、更好地融入新的集体、新的环境。通过入学的适应性教育,使大学生掌握排解心理困扰、减轻心理压力的方法,保持健康积极的心态投入新的学习中。

(五)加强人际和谐教育

对于大学生来说,除了学习之外还有一项重要的事情就是处理好人际关系。大学相较于中小学来说,人际交往范围、交往内容显得更为复杂,同时也是未来步入社会的一个人际交往的"预演"。在大学生的心理健康教育中,要教给学生学会换位思考,不仅学会接纳自己,同时也要学会接纳他人。在人与人交往的过程中保持愉快、乐观、开朗、友好的态度,享受友情的滋润。同时,使大学生能够认识到自己在人际交往中的不当之处,掌握一定的人际交往技巧,能正确处理人际交往中遇到的问题。

二、大学生人格完善的调适方法

大学时代是青少年走向社会的一个关键时期,也是人格塑造的关键时期,学习能力很强,周围不健康的氛围极容易影响其健康成长。大学教育要把握住学生人格完善的这一关键期,塑造具有健康、健全人格的合格人才。

（一）昂起你的头——克服自卑

有这样一个故事，一个叫珍妮的小姑娘，平时总是低头不语，她一直觉得自己的外貌比较丑陋，羞于在人前抬头。有一天，她到饰品店买了一个彩色蝴蝶结，店主微笑着赞美她戴上这个蝴蝶结非常漂亮。珍妮虽然觉得这是店主的恭维之词，但内心还是感到很开心，不由自主地昂起了头，急于奔到校园让大家看看。由于太过匆忙，出门时与一位进店的顾客撞个正着，但这并没有打扰了她的好心情。

珍妮走进教室，迎面碰上了老师，老师真诚地说："珍妮，你昂起头来真好看！"她听了很开心，觉得这个蝴蝶结真的使自己漂亮了很多。那一天，她得到了许多人的赞美。她想这一定是蝴蝶结的功劳，可等她回到家时，往镜子前一照，头上根本没有蝴蝶结，一定是离开饰品店时与人相撞弄丢了。

从这个故事可以看出，无论贫穷还是富贵，无论是貌美如花还是相貌平平，只要你充满自信地昂起头，就会让你变得快乐，人会因快乐而变得美丽。自信原本就是一种发自内心的美丽，而许多人却因为太在意外在的东西而失去了对内心快乐的追求。

自卑在大学生中屡见不鲜，造成自卑的因素有很多，如家庭条件、学习成绩、外貌特征等，这些都有可能使自己丧失自信，而陷入自怨自艾的境地。

面对自卑心理，要学会适当的调适方法：正确地认识自己，悦纳自己，尺有所短、寸有所长，人无完人，不要因为自己的某些缺点就否定自己；可以通过给自己制定一些切合自身的目标，积累成功的愉悦体验，逐步增强自己的自信心。

（二）大胆往前走——克服羞怯

在大学生中，胆小害羞、谨慎怯弱的不在少数。见到陌生人不知该如何进行交流，内心感到紧张，有时一句话要在喉咙中反复多次，还是说不出口，一件事总要左思右想，经常搞得神经紧张，坐立不安。

害羞是一个人自我防御心理过度的表现，害羞的人常常过于胆小被动、谨小慎微，过于关注自己的言行是否得当。害羞的人特别关注自己在他人心目中的形象，总是考虑自己的言行是否给他人留下了不好的印象，对于他人对自己的评价过于敏感。

对于害羞的大学生来说，可行的调适方法有：要增强自信心、放开心胸，不要过于在意他人的议论，有意识地锻炼自己同他人的交往能力。

（三）不要找借口——克服懒惰

大学生应该是充满朝气、蓬勃向上、积极进取的群体，但事实并非如此。懒惰是很多大学生都难以克服的陋习，其本质是内在动力不足的表现，对要做的事情缺乏足够的兴趣，没有紧迫感，没有学习压力。懒惰严重影响大学生的积极进取。其实处于懒惰状态的大学生也时常会感到内疚、自责、后悔，但面对学习又提不起兴趣和坚持的动力。

之所以缺乏坚持下去的动力，根本原因是没有确立一个坚定而有价值的目标和理想。因此，要克服懒惰的毛病，首先要给自己树立一个切实可行的奋斗目标；其次要把这个目标分解成一个个小的目标，甚至可以详细到每天要完成的任务；最后便是按计划按部就班地执行。

（四）心胸要宽广——克服狭隘

在经济高速发展的今天，受功利主义影响，大学生心胸狭隘的现象屡见不鲜。心胸狭隘的人凡事斤斤计较、嫉妒心强、缺乏包容心等，往往人际关系也不太融洽，经常为了自身利益伤害他人情感，同时也会给自己带来烦闷、苦恼，对人对己都没有好处。

克服心胸狭隘的方法有：一是要胸怀宽广，有包容之心，海纳百川，有容乃大，比海洋宽广的是天空，比天空更宽广的是人的胸怀；二是要丰富自己，一个人的视野越开阔，就越会把一些事情看淡，正所谓，站得高看得远。

（五）理性的认识——克服抑郁

近年来，抑郁情绪在大学生中出现得越来越多。从心理学上来说，抑郁是在面对外界压力时内心无助的消极情绪。这些外界压力可能来自家庭、生活、学习、情感等。当遇到来自各方面的压力，自身无法解决时，内心感到无助、压抑，同时对于产生的消极情绪，又寻求不到合适的输出渠道，这样的负面情绪长期堆积在内心就会产生抑郁情绪。心理健康和身体健康是一样的，要保证身体的健康，就需要保证血液在各个脏器中顺畅流通，如果在哪里发生了阻塞，哪里就会出现身体上的不适。心理的健康也一样，要保证内心承受的各种负面信息可以寻求到有效的输出途径，如果接收的负面情绪得不到有效的输出，在内心长期积压就会形成心理障碍。

克服抑郁的方法有：首先，正确地认识自己，在生活、学习中总有一些事情是超出个人能力、个人无法解决的，不要因为某件事情的失败而过多地苛责自己；其次，不要太在意他人对自己的评价，人生在世，不管你如何做事做人，不可能做到人人满意，那么遭到他人的议论或失之偏颇的评价就在所难免；最后，要多参加一些社交活动，扩大自己的视野，使心情不要过多地局限于某事某人，给自己的心灵一个放松的窗口。

（六）跨过这道坎——克服焦虑

焦虑常常伴有忧虑、烦恼、害怕、紧张、恐惧等情绪体验。在当代社会，竞争非常激烈，每个人或多或少都会处于一定的焦虑状态中，对于大学生来说，学习压力、考试压力、就业压力、情感压力、人际交往压力都有可能使自己处于焦虑之中。适度焦虑是有利于保持生命活力，并促使个人取得一定的成就的，但过度焦虑则会对正常的生活、学习产生不利的影响。

对于过度焦虑的调适方法有：增强自信，面对各类压力时，在个人努力的同时，要想一下是否还可以寻求他人的帮助；当尽自己所能，还是无力解决当下问题时，要学会与自己妥协，人不可能总是顺风顺水，调整好心态，重新调整方向、状态，继续前进。

健康的心理需要良好的习惯来维持，就像想拥有一个健康的体魄需要有良好的饮食习惯、健身习惯、作息习惯一样。健康心理的养成，首先，需要时刻提醒自己要阳光、自信、微笑地面对每一天，好心情会使工作效率更高，获得更多的成功机会，不断的小成功会使自己更加自信；其次，要选择适合自己的娱乐活动，给自己释放消极情绪留一个通道；最后，要学会悦纳自己、珍视自己，接受不完美的自己。

第三章 建立合理的信念体系

——大学生情绪管理及情商培养

情绪是人们非常熟悉的一种心理现象,人们或喜或忧,或悲或愤,不同的情绪构成了独特而又多姿多彩的情感世界。尤其在当今快节奏的社会生活中,竞争越发激烈,人们的压力越来越大,为了生存和发展,必然会面临各种情境,如得到与失去、顺境与逆境、成功与失败、奖励与惩罚、美丽与丑恶等。不同的情境带给人们不同的情绪体验,或愉悦高兴,或气愤憎恶,或悲伤忧虑,或爱慕钦佩等。每个人在生活中都经历过负面情绪爆发的时刻,人们每天似乎都在和情绪进行战斗。情绪掌控力就是对情绪进行调节的能力,如果不能很好地疏导与调节负面情绪,就会一直被负面情绪所困扰,甚至有时候会"情绪崩溃",伤及自己与周围的亲朋好友,在"坏情绪"中迷失自己,能掌控好自己情绪的人往往才能在人生的道路上走得更稳、更远。

从生理成长的角度来看,处于青年期的大学生,面临多种选择和多种能力的培养,如人际交往、生活技能、学习能力、恋爱技巧等,他们的情感体验更为复杂。从心理发展的角度来说,大学生处于与原生家庭的第二次个体化分离期,第一次与原生家庭的分离是在幼儿园入园时,以与父母的身体分离为特征;第二次个体化分离主要以与父母的心理分离为特征,心理学经常将此过程描述为心理断乳期。在这一时期,大学生开始思考自己的人生,自我意识的觉醒更加强烈,在很多事情的选择上都想拥有自主决定权,但是由于社会经验不足、对情绪的认知还不够科学、容易受到他人和周围环境的干扰等因素的影响,在面临一些较为复杂的矛盾和困惑时,大学生情绪困扰的感受更为强烈,有时看似波澜不惊但内心却很不平静,有时忙忙碌碌却总感觉很空虚，有时看似满不在乎却内心敏感脆弱，时而情绪波动、烦躁郁闷，时而紧张焦虑、患得患失，诸如此类的问题都提示着大学生要好好对待自己的情绪了。因此，大学生必须学会科学地管理和处理自己的情绪。

第一节　情绪概述

一、情绪的含义和变化维度

（一）情绪的定义

情绪对每个人而言都是既熟悉又陌生的名词，说它熟悉，是因为情绪贯穿于人类一切活动过程中；说它陌生，是因为人虽容易被情绪所影响，却很少用理性和科学的眼光去审视这个感性的过程。情绪作为一种躯体和精神上的复杂变化模式，是一种非常复杂的心理现象。心理学家对情绪的定义提出了多种不同的看法与解释，具体可以总结为以下几个方面：情绪的主体是人，情绪的客体是客观事物或者情境，情绪的中介是人的愿望和需要，情绪的内在体验是态度，情绪的外在表现是行为，即个体基于自己的愿望和需要对客观事物或情境的一种态度体验与行为表现。

情绪反映的是客观事物或情境与主体需要之间的关系，当客观事物或情境符合个体的愿望和需要时，个体就会感受到积极的情绪体验和情感，如生活中遇到志同道合的知己而感到愉快，考试时遇到重点复习过的题目会内心欣喜，过生日时收到渴望已久的礼物而感到开心，向喜欢的对象表白成功时感到幸福等；反之，则会引起个体的消极情绪体验，如被朋友误解而伤心，在比赛中因出现严重失误而遗憾，考试成绩不理想而感到沮丧，丢失了心爱的物品很心疼等。

（二）情绪的要素

情绪的内在体验表现为对客观事物或情境的态度，这种内在感受外人无法直接观测，但是人们能从情绪的外在表现，即生理变化和外显行为推断他人的情绪特征。情绪包括三种成分：在认知层面上的主观体验，在生理层面上的生理唤醒，在表达层面上的外部表现。主观体验、生理唤醒和外部表现是构成情绪的三个要素。当情绪产生时，这三个要素共同作用，构成一个完整的情绪体验过程。

1. 主观体验

主观体验是个体对不同情绪状态的自我知觉，即头脑中产生的一种内在感受和体验。情绪在意识层面的感受被称为体验，如受伤时的痛苦、朋友见面时的喜悦、面临危险时的恐惧、看到他人不幸时的同情、需要得到满足时的幸福感等。人们对情绪的感受有很大的主观性，个体对刺激情境和客观事物有不同的感受与觉察就会产生不同的态度。同样的事物、同样的处境，个体不同，感受也不相同。比如，老师在课堂上批评两个上课说话的学生，其中一个学生认为老师是为了他好，是对他关心，从而感受到关心和爱护之情；而另一个学生则可能认为老师是在故意刁难他，让他当众出丑，从而产生痛苦或者憎恶的感受。情绪的主观体验只有自己才能真正感受到或者意识到。

2. 生理唤醒

生理唤醒是指伴随着情绪刺激和个体的主观体验，有机体发生生理反应和变化的现象。情绪的脑机制决定了生理唤醒受中枢神经系统和外周神经系统的影响，在不同情绪状态下，人的心率、脉搏、血压、肌肉紧张度、血液流速、血管的张缩、呼吸的快慢乃至消化水平等都会发生相应的变化。比如，焦虑时因消化系统水平下降而不思饮食；恐惧时心跳加快、呼吸减慢、瞳孔放大、脸部因血管收缩而发白；愤怒时血压升高、浑身发抖、面红耳赤；愉快时因面部血管舒张而红光满面；紧张时心跳加快；害羞时满脸通红等。这些变化都是受人的自主神经支配，不以人的意志所控制，具有极大的不随意性和不可控制性。学生在考试失败、情感受挫、压力过大、与他人发生矛盾冲突时，不管本人愿不愿意，都不可避免地会出现一些情绪生理反应。

3. 外部表现

情绪的外部表现也叫表情，是个体情绪变化在其面部表情、身体动作姿态和言语语调中的反映。个体的情绪状态通常都是通过表情来体现的，这也是他人判断和推测情绪的参考指标。表情在人际交往中起着释放信号和交流沟通的作用，当然，个体的表情具有一定的掩饰性，有时会体现出与主观体验不一致的现象。比如，《三国演义》讲述诸葛亮实施空城计时，虽然大敌当前，内心异常紧张却表现出镇定自若的样子；再如，有的人见到自己喜欢的对象时，内心明明窃喜，但却表现出一副无所谓的表情。

（1）面部表情。面部表情是人与人沟通的基本方式，最能直接反映人的情绪状态，常言道："出门看天气，进门看脸色。"人的面部表情的变化是通过眼睛、嘴巴、鼻子、眉毛、额头及脸部肌肉的组合变化来实现的，不同的面部表情反映着不同的情绪状态，因此人们可以通过面部表情变化，了解他人的情绪和情感状态。情绪越简单、单纯，表情越容易被辨认；情绪越复杂，表情就越难被辨认。

一般而言，人们的情绪不同，表情也会不同。

高兴：嘴角上扬，眼睛眯起，脸部肌肉舒展，眼睑收缩，有时眼睛尾部会形成"鱼尾纹"。

伤心：眼睛流泪，目光呆滞，眉毛收紧，嘴角下拉，下巴抬起或收紧。

害怕：嘴巴张开，眼睛瞪大，眉毛上扬，鼻孔张大。

愤怒：前额紧皱，眼睛瞪大，咬牙切齿，面红耳赤。

厌恶：嗤鼻，上嘴唇上抬，眉毛下垂，眯眼。

惊讶：嘴唇和嘴巴放松，下颚下垂，眼睛张大，眉毛微抬。

轻蔑：轻蔑的显著特征就是嘴角一侧抬起，做讥笑或得意笑状。

（2）身体动作姿态。身体动作姿态是指面部以下身体姿势和肢体动作的变化，通常称为肢体语言。比如，手舞足蹈表示高兴，捶胸顿足表示懊悔，坐立不安表示紧张，手足发抖表示害怕，手足无措表示尴尬，卑躬屈膝表示谄媚，趾高气扬表示骄傲，畏首畏尾表示自卑，暴跳如雷表示愤怒等。身体动作姿态尤其是手势大多是通过后天习得的。在不同文化背景下，同一身体动作姿态表达的含义不一定相同，人们在使用过程中一定要注意结合当地的习俗。人们运用身体动作姿态时往往并不自知（自己意识不到），因此与面部表情和言语语调相比，它是最不具有掩饰性的一种表情，它比面部表情和言语语调更能反映个体的真实情绪和意图。

（3）言语语调。言语语调也是情绪表达的一种重要方式，它是通过语速的快慢、声调的高低、言语节奏变化的强弱以及言语的连贯性等来实现的。

人们经常说，通过一个人的言语状态，就能判断一个人的情绪好坏，同样的话语，因为语速、语调、言语节奏的不同，表达出来的情绪截然不同。比如，语速缓慢、语调低沉、言语节奏变化不明显，表示个体处于情绪低落的状态；语速快、语调高且悦耳、言语节奏变化大，表示个体处于比较欢快的状态；语速快且语无伦次、语调高且刺耳、节奏变化急促，表示个体处于恐惧或害怕的状态；节奏激昂、语调突然变高，说明个体处于激情愤怒状态；语调柔和、节奏缓慢，说明个体处于平和舒缓状态。言语是后天习得的，且具有文化差异，因此，言语语调反映人的情绪时也具有一定的掩饰性，有时候个体会出现"心口不一"的现象。

个体在解读他人情绪尤其是一些复杂的情绪时，必须将面部表情、身体动作姿态和言语语调三种外部表现相互结合、相互配合才能作出相对正确的判断。当然，外部表现不是判断情绪的唯一指标，还必须结合个体的生理唤醒，分析个体的主观体验，只有这三者同时具备，才能判定个体正在经历的完整的情绪体验过程。一个人只有愤怒的外表但内心并不具有愤怒体验，不能称为真正的愤怒，同样，一个人喜欢微笑、看似快乐但如果内心并没有快乐的体验，也不能称为真正的快乐，所以解读情绪并不是一件容易的事情，情绪的认知、管理与调节是大学生需要修炼的一个重要的人生课题。

（三）情绪与情感的异同

在描述人类的感情活动时，"情绪"和"情感"两个词经常被使用，有时还相互替换。两者的共同之处在于，两者都是基于个体的愿望和需要而产生的，是对感情的不同层面的描述。情感更多地表现为一种稳定的具有深刻意义的感情，如人民对祖国的热爱，党员对党的敬畏，子女对父母的依恋，游子对家乡的眷恋等；情绪则更多地表现为一种个体脑神经对客观事物或情境的反应和调节过程，如符合个体需求时的高兴，不符合个体需求时的失望，对个体需求带来挑战时的愤怒等。两者的不同之处在于，情感具有内隐性、稳定性、持久性特征，情绪更具有外显性、短暂性、变化性特征。外显的情绪会因客观事物或情境发生变化而改变，而情感则相对稳定。比如，爱国情感一般隐藏在个体的内心深处，个体平时并不表露出来，但是遇到有侮辱国家的行为和现象出现时，个体愤怒的情绪就会爆发出来，当重要时刻奏响国歌时，个体会以激动、热泪盈眶等情绪表达爱国之情。再如，父母对子女的爱，这种情感一般不会轻易变化，但遇到不同的情形会表现出不同的情绪，与孩子离别时的担忧、重逢时的喜悦，孩子取得好成绩时深感欣慰，子女误入歧途时表现出愤怒等。可谓情绪万变，但内心的爱不变，这就是情绪的变化性和情感的稳定性的体现，内心的情感一般不会外显，但在外界刺激的情况下会以情绪的形式展现出来。

情绪与情感相互联系、相互依存。情感是在一定的情绪基础上形成的，往往通过不同情境下不同的情绪来表达，情绪的强烈程度反映了情感的深度，情绪蕴含着情感，情绪的每一次爆发都是基于一定的情感基础，心理学研究感情时偏重于对感情的发生发展过程的研究和规律的探寻，因此偏重于对情绪的描述。

（四）情绪的变化维度

个体在生活中的情绪是不断发生变化的，情绪的变化具有两极对立的特征，如喜悦与悲伤、喜爱与憎恨、紧张与轻松、温和与愤怒等。衡量情绪的变化可以从以下五个指标来进行区分。

1. 动力性

动力性是指情绪对个体带来积极增力的影响还是消极减力的影响，分为增力和减力两极。满足个体需要的情绪并能提高个体的活动能力就是增力的，不能满足个体需要，降低个体活动能力的情绪就是减力的。使个体产生增力的情绪对个体的发展起建设与推动作用，使个体产生减力的情绪对个体的发展起瓦解与破坏作用。比如，在对待竞选班长这件事情上，个体满足于自己的社交沟通能力和组织协调能力的积极情绪，促使自己竞选班委；个体发现自己的学习能力弱，不能很好地处理学习与工作之间的关系带来的消极情绪，会降低自己竞选班长的动力。

2. 激动度

激动度是个体情绪的强烈程度，分为激动和平静两极。个体遇到突如其来的、梦寐以求的、对自己非常重要的事情，从而引起强烈的、激动的、超乎正常状态的情绪表达，表明个体情绪的激动度较高；反之，在正常工作和生活状态中平静的情绪表达，表明个体情绪的激动度就较低。

3. 强度

情绪的强度有强和弱两极表现，在强与弱的两极之间还可以分出不同的等级。比如，愤怒的强度等级可以分为不满、生气、大怒、暴怒等，高兴的强度等级可以分为愉快、高兴、欢喜、大喜、狂喜等，悲伤的强度等级可以分为伤感、难过、悲伤、哀痛、惨痛等，恐惧的强度等级可以分为害怕、惧怕、惊恐、惊骇等。情绪的强度等级越高，个体自我被情绪卷入的程度越深。个体对自我的要求越高、个体的需求越强烈、引起个体情绪问题的对象对个体的意义越重要，个体的情绪卷入就越深。

4. 紧张度

情绪的紧张度有紧张和轻松两极表现。适度的紧张能够使个体注意力集中，对活动产生积极影响；紧张过度时，个体会出现浑身发抖、脸红出汗、不知所措等现象，从而使个体的活动效率下降；而轻松时，个体处于身体舒展状态，对从事的活动能够更加自如。紧张程度与个体的知识技能储备、心理准备以及应变能力有关，个体相关的知识技能储备越丰富、心理准备越充分、应变能力越强，紧张度就会越低；紧张程度还与个体所面临的情境的紧迫度和是否处于成败的关键时刻有关，比如，人在面临影响自己前途命运的考试、演讲、各种比赛前体验到的紧张情绪更为浓烈。

5. 快感度

情绪的快感度分为快乐和不快乐两极。个体需要得到满足，就能引起快乐的体验；个体需要得不到满足或者目标愿望的实现受到阻挠，就会引起不快乐的体验。很多情绪带有快乐体验，比如喜欢、骄傲、幸福、愉快、满意等；有些情绪带有不快乐的体验，如悲伤、嫉妒、恐惧、羞愧等；还有些情绪没有快感度，或快感度比较模糊，比如怜悯、惊奇、悲喜交加等。

二、情绪产生的机制

（一）情绪的生理机制

美国心理学家詹姆斯·奥尔兹通过研究老鼠的脑功能，发现老鼠下丘脑和大脑的边缘系统存在所谓的"快乐中枢"和"痛苦中枢"，引发了科学家对人脑中"快乐中枢"和"痛苦中枢"的研究。研究发现,人的很多情绪与下丘脑和大脑边缘系统有关,刺激不同的部位会引发不同的生理反应和情绪反应,如血压的变化、呼吸节奏的变化、肠胃运动的变化、瞳孔的缩放变化,情绪的快乐和痛苦反应等。这一研究发现颠覆了人们之前的认知,前期的研究普遍认为情绪情感是以大脑的整体活动为特征的,只有视觉、听觉、语言、运动等功能在大脑中有特定的定位。之后的个案研究也发现,情绪的识别与表达也在大脑皮质上有相关的定位,大脑皮质有些部位可以识别情绪但不能表达情绪,有些部位能够表达情绪但不能识别情绪。

情绪的生理机制可以概括为:引起情绪的刺激首先在个体的大脑皮质相应部位产生,然后相应的信息传递给下丘脑和大脑边缘系统,产生植物性神经系统(内脏器官和内分泌系统)的生理反应和相应的情绪行为反应。例如,社会生活中一些不好文明的行为刺激引起个体的愤怒情绪,继而引发个体血压上升产生欲打人的冲动行为;置身危险情境时的恐惧情绪,导致个体脉搏跳动加快、浑身冒冷汗以及肠胃分泌停止,进而产生逃离的动作;说谎时,个体由于内疚和焦虑情绪导致呼吸、脉搏、血压、皮肤湿度的变化,从而表现为紧张不安的行为,测谎仪就是利用说谎时产生的这些生理变化来判断测谎结果的,其实质是一种"情绪检验器"。

(二)情绪的认知评价理论

情绪的认知评价理论认为,认知影响情绪,情绪既来自身体对情绪刺激的生理反应,也来自对反应情境的认知评价。人脑对情境和生理反应进行鉴别、总结与归因,才会将生理反应标记为特定情绪,因此,同样的情境下,个体的鉴别、总结和归因不同,产生的情绪也不相同。比如,遭遇考试失败时,有的同学归因为自己能力不够,就会产生消极低落的情绪;有的同学归因为考试的客观条件不佳,情绪就会相对缓和平静一些。

对刺激情境和客观事物的评价影响着个体的情绪状态,这个评价过程是基于个体的记忆而瞬间发生的,个体过去的认知体验对评价起着重要作用,同时,个体基于过去的记忆发挥想象的力量推测可能预见的未来,从而表现出一定的情绪反应和行为表现。评价的过程不是一次实现的,而是分层次的,首先评价刺激情境以及客观事物与自己的利害关系程度,其次评价个体对刺激情境及客观事物的控制程度，最后再评价自己的情绪和行为反应的有效性与适宜性程度等。

三、情绪的功能

情绪的产生并不是一个简单的生理现象，而是一个复杂的生理和心理过程，同时这种现象也蕴含着更多社会文化的功能和信息，能够指引大家更好地生活。

（一）适应功能

情绪的适应功能表现在个体通过情绪的释放与表达使自己能够得到很好的生存与发展。情绪是个体适应环境的重要手段，表现在以下几个方面：个体通过情绪的生理唤醒，调动身体的能量集中于某一个方向，使个体处于应对环境的适宜状态，比如在遇到危险时，个体调动能量使自己逃离危险环境；个体可以通过情绪的表达得到他人的同情和帮助，比如遇到危险时发出求救信号，获得救助；个体还可以通过情绪表达和解读他人的情绪，选择适当的对策和人际沟通方式，建立和维护良好的人际关系，更好地适应社会生活，如通过微笑缓和紧张的气氛，营造宽松友好的人际环境，用幽默化解尴尬的氛围，他人紧张、害怕时以轻松柔和的言语安抚对方等。尤其是在个体生命的早期，婴儿还不具备语言表达和社会生存技能，情绪就成为其赖以生存的手段。婴儿通过哭泣、笑声和肢体动作等交流沟通方式，向成人表达自己的需求，成人根据婴儿的一系列情绪表达及时为婴儿提供各种生活条件，从而使婴儿达到适应生存的目的。

（二）动机功能

情绪的动机功能体现在情绪能够激励人采取行动，提高个体的活动效率。情绪和情感的动机功能在于它可以驱使个体从事自己喜欢和感兴趣的活动。一个人做一件事情或者采取某个行动，是需要有内驱力的，情绪和情感的动机功能表现在对个体内驱力有增强与放大作用，可以有力地激发和促进个体产生行动。比如，情绪对生理驱动力的放大作用，当一个人处于饥饿状态时，口腔内开始分泌唾液，胃部开始分泌胃液，神经系统传递给大脑饥饿的信号，此时如果个体体验到吃不到食物带给自己的恐慌感和焦虑感时，个体就会急切地采取寻找食物的行动。情绪对认知活动也具有驱动作用，人们在生活中常常有这样的体会，从理性认知上大家都知道自己要好好学习专业知识，但这还不足以调动个体学习的积极性，只有当个体对学习的情感被调动之后，学习才能成为个体认为有意义的活动，才乐于投入精力去学习。比如，对于父母至亲受某种疾病困扰的担忧情绪会激发子女从事医学知识的学习；再如，近代很多仁人志士出于对国家、对民族的热爱之情，踏上了寻求救国的探索之路。

（三）组织功能

情绪的组织功能是指情绪对个体的认知、意志和行为产生积极或者消极的影响。一般情况下，积极的情绪和情感对认知、意志和行为起着协调和促进的作用，消极的情绪和情感则起着瓦解和破坏的作用。需要注意的是，有些消极情绪也能起到反向激励的组织作用，比如悲痛的情绪，虽然会导致人处于消沉状态，但也可以激发个体积极进取的力量，即"化悲痛为力量"。

情绪的组织功能主要体现在其对个体记忆、思维和行动的影响方面。积极的情绪和情感能够促进大脑记忆带有积极色彩的材料，在愉快状态下，容易记住带有愉快色彩的材料，个体在回忆记忆材料时往往也容易回忆起当时的情绪状态；消极的情绪和情感则会对记忆产生负面影响，容易使个体唤起消极痛苦的回忆。积极的情绪和情感还能提高大脑的思维活动效率，提高认知的速度和质量；消极的情绪和情感则会使思维变得狭隘，导致个体作出不理智的判断。当个体处于积极的情绪状态时，往往更能发现事物积极美好的一面以及他人的优点，对周围的人和事持平和友善的态度，建立起强烈的社会责任感，乐于采取助人行为；消极的情绪状态更容易使个体看到事物的负面部分以及他人的缺点，导致个体以悲观的态度看待周围的人和事，更多地采取回避行为或者攻击行为。

情绪和情感的组织功能的大小，与情绪和情感的强度有相关性。对于愉快、焦虑等情绪来说，情绪的强度与活动的效果呈倒"U"形曲线关系，中等强度的情感最有利于组织功能的发挥。比如在面临考试时，过于放松和过于紧张的情绪状态都不利于自己获得好的考试效果。过于放松会导致个体复习不认真,过于紧张会影响个体记忆、思维的效率,只有既有点紧张又不过分紧张时,个体才能将自己调整到最适宜的情绪状态对待考试,考试效果才会最好。对于痛苦、恐惧等情绪来说,情绪的强度与活动的效果呈反比关系,强度越大,效果越差。

(四) 社会功能

情绪的社会功能是指情绪作为语言的重要补充,成为个体传递思想并与他人进行交流沟通的重要方式。情绪通过释放信号、传递思想、沟通信息等功能来发挥社会作用,比如微笑表示友好、点头表示同意、拥抱表示亲切、流泪表示伤感等。语言有时候会给人不确定、模棱两可、无法理解、无法用语言进行描述等感觉,这个时候,情绪表情就成为沟通和解读的最好注解。在人类还没有出现语言的阶段,人们之间沟通也是通过情绪表情来实现的,因此,情绪表情作为沟通信息在社会交往中发挥作用要早于语言。在社会交往中,不可忽视情绪的社会作用。情绪的社会功能还体现在情绪对个体人际交往的影响方面,积极、热情、放松的情绪状态有利于形成良好的人际氛围,营造良好的人际交往环境;冷漠、焦虑、抑郁、暴躁等情绪状态则不利于创造良好的人际关系。

(五) 健康功能

医学研究证明,一些疾病的发生、发展与个体的情绪有很大的相关性,比如胃溃疡与焦虑情绪相关,高血压与经常处于烦躁情绪相关,甲状腺疾病、月经失调与压力水平相关,抑郁症及癌症都与个体长期处于压抑情绪状态有关等。当今社会已经普遍认可情绪对个体的健康起着重要的调节作用。一般来说,积极健康的情绪有助于促进身心健康,而消极低落的情绪会引起或者加重疾病。因为平和、愉快、放松的情绪能够促进机体内分泌系统分泌的各种化学物质处于平衡状态,从而提升机体免疫力,增强对疾病的抵抗能力;反之,消极情绪会降低机体的免疫水平和抵抗病毒的能力。一些通过对长寿老人的研究表明,几乎所有的长寿老人在情绪状态的把握中都表现得很好,他们一般会生活在成员之间关系和谐融洽、没有压力的家庭环境中。因此,在当今竞争激烈、压力剧增的时代,人们更要注重对情绪的调节,在紧张的工作之余，学会用深呼吸、看幽默剧、融入大自然环境、从事感兴趣的体育运动、听音乐会等方式进行情绪调节，增加生活的情趣，使自己经常处于愉快的情绪状态中，保持健康的体魄。

四、情绪的分类

（一）基本情绪和复合情绪

根据生物进化和情绪的复杂程度，可以将情绪分为基本情绪和复合情绪两类。基本情绪有四种，分别是快乐、愤怒、恐惧、悲伤。这四种基本情绪对个体产生的主观体验、生理唤醒和外部表现各不相同，对个体活动产生的功能作用也不同。

1. 快乐

快乐是个体需要得到满足或者愿望得以实现，使得个体对需求和愿望追求的紧张感、急迫感得到解除，整个身体呈现出一种放松状态的积极情绪体验。快乐具有强度上的差异，比如高兴、愉快、兴奋、惊喜等，快乐的强度与需求目标的重要程度、难易程度、愿望满足的意外程度有关，目标对个体越重要、越难达到，个体愿望需求越强烈、越是在超乎个体意料之外的情况下达到目标，个体感受到的快乐程度就越高。快乐情绪丰富的人一般持乐观的人生态度，比较自信，面对挑战充满勇气和魄力。快乐可以促进个体建立良好的人际关系，对个体身心发展有积极的影响。

2. 愤怒

愤怒是个体追求的目标无法达成导致需求和愿望无法实现，或者在追求目标的过程中受到挫折与阻碍，影响需求和愿望的实现从而产生的一种消极情绪。愤怒情绪会对人的思维带来负面影响，愤怒情绪下人的思维会变得狭隘甚至失去理智，容易作出片面的、偏激的甚至错误的决策和行为。因此，个体处于愤怒状态时往往无法理性地控制自己的行为，可能会引发攻击和搏斗。愤怒也有强度上的差别，如不愉快、生气、气愤、暴怒等，愤怒的强度和需求愿望的重要程度以及受到阻碍的程度有关。一般的需求和愿望无法达到，个体的愤怒程度比较低；在目标达成过程中受到恶意破坏或阻碍时，愤怒程度则会很强烈。愤怒情绪对个体的身心会带来一定程度的伤害和一些身体疾病，如心脏病、高血压、脑出血等与愤怒情绪有相关性。

3. 恐惧

恐惧是个体面临危险情境但自身无法应付时产生的一种想要摆脱或者逃避危险情境的情绪体验。恐惧情绪的产生与个体的认知、应对恐惧的经验、排除危险的能力、获得帮助的机会等因素有关。对恐惧的情形认知越深刻、应对恐惧的经验越少、排除危险的能力越差、获得帮助的机会越少，在遭遇同样危险的情境时恐惧情绪越强烈。比如，婴儿对某些恐惧情形没有认知，就不会产生恐惧；会游泳的人与不会游泳的人应对海浪的经验不一样，在遭遇海浪时产生的恐惧程度也不同。有一些恐惧情绪是与生俱来的，如婴儿脱离母体后对新环境产生的恐惧，有些人天生恐高等。有些情绪是随着神经系统的发育和后天的学习而产生的，如个体对某些事物、某些情形、某些人物等产生的恐惧和焦虑。恐惧虽然是一种负面情绪，会给个体带来消极的体验感受，但对于个体的发展也具有一定的积极意义。恐惧情绪产生时，一般个体的注意力会高度集中，可以使个体的思维变得敏锐，加快个体的反应速度，使个体免受伤害或者减少出现伤害他人的行为，对于个体摆脱和逃离危险有很好的帮助作用。

4. 悲伤

悲伤是个体失去亲人或者失去心爱之物或者理想与愿望没有实现时，产生的一种情绪体验。悲伤的程度取决于失去之人、失去之物或者目标愿望对于个体的重要性。有学者提出，个体承担的某个角色在现实中已经发生转变或者消失，但在个体心理方面无法接受从而导致个体悲伤的情绪体验，如养了很多年的宠物死亡时，个体所承担的照顾者角色在实际中和心理上被割裂。悲伤是一种消极的情绪状态，悲伤时个体往往伴随落泪哭泣状态，这种生理反应可以帮助个体宣泄情绪，有益于身体健康。个体对悲伤情绪处理较好时可以化悲痛为力量，将消极情绪转化为积极前进的动力。

基本情绪是人生而具有的、不用学习就会使用的、比较单一的情绪，如婴儿还没有进入社会之前就会用微笑表达喜欢、快乐的情绪，用哭泣表达愤怒和悲伤的情绪，用浑身打战、发抖表示害怕。复合情绪是人经过与社会的融合后慢慢习得的各种比较复杂的情绪，它由基本情绪派生而来，一般表现为各种情绪的组合状态,如悲伤和喜悦的情绪组合为悲喜交加,恐惧、痛苦和愤怒组合起来的焦虑,情绪、愤怒、厌恶和轻蔑组合起来的敌意等。

(二)正面情绪和负面情绪

图3-1是著名心理学家大卫·R.霍金斯分析总结出的情感能量等级图。

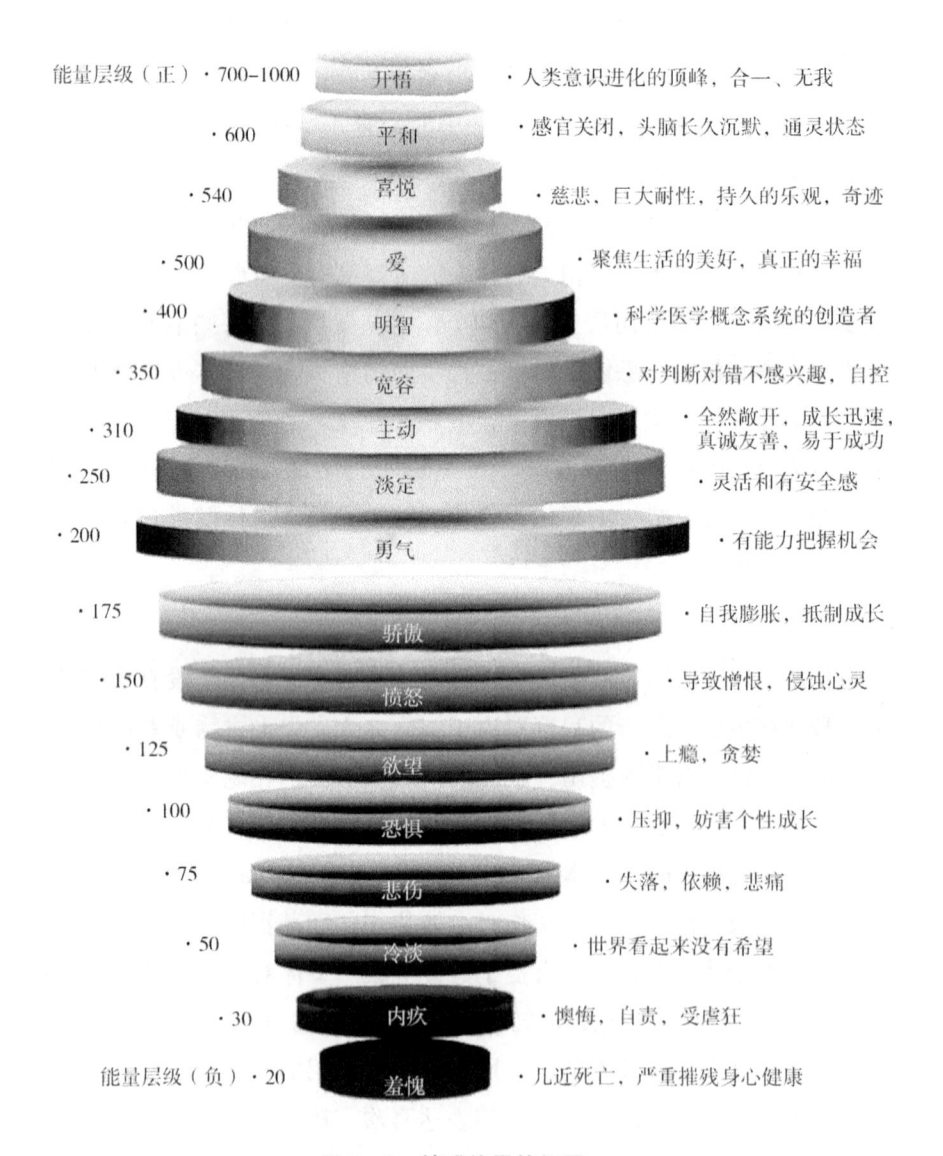

能量层级	情绪	描述
能量层级(正)·700-1000	开悟	·人类意识进化的顶峰,合一、无我
·600	平和	·感官关闭,头脑长久沉默,通灵状态
·540	喜悦	·慈悲,巨大耐性,持久的乐观,奇迹
·500	爱	·聚焦生活的美好,真正的幸福
·400	明智	·科学医学概念系统的创造者
·350	宽容	·对判断对错不感兴趣,自控
·310	主动	·全然敞开,成长迅速,真诚友善,易于成功
·250	淡定	·灵活和有安全感
·200	勇气	·有能力把握机会
·175	骄傲	·自我膨胀,抵制成长
·150	愤怒	·导致憎恨,侵蚀心灵
·125	欲望	·上瘾,贪婪
·100	恐惧	·压抑,妨害个性成长
·75	悲伤	·失落,依赖,悲痛
·50	冷淡	·世界看起来没有希望
·30	内疚	·懊悔,自责,受虐狂
能量层级(负)·20	羞愧	·几近死亡,严重摧残身心健康

图3-1 情感能量等级图

图 3-1 显示,开悟状态的能量等级最高,羞愧状态的能量等级最低,200 以上为正向能量,200 以下为负向能量。处于正向能量等级的情绪状态会带给个体积极的心理影响,如喜悦的情绪状态能让个体更加慈悲、耐心、乐观,容易创造奇迹等;处于负向能量等级的情绪状态则会给个体带来消极甚至是伤害性的心理影响,如愤怒可能导致个体产生憎恨感,甚至侵蚀心灵。个体在生活中总要经历不同的情绪状态,但是如果个体长期处于某种负向情绪状态的恶性循环中,将会对个体的心理造成非常大的伤害。比如,霍金斯将能量等级最低的羞愧状态带给个体的伤害描述为:几近死亡,严重摧残身心健康。羞愧这种情绪状态对个体的身心伤害甚至超过悲伤、愤怒、恐惧等情绪。因此在生活中,个体要学会辨识情绪信息,接纳自己的各种情绪,分析情绪带给自己的影响,采取相应的行动调整情绪,从而达到自我实现的目标。

(三) 心境、激情和应激

根据情绪发生的速度、强度和持续时间的长短,可以把情绪划分为心境、激情和应激三种状态。

1. 心境

心境是一种微弱、持久而又具有弥漫性的情绪体验状态,是以同样的态度对待所有事件的一种情绪状态,这种情绪状态一般持续时间比较长。个体会因为经历一些重要生活事件引起某种心境,比如亲人去世导致个体在一段时间内处于悲伤的心境状态。在这段时间内,个体对待工作和对朋友的态度、对待社会事件的看法都会打上悲情的色彩,这就是心境的弥漫性。心境会对个体的生活产生强烈的影响,积极、乐观的心境会提高人的活动效率,增强克服困难的信心,有益于个体身心健康;消极、悲观的心境会降低人的活动效率,使人意志消沉,如长期的焦虑心境会有损身心健康。因此,个体要学会克服不良的心境,尽量缩短不良心境的持续时间,善于调整自己的心态,经常保持积极、乐观的心境状态。

2. 激情

激情是一种强烈的、爆发式的、为时短促的情绪状态,如重大成功之后的狂喜、惨遭失败后的绝望、亲人突然死亡引起的极度悲伤、突如其来的危险所带来的异常恐惧等。这种情绪状态具有明显的生理反应和外部行为表现，如盛怒时，全身肌肉紧张、双目怒视、怒发冲冠、咬牙切齿、紧握双拳等；狂喜时，眉开眼笑、手舞足蹈；极度恐惧、悲痛和愤怒之后，可能导致精神衰竭、晕倒、发呆，甚至出现所谓的激情休克现象，有时表现为过度兴奋、言语紊乱、动作失调等。

激情往往由重大的、突如其来的事件或激烈的意向冲突引起。有些激情状态会给个体带来积极影响，比如个体处于兴奋状态中，能发挥自己的潜能，创造出平常状态中做不出来的成绩。但更多的激情状态会带给个体消极影响，比如盛怒状态会使人的意识范围变得狭窄，分析能力和自我控制能力降低，造成人的行为失控。因此，个体要有意识地调节和控制自己的情绪，学会做自己情绪的主人。

3. 应激

应激是在出现意外事件或遇到危险情境时出现的高度紧张的情绪状态。出现应激状况时，个体会产生消极的心理反应，如恐惧、愤怒、焦虑等，这些消极的情绪状态持续时间越长对个体造成的身心伤害越大，因此，个体要通过改变认知、调整情绪、寻求帮助、采取行动、解决问题等方式应对应激状态。

第二节　大学生的情绪特点及影响因素

一、大学生的情绪特点

情绪和情感的发展会经历从简单到丰富、从不成熟到成熟的发展进程，每个发展阶段都有各自的特点。大学生处在人生的心理断乳期，在生理和心理层面都会发生很大的变化。这一时期是心理发展成熟的重要时期，不仅具有青年人共有的情绪特征，还因其独特的社会地位、知识水平等有其鲜明特点。

（一）丰富性与复杂性

大学生情绪的丰富性和复杂性表现在以下几个方面。一是生活经历变得异常丰富，情感世界也变得更加复杂。大学时期是个体成长的关键时刻，这一时期的生活主题有学习、交友、参与学生工作或社团工作、生活自理等，因此，大学生活的经历变得异常丰富。大学生对自身的成长探索充满着好奇，对未来充满信心和希望，同时也面临着更多的竞争和压力，包括对学业的担忧、人际关系的协调、对未来不确定性的忧虑等，各种积极的、消极的情绪交织在一起，构成了大学生复杂的情感世界。二是大学生自我意识的增强导致情感更加复杂、细腻。按照马斯洛的需求层次理论，大学生对尊重尤其是自尊的需求更加强烈，更加关注情绪的自我体验，自尊的需求得到满足时就表现为自信，得不到满足时就产生自卑，自我满足感过强时就会产生自负，由需求引发的情绪和情感表现更加细腻、深刻。三是社会性情绪的增加，使得情绪的体验更加复杂。社会由各种复杂的人际关系所构成，大学生相较于中学时期人际交往范围扩大，与父母、老师、同学、舍友、团队成员、社会其他人员等不同对象之间的交往，其界限感的把握和尺度在逐步建立的过程中必然会经历一个复杂的进程。而且大学生对周围的人和事以及社会上出现的各种现象开始有了自己的评判意识，使得其社会情感变得更加多样化和矛盾化。四是生理已达到基本成熟但心理尚未达到成熟的大学生，在情绪上具有多变性和不稳定性特征，时而积极振奋、时而唉声叹气，时而压抑、时而释怀，大学生对情境变化刺激的敏感是情绪多变和不稳定的主要原因。

（二）冲动性与爆发性

与成年时期相比，大学生表现为生理基本成熟而心理尚未完全成熟的总体特征。由于生理上的性成熟，性激素分泌会导致下丘脑的兴奋，但是大脑皮层还无法适应这种变化，这种大脑皮层和皮层下丘脑之间的不平衡状态，导致大学生对外界的刺激和变化的弹性应变能力较差，表现为大学生对情绪调节和支配的意志与能力不足，即心理调节机制不完善。因此，相较于成年人，大学生的情绪更具冲动性，这种冲动性在群体活动中表现得更为明显，尤其是在群体活动中大学生易受他人暗示、易受环境气氛的感染，群体认同感更为强烈，冲动举止表现得更为大胆。

大学生的冲动性和爆发性表现在：对外界事物异常敏感，情绪调节能力不足，加之在从众心理的影响下，情绪容易被激发，此时个体的逻辑思维和推理判断能力就会下降，不能够很好地控制自我，导致个体容易在语言、体态和行为中失去理智，甚至产生破坏性行为。一般对于符合自己观念、信仰和理想的事情与现象，大学生往往表现出积极的、肯定的、热烈的响应情绪，对于不符合自己观念、信仰和理想的事情与现象则会表现出消极的、否定的、拒绝的情绪。在对目标的追求中，大学生容易出现一时的狂热，但遭遇挫折和障碍时又容易灰心丧气，情绪的"来"与"去"都很快，表现出"疾风暴雨"式的冲动性。

（三）波动性与两极性

大学阶段处于未成年人到成年的人生转折期，从情绪情感的变化维度来说，与中学阶段相比，大学生的情绪趋于稳定和成熟，但是与成年人相比，大学生情绪的波动性和两极性还比较强烈。情绪的这种波动性和两极性表现在：进入大学阶段，经历的生活事件增多，大学生活的变化速度也加快，虽然相对于中学阶段，大学生对自己的情绪具有了一定的控制能力，但心理上的敏感以及生活经验的缺乏，导致大学生在情绪的掌控上不够稳定，如取得成功时会表现出得意忘形，遭遇挫折后会表现出自我否定。有时候一句善意的话语、一个感人的故事、一首动听的歌曲、一首情理交融的诗歌，都可以使大学生的情绪发生骤然变化。特别是在社会转型过程中，社会的变迁、体制的变革、新旧价值观的更替等，种种复杂的社会现象更容易使大学生产生困惑和迷茫，产生情绪的困扰与波动。

（四）外显性和内隐性

跟成年人相比，大学生对外部刺激的反应比较敏感，内心体验很容易坦率直接地反映在外部表情中，有一定的外显性，比如考试中获得好成绩或者比赛赢得奖项时，马上就会喜形于色。但是跟中小学时期相比，随着认知能力的提升和自控能力的增强，大学生学会了在一定程度上抑制和隐藏自己的真实情感，情绪的掩饰性、含蓄性、内隐性特点更为明显，表现出内在体验与外部表现不一致的情形。比如，大学生对朋友的态度、择业的观念等，外人往往无法作出准确判断，这些情绪情感都具有很大的内隐性。大学生情绪的内隐性是个体情绪自控能力提升的表现，也是大学生心理逐渐走向成熟的标志，但也会给人际交往带来一定的障碍，使大学生陷入矛盾心理和孤独苦闷的状态，这种情绪困扰如果长期持续下去，对大学生身心发展是非常不利的。

（五）依赖性与自主性

步入大学后，学生离开父母，不用再面对高考的压力，来到一个相对自由的环境中，他们从心理上觉得自己长大了、成人了，可以挣脱父母的控制和老师的指导，可以独立自主地实现自己的主张和追求自己的理想了。他们沉浸在对大学怀揣着各种美好希望的喜悦中，参加各种活动、竞选各种职位、涉猎各方面的知识，他们更加关心国家和社会大事，力求在对周围事件的评判中形成自己的主张，依靠个人的力量达到自我能力的完善。但是在实际生活中，学生独立生活的能力还不足，从经济上也无法做到自给自足，往往是理想非常远大，但依靠个人认知、个人经验和个人能力无法完全支撑并实现这样的理想，面对复杂问题和遇到困难挫折时还需要依赖父母与师长的支持及指导，这种客观的依赖性和主观上的自主性矛盾，导致学生容易陷入焦虑和抑郁的情绪状态。

（六）阶段性和层次性

大学阶段由于不同年级的培养目标和培养重点不同，教育方式和课程设置也会有所区别。同时，不同年级大学生面临的问题不同，情绪特点也不同，总体呈现出阶段性和层次性特点。比如，大学新生所面临的是新环境的适应、学习方法的改变、人际关系对象的熟悉以及新的人生目标的确立等问题。在这一阶段，新生自豪感和自卑感混杂，放松感和压力感并存，新鲜感和恋旧感交替，情绪波动大。大学二年级和三年级学生经过了一年级的适应过程，基本能够融入校园生活中，情绪较为稳定。而大学四年级学生面临毕业及择业等多方面的重大问题，压力大、情绪波动大、消极情绪多。另外，由于社会、家庭及自身的要求、期望不同，以及大学生个体生存能力、心理素质的差别，也会表现出不同的情绪状态。

二、大学生情绪健康的影响因素

(一) 遗传因素

遗传因素对人的情绪的影响在于每个人应对情绪存在先天的差异。人格特质理论认为，人的情绪稳定性、心理活动的强度、人际互动的特征是有差别的。生物学流派认为，遗传和生物基础对人的心理的影响甚至超过父母的教养与后天的经验。著名人格心理学家艾森克认为，人在对待微小的挫折和问题时的情绪反应受遗传影响，有的人能保持稳定的情绪反应，有的人需要很长时间才能平静下来。

遗传因素对情绪健康的影响表现在以下三个方面。

1. 遗传对表情的影响

情绪的外在表现具有遗传特性，比如婴儿时期感觉舒服时会开心地笑，感到不舒服时会哭泣；盲人不能通过观察学习他人的表情，但同样可以运用各种面部表情、手势和身体姿势来表达情绪；生活在不同地域、不同文化的人虽然语言不同，但表达喜怒哀乐的表情却有相同之处。达尔文认为，人类的情绪表达是从其他动物的类似表达进化而来的，因此表情具有遗传性。

2. 遗传与某些精神和心理疾病有关

遗传与某些精神和心理疾病具有关联性。研究表明，严重的精神疾病与遗传基因有关，遗传基因预先设定的程序会影响此类疾病的发生和发展，携带此类基因的个体更容易产生紧张、压抑、抑郁等消极情绪，更容易受到环境的刺激，从而诱发精神或心理性疾病，这一结论在同卵双胞胎精神疾病的研究中得到了证实。

3. 遗传通过影响个体气质类型从而影响个体情绪特征

人的气质具有先天遗传性，不同气质类型的个体在活动水平、情绪情感的变化维度和适应性等方面均具有差异性。研究者将婴儿气质类型按活动特性划分为情绪性、冲动性、活动性、社交性。情绪性婴儿表现为负面情绪反应突出，冲动性婴儿表现为情绪多变，不容易控制，活动性婴儿表现为积极探索的特征，社交性婴儿则表现为积极主动与他人交流的特征。按照节律性、适应性、趋避性、心境和反应强度，可将婴儿划分为容易抚养型、抚养困难型、发展缓慢型。容易抚养型婴儿多愉快情绪，对刺激反应积极；抚养困难型婴儿负性情绪较多，对刺激反应被动；发展缓慢型婴儿表现为心境不开朗，情绪不愉快，对刺激反应慢等情绪特质。成年人（包括大学生）在情绪的表达中也同样受先天气质类型的影响。

（二）环境因素

除了遗传因素的影响外，大学生的情绪还会受到环境因素的影响。环境因素对大学生情绪的影响非常重要，大学生的很多情绪，不管是正面的还是负面的情绪都是在与周围环境的互动和冲突中引起的，影响大学生情绪的刺激物来自周围环境中发生的各种事件。如果环境中的威胁刺激被个体感知且个体感受到威胁，就会产生生活压力和消极情绪；如果刺激没有被个体感知或者虽然被个体感知但个体凭借自己的能力和经验足以应对威胁，个体的情绪就相对稳定、健康。如果个体感知的威胁一直存在，个体就长期处于压力之中，对情绪健康非常不利。下面主要从家庭环境、学校环境、社会环境三个方面探讨环境对情绪的影响。

1. 家庭环境

原生家庭的生活经历对个体情绪发展的影响非常重要，因为原生家庭是个体成长的启蒙环境，家庭承担着大学生的经济功能、教育功能和感情交流功能等，家庭成员的素质、成员之间的人际互动与亲密关系，家长的教育理念、内容、态度与方法，家庭经济状况等，对大学生的情绪和情感有着重要的影响。如果个体在温馨和谐、相互尊重的民主型家庭下长大，就容易养成稳定的情绪反应模式；如果家庭成员之间关系总是处于紧张状态，或者父母抱着望子成龙、望女成凤的心态，总是把自己没有实现的期待投射到子女身上，对子女过多地苛责、干预，或者对子女过于溺爱放纵，子女就容易形成胆小、敏感、多疑、激情、愤怒、压抑等情绪特征。在家庭环境中，父母是孩子启蒙教育的主体，对其情绪的影响非常重要，好的父母应该是孩子的榜样，是孩子获得积极动力的源泉，但现实生活中很多父母无法给予孩子积极的引导，因此，当大学生发现不能从父母或者家庭中获得积极情绪时，应该意识到家庭环境需要调整改变，或者诉诸其他环境寻求积极的能量，而不是一味苛责或者否定自己。

2. 学校环境

在我国当前的教育体制下，高考取得好成绩已成为学生上大学前的中心目标，使得学生与社会产生了一定程度的疏离，形成固定的以考试为中心的思维定式，导致学生对社会和人际关系缺乏全面、客观的认知。进入大学后，不再像在中学时期有老师、家长对学习百般督促，这些约束骤然解除，生活、学习、交友、竞赛、实践等活动都需要大学生自己主动去完成，能力不足或者不能很好地适应大学生活的学生就会变得无所适从，会对他们的心理产生巨大的冲击。学生在全面认知社会的过程中面临着自我地位改变、人际关系复杂、学习生活方式变化、理想与现实的反差、对未来就业前景的焦虑等问题，当学生无法确立新的人生目标，无法建立新的学习动机、无法找到归属感的时候，就会出现各种心理不适与困惑，进而产生情绪问题。

3. 社会环境

社会变迁、社会竞争、经济文化环境的变化等，都可能会引发大学生的不良情绪或对其主观幸福感产生影响。

社会环境的变迁，必然会带来社会格局的新变化，带来社会利益的新调整，会使生活在其中的大学生原有的生活系统产生变化，这些变化有可能会影响大学生的情绪状态。

我国高等教育逐步实现大众化，伴随着社会的发展、经济结构的调整，大学生就业行业领域及局势也在持续转变，大学生在就业时需要面对更大的挑战和市场竞争，与就业有关的一系列问题会给大学生造成一定的精神压力，带来压迫、紧张、焦虑等负面情绪体验。

一些社会文化会直接影响大学生个体对自我外形、喜好、能力的认同。有研究发现，流行文化对个体的认可标准使得女生相比于男生更容易出现对自己身体形象的不满，并伴随有明显的情绪低落。

（三）个体主观因素

外在的刺激对大学生情绪健康的影响固然存在，但大学生情绪健康的决定性因素还是个体主观因素，主要表现在以下几个方面。

1. 个体的主观需求会影响情绪

情绪是在个体需求的基础上产生的,能够满足个体需求以及能够促进个体需求得到满足的事物就能够引起其积极、肯定的情绪,而不能够满足个体需求和阻碍个体需求得到满足的事情则会引起个体消极、否定的情绪。同样的事物因为个体需求的强烈程度不同,对于不同的个体也会产生不同的情绪体验,比如在竞选学生会主席的过程中,学生甲的需求与想法是"尽人事、知天命,结果不重要,参选的勇气和过程更重要",学生乙的想法则是"只能成功,不能失败",于是在面临竞选失败时,学生乙相对于学生甲所承受的打击、挫败等负面情绪表现会更为强烈。

同时也应注意到,个体的需求往往不是单一的而是多样化的,一件事情可能满足个体某一方面的需求但是不能满足个体另一方面的需求,甚至有可能与个体的某一需求发生冲突,因此很多事物对于个体带来的情绪综合影响是复杂的。

2. 个体的认知会影响情绪

情绪和认知是相互影响的,个体的认知会对情绪产生影响,反过来个体的情绪也会对认知产生影响。

在个体认知的过程中,伴随着感觉、知觉、记忆、思维和想象也会产生相应的情绪体验,比如摸着毛茸茸的东西会感觉温暖,感觉到熟悉的情境会产生亲切感,回忆痛苦往事的时候会产生悔恨或难过的情绪体验,发现、分析、解决问题的思维过程中会有惊讶、怀疑、确信等情绪体验,想象到未来的美好场景时会感受到兴奋喜悦之情等。

3. 个体经历和个性特征会影响情绪

个体经历对情绪的影响一方面表现在个体对待生活的态度上,不同的人生经历会使大学生形成不同的人格特征和处事方式,比如在面对挫折和困难时,不同的人作出的反应也不一样,有的人有迎难而上的勇气,有的人则习惯于逃避退缩;另一方面还表现在重要生活事件对个体产生的影响,影响个体的重要生活事件不同,大学生产生的情绪问题也有差异,比如一些大学生遭遇至亲因疾病、年老或事故离世时,个体在处理这些重要生活事件中经历不同,形成的态度和体验不同,情绪感受也会有所差异。

世界上没有两个完全一样的人，每个人都有自己独特的个性特征，个体的人生经历、个性需求、教育背景、追求利益各不相同，形成的价值观也各不相同，造成个性特征的差异，而不同的个性特征带给个体的心理状态也不尽相同，因此，人的情绪状态具有明显的个性倾向性。

从人的心理健康发展角度来说，遗传因素是很难改变的，环境因素是外因，学生的自我内省是内因，外因要在内因的作用下才能发挥出价值。因此，教育工作者要从影响大学生情绪的主观因素出发，引导学生通过自我内省的方式主动攻克在大学生活中遇到的难题，鼓励学生从个体自身出发寻找造成心理困惑的原因，进而进行自我调适。

第三节 大学生情绪健康的标准及常见的情绪困扰

一、大学生情绪健康的标准

情绪健康对大学生身心健康有非常重要的影响。大学生如果能保持愉快的心情、为人活泼开朗、生活态度积极向上，则人体免疫系统就会活跃旺盛，可以降低患病的概率，有益于身体健康。良好的情绪还可以使大学生对自己充满信心，对生活充满力量和希望，促进大学生探索未知领域、增长兴趣爱好、增强大学生的记忆能力，使大学生思维变得敏捷，更富有创造力，建立更健康良好的人际关系，促进大学生全方位发展。

大学生情绪健康是有一定标准的，主要可以归纳为以下四点。

（一）个体情绪反应与情境相适应

个体所产生的情绪反应肯定与当时面临的情境相关，即一定的原因引起一定的情绪反应，如愉快的情境引起快乐的情绪反应、悲伤的事情引起悲伤的情绪反应、遭遇阻碍会产生愤怒情绪、面对压力出现焦虑情绪等，都是与情境相适应的情绪反应。当个体在情绪反应中出现以下问题时，表明其情绪处于不健康状态：一是个体表现出与情境、年龄不相适应的情绪反应，比如遇到快乐的事情却很悲伤，遇到不幸的事情却很愉快，在对待某些事情时表现出幼稚、冲动、缺乏自控力的行为等；二是个体面临某种情境时反应过度或者反应过于冷淡，比如面临考试紧张过度产生晕厥，面对亲人的突然离世表现出冷淡、麻木情绪等；三是个体的情绪不能随着情境的变化而转移，当引起某种情绪的因素消失后，个体的情绪反应也会随之淡化或者消失，比如面临人生中的重要考试时，大学生会产生紧张、焦虑情绪，当考试结束后，大学生的这种紧张、焦虑情绪便会随之消失。如果以上这些负面情绪不能随着情境和时间的变化而转变，那么个体的情绪就处于不健康的状态。

（二）个体情绪稳定并具有一定的自我调控能力

情绪的稳定与个体中枢神经系统活动有密切的关系。情绪稳定表明个体的中枢神经系统处于协调、平衡的状态；相反，如果个体经常处于情绪不稳定状态，情绪变化剧烈，则表明其中枢神经系统处于紊乱状态，是个体身心不健康的表现。大学生的情绪虽然具有激情性特征，容易偏激，但是随着学识和年龄的增长，大学生会逐渐掌握宣泄情绪的适当方式，自我调控情绪的能力和自我意识也会逐渐增强，逐步建立自我同一性，在自身需求和社会需求中寻找到情绪表达的平衡点，能够随着情境的变化恰如其分地表达自己的情绪，并能够灵活自如地调控自己的情绪。

（三）个体的心境状态是积极、乐观、愉快的

大学生积极、乐观、愉快的心境状态表现为：一是对自己充满信心，对自己的身心活动感到和谐与满意，有积极向上的个人目标，遇到挫折与困难能够努力克服，能够在奋斗中享受快乐；二是对生活充满信心，关心国家大事，能够适应社会生活的变化，积极参与社会活动，能够感受到大学生活的乐趣与人生的意义。如果大学生对自己或者对生活没有信心，经常处于自我否定状态，或者对各种活动都没有兴趣，或者对生活产生厌倦，经常感觉情绪低落、生活苦闷，感受不到人生的意义和乐趣，则是情绪不健康的表现。

保持积极、乐观、愉快的心境状态，并不意味着排斥消极情绪的存在。生活中难免遇到挫折与不幸，产生消极情绪是必然的、正常的情绪反应，但是随着时间的推移，个体应该通过自我调控使自己逐渐恢复到积极情绪状态，如果长时间处于消极情绪中，则是情绪不健康的表现。

(四）个体的高级社会情感发展良好

在大学阶段，大学生对社会的认知逐渐完善，逐步树立起社会责任感，能够更好地将自己作为社会的一员进行评判，对社会事件的看法也逐渐变得理智，形成自己的观点和信念，对善恶美丑有了一定的分辨能力，对祖国、家乡、母校、班级、老师有了一定的归属感和眷恋感，对友谊更加珍惜，对爱情有了美好的向往，道德感、理智感、美感逐渐丰富。这些高级的社会情感逐渐发展成熟，使得大学生的情绪表现为社会化情绪浓厚。如果行为、结果符合自己的价值观念，则表现为积极的社会情绪；反之，则表现为消极矛盾的情绪特征。比如，见义勇为时表现出对社会的责任感和正义感，实现目标后对自我的成就感和满足感，出现违反社会行为时会有羞耻感等。如果个体的高级社会情感发展不足或者缺失，个体就会表现出与主流道德价值观不相符合的反社会行为，个体的行为观念与社会格格不入，经常处于消极、矛盾、否定、愤怒、厌恶、偏激、破坏等情绪的困扰中，是情绪不健康的表现。

二、大学生常见的情绪困扰

（一）抑郁

抑郁情绪主要表现在整体心境低落、情绪反应与情境不适应、个体情绪自我调控能力弱三个方面。

1. 整体心境低落

整体心境低落是指个体表现出心情压抑、情绪低落、思维迟缓状态，经常感觉郁郁寡欢、闷闷不乐，即使更换环境也无法改变低落心境，这种低落的情绪持续时间一般较长，往往超过一个月。具体表现为对外界活动缺乏兴趣与动机，感觉无力应对外界压力，对周围人和事态度冷漠；自我封闭，不愿意与人交流，对生活没有信心，丧失自我价值感，感觉做什么事情都没有意义和价值；自尊感很弱，容易自责、后悔、自怨自艾甚至自我贬低，常常有痛苦、自卑、厌恶甚至轻生等想法。

2. 情绪反应与情境不适应

情绪反应与情境不适应往往表现为目标达到却感受不到高兴，理想实现却感受不到快乐，人生旅途一帆风顺却感到痛苦、忧伤等。

3. 个体情绪自我调控能力弱

个体情绪自我调控能力弱主要体现在情绪调控、认知、躯体活动等方面。在情绪调控方面，抑郁者经常会给自己消极暗示，看待自我总是偏向负面，比如认为自己做什么都是错误的，自己总是给他人带来麻烦，自己可能得了某种无法治愈的疾病，自己无法适应某种环境等；在认知方面，抑郁者的认知往往变得困难，具体表现为注意力不集中、记忆力衰退、很难回忆起过去美好的事情，思维迟缓，消极看待社会与未来；在躯体活动方面，抑郁者的生活往往不规律，出现睡眠问题（如入睡困难、睡眠过多、醒得太早、起床困难等）、饮食紊乱（如吃得过多或过少，体重激增或剧减）、身体常常乏力、排斥运动等。

一般来说，性格孤僻内向、不善于与人交往、性格懦弱、依赖性强的大学生容易产生抑郁情绪。抑郁情绪有很多诱发因素，比如学习遭遇挫折、长期努力得不到回报、人际关系出现问题、原生家庭矛盾等。大学生产生抑郁情绪时要通过专门的心理咨询人员进行干预治疗。

（二）焦虑

焦虑情绪是指个体主观上感受到威胁或者对未来预感到不安，从而产生持续性的精神紧张、害怕、烦恼、担忧等复杂的负面情绪。焦虑情绪严重时，个体会出现自主神经功能失调，表现为出冷汗、眩晕、口干、胸闷、呼吸急促、心动过速、身体忽冷忽热、胃部难受、大小便频繁或便秘、喉头有阻塞感、双手颤抖、厌食、运动性不安、小动作增加或激动哭泣等状态。

在大学阶段，学业、求职、人际交往等多种任务交织在一起，然而大学生又不具备丰富的应对经验，对各种任务的把握和掌控还不足，当自己的能力不足以应对任务时就会产生焦虑情绪。大学生常见的焦虑类型有以下几种。

1. 学业焦虑

在各种焦虑类型中，大学生的学业焦虑表现最为强烈。进入大学后，面对来自各个地方的佼佼者，不少大学生会失去高中时期的学习"优越感"，一旦在考试和竞争中失败就会产生焦虑情绪，对自己的能力产生怀疑，担忧自己未来会有更多的失败。在学业焦虑中表现最为强烈的是对考试的焦虑，比如担心考试不及格会影响毕业。如果大学生不能适应大学学习方式的转变，不能很好地掌握主动学习的方法，处于过度依赖书本和老师的被动学习的状态，就容易将考试成绩看得过于重要，从而产生更多的焦虑情绪。

2. 求职焦虑

当今社会处于产业升级经济结构转型期，市场上充满着很多不确定因素，市场对人才要求的变化加快。随着高等教育的普及化，求职竞争日益激烈，承载着家庭希望的大学生对就业有着很大的心理压力，有的大学生一入学就开始关注所学专业的就业前景，对就业的担忧越来越低年级化，有的大学生甚至为了就业宁愿放弃自己喜欢的专业。

3. 人际交往焦虑

进入大学集体生活后，开始面对来自不同环境的同学，生活习惯上的差异、学业竞争的加剧、价值理念的不同、摩擦与矛盾的增加、交往技巧的缺乏等都会给大学生带来人际交往的困扰。尤其是对于一些性格内向、不善言谈的大学生，就会产生封闭自我、回避社交的心理。一些对人际交往带有理想色彩的大学生，在人际交往中一旦受挫，容易产生冷漠情绪。当个体意识到自己被排斥在某个社交圈之外时，就会产生紧张、焦虑的情绪。

4. 自我形象焦虑

大学生的自我意识进一步增强，对情感的需求更加强烈，对自我形象的要求更高。有的女生开始化妆、注重体态，害怕变胖、担心自己不够漂亮，会因身材矮小而自卑，为长粉刺、雀斑而烦恼。男生也更在乎自己是否帅气、阳光，身材是否健壮。当自我形象达不到自我要求，大学生无法接纳自我时，便会产生烦恼、焦虑的情绪。

应对焦虑情绪首先要正确认识焦虑情绪的积极价值。对人类的生存发展来说，焦虑是有价值和意义的，焦虑促使个体保持奋斗的动力。在现实生活中，很多大学生将焦虑视为完全的消极事件，其实是从认知上对焦虑形成错误的排斥心理，认为焦虑带给自己的完全是消极反应。事实上，不管人们怎么努力，都无法阻止焦虑的产生，因此，不如调整认知，看到焦虑的积极作用：焦虑在提醒人们正在做的事情遇到麻烦，要引起重视了，或者要调整方向了。其次要认识焦虑情绪的本质。情绪的本质在于给个体传递信息并引起个体的某种行为,情绪不会判断对错,它总是先于理智出现,焦虑情绪出现后有时个体会做出非理智行为,比如坐立不安、自我摧残、酗酒麻醉自己或者伤害周围亲朋好友等,因此,个体在接收到焦虑情绪信号后,要控制自己接下来的行为朝着理智的方向发展。最后就是投入积极的行动应对焦虑,将注意力放到引起焦虑的事件中,满足焦虑的需要。比如,如果是考试焦虑,就将注意力放到考试复习中,积极投入,努力复习备考;如果是就业焦虑,就多了解就业信息,多和已就业的学长、学姐以及老师沟通,确定自己需要提升的技能,投入努力;如果是情感焦虑或者人际交往焦虑,就多和交往对象开诚布公地沟通,找到矛盾分歧的症结所在。随着积极行动的投入,焦虑情绪就会慢慢减少甚至消失。

认识到情绪的积极价值、找到情绪产生的本质、投入积极行动应对情绪,可以作为处理负面情绪的参考步骤,适用于处理大部分负面情绪。

(三)自卑

自卑是个体认为自己某方面的成就不如他人导致自我评价过低从而产生害怕、不安、低落、悲伤、失望、忧郁等负面情绪,并将这种自我评价和负面情绪状态泛化到生活其他方面的复杂情绪感受。

自卑心理的产生具有三方面的要素。首先,自卑情绪是在与他人的比较中产生的。大学生在上大学之前,大部分属于父母、老师眼中的好学生,与其他同学相比处于竞争优势。但是到了大学之后,周围的竞争对手变得更多、更强大,有时候即使付出努力也不一定比他人更优秀,加之随着大学生活变得异常丰富,大学生自我关注的焦点也越来越多,从生理条件、学业成绩、社会地位、家庭经济状况到个人能力的方方面面,都会与周围同学产生比较。当发现自己异常在乎的某些方面,如外貌、身高、学习成绩、评优评先资格、人际交往能力等不如人时,就容易产生自卑心理。其次,自卑心理表现在对自我价值评价过低。这是自卑情绪产生的本质,个体在自我否定中产生轻视自己的想法,这种想法会使自己在学习与生活中变得非常敏感,感觉自己处于弱势地位,非常在乎别人对自己的评价,害怕自己不被群体接受,接收到负面评价后内心会变得非常脆弱,容易陷入负面情绪体验中造成心态失衡,过分压抑自己的情绪后又容易产生过激言行。最后,自卑心理还表现在由自卑产生的负面情绪状态从一个方面泛化或概括到其他方面。这种过分敏感、心态失衡和情绪化的心境状态会影响到个体正常的生活与学习。比如，将他人的夸奖解读成挖苦，胡乱猜疑别人对自己的看法，过分贬低自己，对来自他人的欺负逆来顺受，遇到难以承受的挫折与困难时通过自残来表达情绪等。

根据心理学家阿尔弗雷德·阿德勒的观点，自卑情绪来自儿童时期对成年人的依赖，让自己变得有力量感是克服自卑的最好办法。自卑同样具有正负两个方面的作用，既可以激励个体采取积极行动作出成绩，又可能使个体产生精神病症。要教育学生积极应对自卑情绪，首先改变学生对自卑情绪的错误认知。自卑来源于比较，自卑者通常是用他人的优点和自己的缺点相比，但"金无足赤，人无完人"，世界上没有一个人在生活的各个方面都是强者。从理论上讲，每个人都可能产生自卑，只是自卑的程度和表现方式不同而已，重要的是如何认识和看待自卑，如果陷入自卑的负面情绪中，那么自卑就是成功路上的"拦路虎"，如果积极采取行动应对自卑，就会超越自卑收获力量感和成就感。其次，要寻找导致自卑的真正根源。有时候表面原因往往会使人陷入困境，更深层次的原因才能使个体领悟到应该努力的方向。比如，当个体意识到自己某方面不如他人时，往往会归结为自己能力不足，但是通过深入分析，发现努力程度不够才是真正导致差距的原因。找到根本原因之后，个体可以通过更加努力来改变现状，从努力奋斗中逐渐找到自我价值。最后，在克服自卑的行动中个体要学会调整和转移目标，以增强自信心和自我效能感。如果个体在某一方面产生自卑情绪，可以通过将目标调整到自己擅长且能够体现自我价值的活动中，选择比较容易完成的目标实现，再突破下一个目标，从易到难，逐步推进。由于人们不能从所有方面都超越他人，个体还可以转移注意力，从其他方面的成就中弥补某一方面的不足与缺陷，从而达到提升自信心避免挫败感的目的，使个体从不断成功中获得自我效能感。

（四）嫉妒

嫉妒是指个体觉察到自己向往或者在乎的某些方面，如容貌、身材、荣誉、地位、能力等的优越感和竞争力受到现实或潜在的他人威胁，从而产生的对自我的焦虑、失望、挫折、怨恨，以及对他人的偏见、排斥、愤怒、敌意、憎恨等错综复杂的情绪体验。嫉妒情绪通常需要满足以下两个要素。一是嫉妒源于竞争，发生在自己追求、向往和在乎的某些领域，比如，有的学生在追求优异的学业成绩过程中对学业优秀者产生嫉妒，有的学生向往更优越的生活从而对家境优越者产生嫉妒，有的学生在追求更高的荣誉地位中对竞争对手产生嫉妒等。二是个体在竞争中自身的某种优越感受到威胁或者破坏，这种威胁可以是既定事实，也可以是潜在的威胁，这种威胁导致个体对自我和他人的认知、情绪情感和意志愿望等方面产生消极影响。

因为个体总是有追求、向往和在乎的东西，所以嫉妒心理在生活中非常容易产生。个体会嫉妒他人，也可能被他人嫉妒，嫉妒心理是一种普遍的心理现象，人们需要做的是理性地看待嫉妒。当嫉妒心理产生时，要首先从认知上理解竞争是人类社会发展的规律，没有竞争发展就会停滞。但在竞争中有成功就有失败，每个人都有自己擅长的方面和不擅长的地方，人不可能在所有的竞争中都取得成功，在竞争中失败了就要学会先接受自己的缺点与不足，进而采取措施去改善。其次要学会理性地比较，懂得发挥自己的优势。很多同学总是拿自己的劣势与别人的优势相比较，这样的思想会使个体在嫉妒的同时产生深深的自卑，人们既要看到自己的短处，也要认识到自己的优势。正确的比较方式是与自己比较，包括全面地将"现实的我"与"过去的我"相比较，在比较中获得成长感；将"现实的我"与"理想的我"相比较，获得自我激励感。因此，不能只盯着他人的成败来定义自己的价值，而是要在弥补不足的同时，懂得发挥自己的潜能，学会不断与"过去的我"相比较，总结自己在每个阶段得到了哪些收获、获得怎样的成长，使自我的能力逐步提升完善，才能提升自信心和自我效能感，不断获得自我发展的动能。最后要正确看待人生价值，提升自我道德修养。人生的意义在于在积极努力中找到自我的价值，当一个人专注于做自己认为有意义的事情时是无暇顾及他人成败的，因此，不能深陷嫉妒他人的负面情绪不能自拔，浪费自己的大好时光，而是要在意识到自己的缺点与不足时，改变现状、完善自我、突破自我来实现人生的价值。在生活中，大学生还要不断提升自己的道德修养，多换位思考，与人为善、心胸宽广，客观看待他人的长处，不断开阔自己的视野，克服嫉妒带给自己的封闭、狭隘的意识观念，正确对待竞争、客观评价自我，做更多有意义的事情，过有意义的人生。

情绪管理与情绪调节是大学生在大学期间面临的重要人生课题，因此，要系统地掌握情绪调节的策略，同时进行情商修炼。

第四节　大学生情绪调节的策略与情商修炼

一、大学生情绪调节的策略

（一）认知改变策略

认知改变是个体通过改变自己对引起情绪的原因的认知与评价，克服自己早期形成的不合理观念，重新调整认知结构，改变情绪反应的过程。在生活中，人们做任何事情都是根据一定的价值观念指导，这些观念是个体所处的文化背景和家庭环境共同作用并逐渐强化的结果，存在于人的潜意识中，主导着个体的情绪和行为反应而不易被个体的意识所察觉，因此，人们很多时候意识不到它们的存在，也意识不到这些观念对行为的强大掌控力。如果人们持有的这些观念都是理性的，那么就会用理性思维指导行动，将有利于人们保持愉快的情绪，与他人建立和谐的人际关系，为自己创建健康发展的良好氛围。但是，如果早期形成的观念中有非理性的成分，并且这些不合理的逻辑观念指导了行为，就会给自己带来情绪困扰，给自我的发展造成阻碍，甚至对自己造成伤害。因此，不能放任自己的那些不合理信念，要从认知上对自己早期形成的本能的错误理念进行斗争，重新调整自己的认知结构，做自己情绪的主人，为自己的情绪负责。

认知改变策略是由美国心理学家阿尔伯特·艾利斯（Albert Ellis）创立的，又叫理性情绪疗法，也叫情绪 ABC 理论。艾利斯认为，引发个体情绪反应的不是诱发事件本身，而是人的观念系统，即个体对事件的认知、解释与评价。人们无法改变他人和环境，但是在情绪调节时，可以通过改变自己对事件的认知与理解，以自己能够接纳的方式作出恰当的情绪反应。认知改变策略一般分五个步骤来进行。

A 代表诱发事件（Activating Event），即引起某种情绪的事件。这些事件可能是客观事实，也可能是他人的态度和行为。

B 代表信念（Beliefs），即个体对诱发事件的认知、解释与评价。这些信念可能是理性的，也可能是非理性的。理性的认知引导出个体合理、客观的解释或评价，产生正常、适宜的情绪反应；非理性的认知导致错误、片面的解释或评价，造成情绪困扰与情绪障碍。

C 代表后果（Consequences），即个体对诱发事件的情绪反应。这种反应可能是正面的（积极的），也可能是负面的（消极的）；可能是适度的，也可能是过度的。特别需要强调的是：产生 C 的原因不是 A，而是取决于 B。

D 代表辩论（Disputing），即与个体信念中非理性的部分进行辩论。

E 代表结果（Effects），即辩论后产生新的情绪或行为后果。

在情绪调节的过程中，最重要的步骤是 B 和 D，即找出不合理信念并对其进行辩论。艾利斯对日常生活中导致个体情绪困扰的一些不合理信念作了总结，并将其概括出绝对化要求、高度概括化和糟糕至极三个特征。

大学生是悟性很强的群体，学习和领悟了理性情绪疗法的基本技术和方法后，可以在一定程度上对自己进行自我心理调适。

（二）自我放松疗法

个体如果长期处于紧张状态会使机体免疫力降低，影响人的身心健康，因此，要学会自我放松以缓解情绪带来的身心疲劳，使身心恢复到平静状态。自我放松疗法是通过调节负面情绪带来的不良躯体反应（情绪唤醒水平和肌肉紧张度）从而达到减轻负面情绪体验（如紧张、焦虑、愤怒、害怕等）的方法。比如，通过调整呼吸节奏减轻紧张情绪，通过肌肉放松抑制愤怒，通过对美好事物的想象使自己恢复平静，通过舒缓的音乐减轻焦虑情绪等。自我放松疗法包括生理放松和心理放松，生理放松包括腹式呼吸法和肌肉放松法，心理放松包括想象放松法和音乐放松法。

1. 腹式呼吸法

腹式呼吸法是通过调整呼吸节奏使个体达到身心放松、集中注意力的方法，适用于减轻紧张、焦虑情绪。具体做法如下：选择一种比较舒服的姿势，站立或坐着；初次锻炼时用嘴配合鼻子呼气，后期用鼻子深深地吸气，缓慢地呼气，呼气时比吸气速度要慢，吸气时腹部渐渐鼓起，呼气时腹部有力地凹进回收；可以闭上双眼，头部配合呼吸上仰和下垂，双肩上下提升，以控制呼吸的速度。每天练习10分钟，往往会感到身心放松，尤其是睡前做呼吸训练可有效缓解一天的紧张疲劳。

2. 肌肉放松法

肌肉放松法是通过循环交替收缩或放松自己的骨骼肌群，夸大肌肉紧张到放松的过程，让练习者体验个人肌肉的松紧程度，最终达到缓解个体紧张和焦虑状态。肌肉放松法首先需要一个安静整洁、空气清新、没有干扰的环境，头部、背部依靠在舒服的地方，选择舒服的坐姿，配以呼吸放松法集中注意力跟着肌肉放松指导语做练习，通过握紧拳头—放松双手、弯曲双臂—放松手臂、脚趾绷直—放松双脚、脚尖用力上翘—放松、脚跟向下向后压紧—放松、紧绷额头的肌肉—放松、闭眼逆时针转动眼球—顺时针转动眼球、用力向后扩展双肩—放松、用力提双肩—放松、向内紧双肩—放松、向上抬起腿弯腰—放松、臀部肌肉用力向上—放松等步骤，锻炼肌肉的紧张—放松动作，体验松弛的感觉。每个动作坚持10秒，每天早晚各练习1~2次，每次10~20分钟，能够有效缓解紧张、焦虑情绪。

3. 想象放松法

想象放松法是在一个比较安静、舒适的环境中，选择自己感觉舒服自然的姿势，闭上眼睛回忆曾经幸福的经历，想象一些美好惬意的画面和场景，从而使心灵达到平静愉悦。想象的内容必须是令人舒服愉悦的，比如和儿时的伙伴在小河边玩耍嬉闹、坐在父亲的自行车上穿过一望无际的田野、乘着小船在幽静的湖面上漂荡、美丽的舞者在冰面上缓缓起舞等，这些画面和场景可以使人进入"潜意识"状态，从心灵深处感受到非常惬意的松弛感。

4. 音乐放松法

音乐对大脑皮层的刺激会改变脑电波，因此音乐对心理具有疗愈作用，很多人心情不好时，听上一段音乐，不好的情绪会得到缓解。音乐的旋律、节奏和音色通过大脑感应可唤起听者相应的情绪体验，使听者内心积极的情感得以释放、消极的情绪得到宣泄，还可以提高自己的艺术修养，陶冶情操，从而起到调节情绪的作用。需要注意的是，不同的情绪状态可以通过不同节奏的音乐来调节。优美舒缓的音乐可以使人肌肉放松、脉搏放慢、心情宁静安逸，快节奏、高频率的音乐则会激发个体的活力和兴奋度，轻快的音乐可以缓解沮丧或压抑的情绪。因此，个体在面对不同的情绪时，需要注意不同音乐频率与节奏对自己心情的影响，选择适合的音乐调节自己的情绪，提升自己的生活质量。

（三）合理宣泄疗法

一般可以通过认知调整和放松法释放、约束一部分负性情绪，但是有一些负性情绪是无法彻底消除的，这些负性情绪如果累积起来超过人体的承受范围，就会给人身心带来伤害，因此，要学会采取适当的方式将负性情绪释放出来，这就是情绪的宣泄。情绪宣泄的途径有倾诉、哭泣、运动、升华等。

1. 倾诉

大部分人都有过这样的体验，心情不好的时候找好朋友倾诉一场，心里就会好受一些，这是因为在倾诉中不仅宣泄了不好的情绪，同时也能得到倾诉对象情感上的理解、支持与帮助。倾诉还有利于帮助倾诉者理性地看待问题，在情绪不好时，一般会出现意识狭隘，看问题会出现片面化倾向，在诉说中结合倾诉对象的意见会促进自我对负性事件的理性反思，从而有效地疏导自己的情绪。除了跟他人诉说之外，还可以通过写日记的方式宣泄情绪，通过写日记的方式宣泄情绪时，不用担心得不到他人的情感支持，有利于维护自尊，写日记的过程中通过书面语言的表达和思维逻辑的梳理，也会使个体的自我反省更加理性。

2. 哭泣

哭泣可以宣泄压抑、悲伤、焦虑等情绪。眼泪中含有的蛋白质和溶菌酶能抑制细菌生长，保护眼睛，眼泪的分泌还会促进细胞的新陈代谢，有助于身体健康。不同原因引起的泪水中含有的物质成分也不同，因感情因素分泌的眼泪中含有分解酶无法分解的对人体有害的中枢递质，如果想哭时压抑自己不哭，这些中枢递质就会增加人体患溃疡、高血压、肿瘤、精神障碍等疾病的风险。流泪的过程中，机体通过呼吸系统、神经系统、循环系统的运动还可以达到放松肌肉和神经的作用，个体陷入悲伤、抑郁等情绪时，往往会产生感觉、记忆和思维等方面的障碍，大哭之后，这些障碍会随着神经系统的放松而自行消退，个体就可以比较冷静、客观地面对问题、分析原因和解决问题。因此，要摒弃"哭泣代表软弱"的想法，不过分压抑自己的痛苦情绪，在受到委屈时，可以适当地哭一场，使眼泪中的毒素伴随着泪水排出体外，使不好的情绪得到缓解。当然，不鼓励长时间哭泣和经常性哭泣，因为哭泣时间过长或者太过频繁也会损伤机体的免疫力，影响个体的注意力和记忆力。

3. 运动

运动可以释放压抑、愤怒、悲伤、郁闷等情绪。人体的运动受大脑的控制，在运动时，机体的新陈代谢加快，神经细胞变得更有适应性，运动时随着汗水的流出个体心中郁结的情绪也会慢慢消散，心理的负性能量转化成生理上的能量得到释放，因此，个体通过运动在消耗身体能量的同时，会体验到酣畅淋漓的惬意。在运动中机体会释放出多巴胺、去甲肾上腺素和内啡肽等化学物质，通过促进大脑神经递质的流动改善大脑的活跃度，因此，持续的、有规律的运动能够减少焦虑、抑郁等消极情绪反应，增加愉悦、自信、成就感等积极反应，提升大学生对活动的注意力和坚持活动的意志力，从而提高心理素质，积极地看待生活。运动还能够通过促进身体疲劳，使睡眠变得更加容易，从而改善睡眠质量，促进机体养成规律性作息的习惯，促进个体提高机体的免疫力从而使人精力充沛，缓解不良情绪带来的身体不适症状。因此，在遇到问题时可以通过适当的运动来宣泄不良情绪，比如打球、跑步、游泳、跳操等。需要注意的是，运动要适度，中等强度的有氧运动最有利于调节情绪。

4. 升华

升华是将不良情绪产生的负性能量转化为提升自我和贡献社会的正性能量，个体在升华的过程中以实际行动做出对自我成长或者对社会有益的事情，将不良情绪带来的挫败感和破坏性转化为具有建设性与创造性的成果，因此，升华是对不良情绪的最高级的宣泄方式，也是最为有效的情绪宣泄方式，这种宣泄方式需要个体具备积极向上的心态、较高的个人修养和觉悟。比如在学习中遭遇考试失败时虽然沮丧难过，但是不气馁、不抱怨，激励自己积极努力，将失利带来的不良情绪化作学习的动力，在下次考试中获得满意的成绩；遭遇亲人离世，将悲痛化作力量，投入更加刻苦努力的学习中或者积极的工作中，用学习或工作的成就来告慰亲人；当感情遭遇挫折时，把对自己和他人的不满升华到全面发展自我，用自己的才干和博学寻找真正的爱情等。

古往今来不乏因升华而取得成就的名人案例，比如屈原因被放逐而著《离骚》，韩信受胯下之辱却以不屈的毅力终被汉高祖刘邦重用，海伦·凯勒双目失明却写出《假如给我三天光明》的优秀著作等。

5. 积极的自我暗示

自我暗示是个体通过有声的或者无声的语言，伴随相应的表情、身体姿势等向自己传递一定的信息，使自己接受某种观点和意见、控制某种行为或者按照示意行动的过程。比如当遭遇困难与挫折时，心中默念"别人能做成的事情，我也一定能行""困难是暂时的，经历困难一定会成功""坚持一下，成功马上就要到来了"等一些积极的给自己鼓励的话语，并采取有效的行动克服困境，就能控制或者驱散自己因挫折带来的焦虑、忧愁、怯弱等情绪，增强自信和快乐。但是如果遭遇困难时，个体总是念叨"我不行，我不可以""我不适合这个领域""我总是干不好一件事情"等消极的自我暗示，那么个体就会陷入沮丧、失败、烦躁、自卑等消极情绪，从而阻碍行动或者降低行动的效率，打击个体的自信心。由此可见，自我暗示可能是积极的，也可能是消极的；积极的自我暗示会激励个人调动积极性，使个体保持松弛、愉悦、稳定、和谐的情绪，从而促进个体健康成长；消极的自我暗示则会强化个体对失败和不足的挫败感，加重个体的焦虑与不安情绪，阻碍个体的自我发展与完善。

生活中情绪会有高涨的时候，也会有低迷的阶段，情绪高涨时就处理一些复杂的、难度高的问题，勇于挑战，磨炼意志；情绪低迷时就做一些简单的、难度低的事情，不给自己过多的情绪负担，多给自己一些鼓励和信心，相信自己一定会成功。

6. 寻求支持与帮助

生活中难免遇到自己无法解决的问题与麻烦，要学会选择最能帮助自己的朋友、家人或者老师进行适当的求助，比如在学习中遭遇解决不了的难题而感觉烦躁和挫败时，不要一味地钻牛角尖，可以与周围的同学进行讨论或者向老师讨教，这样既可以节省时间，又能够使自己"豁然开朗"，明白问题的症结所在，达到事半功倍的效果。

很多人认为寻求支持与帮助是弱者的表现，其实每个人都有自己的优势和劣势，寻求支持与帮助就是用他人的优势弥补自我的劣势，积极地寻求帮助是个体应对和处理问题的一项重要能力，对于促进个体自我发展非常有利，绝不是软弱的表现，个体在遇到困难时要善于寻求支持与帮助，特别是在遇到无法解决的心理问题时要积极地向专业的心理咨询师或心理医生求助。很多人认为找他人支持与帮助是在"麻烦"别人，事实上在助人的过程中不仅求助者的问题能够得到解决，助人者也会体验到爱、力量与成就感，达到"双赢"的效果。大学生在平时的生活中要注意建立自己的良好社会支持系统，这样在遇到困难时就能够找到适当的对象寻求支持与帮助。

除此之外，还可以通过幽默化来化解情绪，比如把生活中遇到的困难当作生活给自己开了一次玩笑。还可以通过自我安慰法来调节情绪，即寻找某种"合理化"的理由应对不良情绪。在追求的东西无法得到时，可以用"酸葡萄心理"冲淡内心的失落、焦虑与挫败；在与他人某方面的比较中处于弱势时，强调自己其他方面的优势，用"甜柠檬心理"来宽慰和接纳自己，这些看似自欺欺人的做法比悲观失望、垂头丧气、抱怨他人、愤怒对抗、精神崩溃等消极的应对方式要好得多。当然，自我安慰法缓解情绪要适度地使用，过多地使用会妨碍自己追求进步，个体从根本上改变不良情绪还要依靠改变认知以及积极投入行动。要相信生活中的人和事都具有两面性，每个人都有积极阳光的一面，每件事的发生对自我成长都会有一定的价值，大学生要通过智慧发现美好的一面，更健康地表达和处理情绪，高效学习、健康成长，让生活更幸福。

二、情商修炼

（一）智商和情商

1. 智商

智商（Intelligence Quotient，IQ）是指个体认知客观事物的能力以及用知识解决问题的能力，代表着个体智力发展的水平，一般用心智年龄和实际年龄的比值来表示。智商的主要作用是认知客观事物。智商反映了人的认知深度、逻辑思维能力、学习能力等，智商越高，表明个体比同龄人更聪明或者能够掌握更多的知识，因此，智商能预测个体的学习能力和学习成绩。后天的社会环境虽然能够改善个体的智商水平，但智商更多地受遗传因素的影响，因此，通常认为智商是先天的、理性的，智商高的人容易在某个专业领域作出杰出的贡献，成为某个领域的专家。

2. 情商

情商（Emotional Intelligence Quotient，EQ）是相对于智商提出的一个概念，是情绪、情感商数的简称。美国心理学家丹尼尔·戈尔曼指出，情商是指个体识别自身和他人情绪，分辨和归类不同感觉，利用情绪信息来指导思维及行动，并根据情境变化管理和调节自己的情绪以达到个人目标的能力，即一个人控制和管理情绪的能力。高情商者，善于理解和管理情绪；低情商者，往往容易被情绪所控制。管理好情绪是个体心智成长、成熟的重要标志。

情商反映的是个体感受、理解、运用、表达、控制、调节自己情感的能力，以及处理自己与他人之间的情感关系的能力。情商更多地受社会环境因素的影响，因此相对于智商来说，情商是后天的、感性的。情商主要通过影响人的兴趣爱好、意志毅力、动机水平等加强或弱化个体认识客观事物的驱动力，从而影响其认知和实践活动的能力。

3. 情商对人的影响

对于个体事业的成功来说，智商和情商都是必不可少的重要心理品质。丹尼尔·戈尔曼曾经在两年时间内对全球近500家企业、政府机构和非营利性组织的工作人员进行分析，发现成功者除具备极高的智商以外，他们卓越的表现也与情商有着密切的关系。戈尔曼认为，一个人的成功只有20%靠智商，80%是凭借情商获得的（后期有研究者认为除了智商和情商，还包括逆商，并提出"成功＝20%的智商＋80%的情商和逆商"）。

一般智商和情商都高的人，获得成就的概率最大；智商高、情商低的人，其情商水平可能会影响到智力的发挥，从而阻碍个体获得较大的成就；智商低（排除智力低下）、情商高的人，学习效率虽然不如高智商者，但其稳定的情绪、勤奋刻苦的态度、坚持不懈的毅力、锲而不舍的精神能够促进个体发挥潜能，达到以勤补拙的效果，获得他人的认可，从而使个体获得比高智商者更大的成就。很多实例也证明：情商对人的成功有着至关重要的作用。情商更多地受社会环境因素的影响，是后天培养的结果，因此，在生活中要摒弃智力第一或者智力唯一的错误倾向，努力提升自己的情商水平。

(二) 情商的功能

高情商对于个体成就来说,包含两方面的推动作用:一是能促进个体良好地管控自己的情绪进而专注于目标;二是促进个体识别他人的情绪妥善处理人际关系,为个体的发展提供宽松的人际环境。彼得·沙洛维、丹尼尔·戈尔曼等学者认为,一个高情商的人需要具备五方面的能力,即认识自己的情绪的能力、妥善管理情绪的能力、自我激励的能力、识别他人情绪的能力和处理好人际关系的能力。

1. 认识自己的情绪

个体觉察并认识到自我情绪的存在是情商的基石。个体对基本情绪的觉知是比较容易的,但是对复合情绪的觉知有时候却比较困难,往往在生理体验上感觉到难受,但是无法描述具体是哪种情绪影响了自己。因此,要经常自省,增强自我意识,对情绪体验进行细致的观察和研究——意识到情绪的发生、明白自己处于哪种情绪之中以及情绪对自我的影响如何,最重要的是知道这种情绪从哪里来,比如觉察到嫉妒情绪的存在,认知到嫉妒会对自己的心理产生负面影响,那么就应积极地溯源,找到产生这种情绪的原因。当个体将过去的经验和当下的情绪联系起来时,就能够更加理性地看待和接纳自己的情绪了。

2. 妥善管理情绪

个体在感知到情绪之后,如果判定它是积极健康的情绪,对于个体是无害的,那么一般可以不用改变现状。但遇到消极负面的情绪时,就需要谨慎对待了,如果个体采取放任自流的态度,对其不做任何处理,就可能被这种情绪"吞没",这种状态下个体如果无法摆脱负面情绪,将会陷入情绪失控甚至无法承受的境地。有时候即使是正面情绪也需要适当地进行控制,比如兴奋情绪,如果个体无法将兴奋的情绪控制在适度的范围内,便可能会造成兴奋过度、乐极生悲的后果。因此,无论从哪个方面来看,都必须积极地管控自己的情绪,使情绪的表达适时、适度,朝着积极健康的方向发展。

情商的高低体现在情绪调节能力上,情绪调节能力强的人往往能快速地从负面情绪中解脱出来,经常处于积极乐观的状态;情绪调节能力差的人受情绪的困扰就比较频繁,经常表现出焦虑、压抑的心情。大学生可以通过前面讲过的情绪调节策略来管控自己的情绪，通过高超的情绪调节能力提升自己的情商水平。

3. 自我激励

自我激励是指个体控制、调动和指挥自己的情绪集中于某一目标从而实现目标的过程，这一过程包括控制自己的负面情绪，抑制自己对各种目标之外欲望的冲动与需求，对合理期待的延迟满足，以积极的态度发挥创造力，专注地"投入"能够促成目标实现的工作，即达到情绪的投入与行为的实践相一致的状态。拥有自我激励能力的人，不管从事哪种工作，都会高产、高效，从而获得较高的成就；而缺乏这种能力的人，往往无法抵御诱惑，遇到困难时容易退缩放弃，做事情容易半途而废，无法取得出色的成绩。

4. 识别他人情绪

识别他人情绪就是通过他人的面部表情、身体姿势和言语行为等线索解读潜在于这些线索背后的情绪的过程。共情也叫"同理心"，就是在识别他人情绪的基础上，站在对方的角度和立场进行客观分析，理解当事人的内心感受，并将这种理解传达给当事人。在人际交往中，识别他人情绪、与他人共情，是最基本的交往技巧。具有共情能力的人，能够敏锐地觉察到他人的需求，与他人分享情感，对他人不幸的遭遇感同身受，在人际交往中能够顾及他人的感受，在倾听中能够抓住被倾听者所表达的真实意图，在沟通中能够表达出被倾听者想要的内容，在行动中能够做出对方认为重要的事情，帮助他人解决实际问题，从而得到他人的认可与信任，获得良好的人际交往环境。缺乏共情能力的人往往对当事人的情绪缺乏理解和关注，对他人的苦难缺乏情感上的支持，无法理解他人的需求，不能有效地与他人进行沟通，偶尔会在不知不觉中作出伤害他人的举动，显得冷漠自私，因此无法建立良好的人际关系。

5. 处理好人际关系

妥善处理人际关系是指在管理自我情绪、与他人共情的基础上有效地调节自己对他人情绪和行为的反应，并通过一定的沟通技巧调节他人情绪的能力。妥善处理人际关系要求个体必须具有一定的情绪自控力，在适当的时候恰当地展示情绪，比如抑制兴奋、压制愤怒、控制冲动等。妥善处理人际关系最核心的技能是社交技能,包括语言表达能力、沟通谈判能力、组织协调能力、突发事件应急处理能力等,良好的沟通技巧不仅可以促进问题的解决,还会提升个体的受欢迎程度,有利于个体在群体中树立较高的威望和权威。妥善处理人际关系是领导者必备的技能,几乎所有成功的领导者都是高情商的管理者。

(三)提升情商的途径

1. 锻炼自控力,磨炼意志,以积极进取的态度面对生活

自控力是个体在面对诱惑和冲动自觉控制与达成目标不一致的情绪与想法,使行为落实到所追求的有意义的事情中的能力。自控力是取得成功的基本素质。自控力好的人一般会表现出积极进取的人生态度,自控力差的人一般会呈现出放纵自我的状态。

对于大学生来说,要提升自控力,首先需要具有良好的思想道德品质和一定的文化素养。前者决定了个体所追求的目标是否有意义、有价值,后者决定了个体是否能够全面、客观、正确地认知世界,两者相结合才能找到正确的目标方向。其次要稳定情绪,积极思维,将诱惑与冲动合理地转移出去,排除外界干扰,学会自主决断,在思考中预见事情的走向,关键时刻作出正确的选择。再次在生活实践中磨炼意志,每天坚持做一些简单的但有意义的小事情,比如跑步。个体刚开始可能不能适应这种强迫性行为,会感到难受,但是如果坚持严格要求自己,慢慢就会使之成为由强迫到自然而然的习惯,在此过程中个体践行了自我的承诺,体验到做事情效率越来越高的感觉,自信和自尊水平得到提升,意志、决心、毅力得到锻炼,在做其他更复杂的事情时就不会感到很痛苦,顽强的意志力就是在生活中很多小事情的坚持中逐步形成的。最后在面对复杂任务时,个体要注意细分目标,循序渐进,找到解决问题的突破口非常关键。比如,面对考研这个大目标,可以将其细分为几个考试科目的小目标,再细分为每个科目的具体章节,每个章节怎么复习、复习多长时间等,从完成每天的具体学习内容和学习量这个突破口开始,每天给自己一些积极的反馈,逐步增强自信心,努力实现一个个小目标,使学习进入一个不断强化的良性循环中,最终完成考研任务这个大目标。

2. 适当地转移注意力，学会灵活应变，用冷静的心态化解困境

每个人都会遇到压力、困扰和困境，切忌盲目应对和急于求成，如果是与他人无关的自我困境，一定要反思产生困境的真实原因；如果面临的是他人的刁难，要分析对方的真实意图，发现对方的弱点和漏洞；如果情势所逼，要根据情况的变化作出理智的判断，以冷静的心态保持应变的主动性；如果当下没有更好的应对压力和解除困扰的办法，不妨先将其放一放，把自己的注意力转移到感兴趣和擅长的事情上，从而弱化压力与困扰带来的消极情绪对自己的负面影响。锻炼自己灵活应变的能力，首先要提高自身修养，改变不良的应对习惯，从小事做起，遇到事情主动分析、果断决策、善于创新、投入行动、坚持不懈直到问题得以解决，才能在复杂的环境中沉着应对，而不是优柔寡断、迟疑不决、因循守旧、半途而废；其次可以通过参加具有挑战性的活动来增强自己的应变能力，在活动的不断变化中产生应对创意和策略，强化个体审时度势、随机应变的思维模式，从而养成随机应变、克服困难、解决问题的习惯；最后还可以通过团体性的活动锻炼自己的应变能力，面对团体中不同人提出的不同需求，探索不同的解决办法，获得人际交往的技巧，建立和谐稳定的人际关系，这样真正遇到困境时才能做到应对自如。

3. 提升洞察力和同理心，学会站在他人的角度看问题

这里的洞察力主要是指对他人情绪的敏锐识别与洞察，一般可以通过表情来识别他人的情绪，但是由于正常成年人对情绪具有一定的调节能力，情绪可以在没有表情的情况下产生，表情也可以在没有情绪体验的情况下出现。因此，大学生要正确识别他人情绪不是一件容易的事情，是一种包含观察、分析、判断、推理等复杂思维的认知过程。情绪识别的目的是找出表情背后的意义，因此，提升情绪识别洞察力不仅要结合面部表情、身体姿势和言语等多方面进行综合判断，还要分析他人所处的情境、性格特征、前后行为的关联性等因素进行推理。

在准确识别他人表情的基础上，个体就很容易与他人"共情"了，即感情移入和理解，同理心是站在他人角度设身处地地感受和体谅他人正在经历的情绪，因此，培养同理心首先要培养自我对情绪的感知，如果这种情绪自己没有触及和经历过，就无法体会别人；其次要学会倾听，通过对方的描述得到更多的线索，更好地理解对方的感受；最后要用体谅的态度表达自我感受，与他人产生共鸣，就能够站在他人的角度来看问题，找到解决问题的关键。同理心是西方文化的概念，与我国传统文化中的"推己及人""己所不欲，勿施于人"的观念是相通的。同理心是人际交往的基础，也是个体发展与成功的基石，它有利于消除误解、化解矛盾和解决冲突，可以增进人与人之间在人格、态度和价值观等方面的信任，使人际关系变得愉快、和谐，促进个体在与他人的分工协作中取得成功。

4. 学会利用沟通技巧，创造良好的人际环境

拥有高情商的人一般都具有高效的沟通艺术，具体表现在以下方面：能够在主动沟通中展现个人魅力，沟通中态度热情洋溢，能够把握谈话的切入口开启话题，能够为沟通对象创造发言的机会，遇到矛盾善于找机会主动与对方沟通解决等。

高情商的人还会懂得用幽默化解矛盾和尴尬、减轻压力，给周围人带来快乐，因此，幽默的人在人群中更受欢迎。想要用幽默提升情商可以多看一些幽默故事和笑话，积累幽默素材，多观察生活模仿他人的幽默，跳出惯性思维制造意外的惊喜等。

在人际交往中赞美他人可以提升对方的自尊水平和责任感，增进人与人之间的亲密关系与彼此的信任，使人际关系更加和谐。良好的情商水平体现在能够真诚、有效地赞美他人。有效地赞美他人首先需要培养对周围人和事敏锐的洞察力，善于发现对方真正的可赞美之处；其次要抓住时机，当发现对方可圈可点的行为时，立即赞美才能达到最高的正强化效果，激励对方重复类似的行为；最后还要注意赞美要具体，赞美的内容是能够让对方感受到的具体事实，而不是敷衍、讨好或者夸大的内容，让对方在对比中感受到这份夸奖是有别于过去和他人的、特殊的、具有针对性的真实存在。

5. 养成积极应对事情的习惯，乐观面对生活

心理学中的"踢猫效应"表明坏情绪会传染并可能导致非常糟糕的后果；"费斯汀格法则"表明发生不好的事情并不可怕，可怕的是用消极的情绪应对这些事情，因此，要学会先处理情绪再处理事情。在生活和学习中遇到问题时，大脑会下意识地做习惯性的应对行为，这是在潜意识的指挥下作出的反应，说明在过去的经验中这种应对方式已经被潜意识所接纳。大家在生活中经常有这样的感受：有的人不管面临何种难以应对的场合都能积极地应对，

而有的人不管遇到多高兴的事情都显得郁郁寡欢，就是因为大脑偏好了倾向于积极或消极的选择。当你发现自己的大脑偏好消极的情绪应对时，必须想办法改变这种习惯才能提高生活的质量，因为消极的情绪会影响个体的健康、人际关系与成就。养成积极应对事情的习惯，可以通过与具有积极应对习惯的、优秀的人接触，接受他人积极应对习惯的感染，从而改变自己的应对习惯。在生活中总能发现有这样一类人，他们的人格魅力使得人们跟他们在一起经常会感觉到愉悦与正能量，那么这些人就是具有积极应对生活习惯的人。相反，还有这样一类人，他们虽心地善良、无害人之心，但多愁善感，跟他们在一起经常会感觉到压抑、闷闷不乐、焦虑不堪，那么这些人就是具有消极应对习惯的人。在生活中拥有积极应对习惯的人，具有乐观向上、传递正能量的人格魅力，能够创造和传递快乐使自己与周围人乐观面对生活，从而提升人们的生活质量。

情商形成于人们的童年时期，但可以在后天的受教育阶段和成年时期逐步得到培育和加强，良好的情商对于人们的健康、家庭、爱情、事业以及追求幸福的人生意义重大。除了以上途径，提升情商的方式还有很多，大家可以参考相关书籍，对情商进行更加详细、系统的了解和认知，找到适合自己的提升情商水平的路径。

第四章 树立终身学习的理念

——大学生学习指导与习惯培养

第一节 大学生学习理论知识

一、学习的概念

人成长的过程就是一个不断学习的过程,当学习变成一项专门的活动——学校学习之后,人们将学习的概念狭义化了,认为"读书""上学"才是学习。其实学习发生在生活的方方面面,广义的学习是指基于他人和自身的体验与经验从而导致自身的认知、情感或者行为发生相对一致的变化的过程;狭义的学习特指学校学习,包括预习、听课、复习、自习、考试、竞赛等环节。大学的学习不仅包括狭义的学习,更重要的是树立广义的学习理念。

大学是人一生中非常关键的时期,学生在大学期间离开原生家庭生活,通过学习独立参与团体和社会生活、发现与培养自己的兴趣、追逐自己的理想、学习处理生活中遇到的各种问题、学习合理支配属于自己的时间、学会重新建构自己的知识框架等过程,一边完善自己的理论知识,一边亲身实践,在"实践—认知—再实践—再认知"的循环往复中达到综合素质与能力的螺旋式上升。

二、大学学习的特点

大学学习与中学学习最大的不同表现在以下几个方面。

（一）从基础教育到专业教育

中学处于基础教育阶段，没有专业的区分，学生学习的内容基本相同。大学阶段的专业教育以专业知识的学习和专业技能的提升为特征，各专业之间的学习内容差异很大，不同的专业意味着不同的方向和领域，培养的是基于专业领域目标的不同人才，但并不意味着学科之间的完全对立和分裂，事实上，很多学科之间是有相互交叉和渗透的。因此，大学生可以根据自己的专业知识学习，广泛涉猎知识，做到"博学"，扩大知识面和视野，以适应社会发展的需求。

（二）从题海战术到理解论述

在基础教育阶段，学生主要以课堂学习为主，"题海战术"是获得高分的一种学习方式。在大学学习中，课堂学习仍然很重要，但学习途径也更加多元化，学生可以通过互动讨论、调查实践、查阅资料、参观考察等方式形成对知识的理解与积累，并能适当地表述出来，发表自己的观点。

（三）从被动接受到主动发起

在基础教育阶段，学生大多数情况下是按照老师布置的任务安排学习计划。在大学学习中，学生可支配的时间增多，拥有了更多的自主性，老师一般不对学生进行硬性任务的规定，而更多的是学生根据自己的兴趣爱好自由选择学习的地点和内容，制订自己的学习计划，对学生掌控时间的能力和规划能力提出了更高的要求。

（四）从知识积累到创新实践

基础教育阶段的学习更多的是知识的积累和熟悉，大部分知识都属于已经具有定论的内容。大学阶段的学习更具有探究的性质，涉及不同学派之间存在争议性的部分，需要后继学者去发展验证，因此，对学生的学习方式提出新的要求,除了基础教育阶段的听、说、读、写之外,学生要更多地采用阅读、思考、理解、讨论、探索创新、实践验证等多样化的学习方式。尤其是当代大学生生活在一个日新月异的时代,要注重自己实践能力和创新精神的培养,通过社会实践活动提高其理解和应用知识以及发现、分析、解决问题的能力。

(五) 从考试成绩到综合测评

"成绩的好坏"在基础教育阶段对学生的评价中扮演着非常重要的角色,以结果导向为特征的评价方式占据着基础教育阶段对学生评价的主导地位。进入大学阶段,要转变这种评价观念,以学生能力的提升为主要评价标准,更为符合社会对人才培养的要求。在大学教育阶段,虽然同一所大学的录取批次是统一的,但由于每个学生所经历的教育环境不同,学生之间的个体差异很大,每个学生的潜能也不尽相同。有的学生擅长沟通交流,有的学生擅长刻苦钻研,有的学生善于操作性技能,有的学生更具创造性思维等,因此尊重个体差异,因材施教,因势利导,以学生某方面能力的提升为评价标准更能促进学生的健康成长。

进入大学学习之后,学生可以允许自己有一段时间的混乱,在混乱中摸索大学学习的规律,调整自己进入更加清晰、自如的状态。

三、大学学习能力的提升

大学的学习更重要的是为兴趣而学,为了促进自我成长而学习。大学学习要注重三种能力的提升,这三种能力包括自我管理技能、可迁移能力和专业知识与技能,这三种能力是相辅相成、互相促进的。

自我管理能力是指个体能够有意识地对自己的活动和任务进行控制的能力。大学生通过专业知识的学习,可以从认知上改变自己看待周围事物的态度,认知的广度和深度不同,对待事物的态度就会不同。大学生通过选择自己感兴趣的知识领域,尝试不同的学习方式,通过亲身实践体会自己是否适合某领域的学习,通过碎片化知识的整理逐步构建和更新自己的知识体系,认知结构得到提升之后,对自我的认知、体验和控制就会提出更高的要求,通过抵抗诱惑和合理规划,自我控制感不断得到增强,自我管理能力也会不断提升。

可迁移能力是指旧知识的学习对新知识的学习有积极的影响,从一个任务和工作中获得的技能可以转移到另一个任务和工作中,获得这项技能可以使个体完成更多的任务和工作。大学阶段是很多学生学习生涯的最后一站,大学教育就是为社会建设提供高素质的专业人才,因此大学生通过专业学习获得一种能将知识转化为生产力的能力非常重要。在大学生活中,学生通过团体活动锻炼自己的分工协作、处理矛盾、人际沟通、创新实践等可迁移能力,可以很好地培养自己的社会适应性。

到了大学学习阶段,学生要更新自己的学习观念,树立大学学习理念,不仅要注重专业知识的学习和专业技能的提升,还要在生活中积累各种经验,发展各种技能,从多方面促进自我的不断成长,比如通过观看影视剧、阅读课外书、生活中与人沟通交流、参加学生工作组织策划活动、在社会实践中做调查报告等都属于学习,当然更为重要、更为系统的学习就是在课堂中认知新的词汇、概念、观点、理论等专业知识和技能的提升。

四、学习的效应

(一)知识的累积效应

学生在学习知识的过程中,有一些普遍存在的疑问:所学的知识到底有没有用?学这些知识有没有意义?这就涉及两个概念:功利性学习和非功利性学习。功利性学习是因为看到知识的"用途",并且这种"用途"能够给自己带来实效或者收益(比如找到更好的工作,在工作中或者实际生活中会有可预见的使用效应)而学习。大学学习中很多知识都不具有功利性学习的"用途",而是非功利性的。非功利性学习无法判定知识在未来是否"有用"、在哪个时间点"有用"、或者有什么样的用途等,它的这种"不确定性"导致部分学生在学习时丧失积极性,主要的原因是持有这种消极观念的学生都忽视了非功利性学习的"知识累积效应",即当前积累的知识越多,对以后知识的学习和应用就越容易。非功利性学习的这种"神奇效应"可以使知识像滚雪球一样,使一个人在未来的学习中学得更好、更快,使个体获得的知识能够融会贯通地运用于实践,获得更大的实际应用价值。实际上很多著名的科学家、政治家、教育家都是跨学科领域学习的代表，就是"知识累积效应"的典型体现。现实生活中也有很多相关的案例，比如一位从事医学领域工作的医生考取法学专业的律师资格证书，看似无关联的两个学科领域，因为知识的累积效应，最终成就了一位以医疗纠纷案件处理为主要特色的专业律师。

（二）学习的自我强化效应：自我效能感

自我效能感，通俗来讲就是"相信自己可以完成某项任务或者能胜任某份工作"，是对任务或工作的一种掌控感，拥有能够达到预定目标的自信。自我效能感可以通过行为获得、替代性经验、言语劝服、生理和情绪唤醒等方式得到增强。

1. 行为获得

自我效能感随着任务或工作的完成度以及个体对完成效果的满意度而变化，达到心理预期目标自我效能感就会增强，没有达到心理预期自我效能感就会减弱。大学生在先前任务和工作中得到的成功经验决定了自己的掌控力和竞争力水平，先前成功经验越多，胜任感和掌控感越强，自我效能感越强。比如在小学、中学英语学得很好，到大学阶段面临英语四、六级考试，自我效能感就会很强；反之，自我效能感就很弱。因此，个体在自我规划中预定目标不能盲目过大，要安排努力过后可实现的目标，使自己容易获得成功，以增加自己的行为获得而增强自我效能感。

2. 替代性经验

在生活中观察他人的成功表现，也能增加自我效能感，特别是当观察的对象在能力上与自己相近时更是如此，看到与自己能力相近的人任务失败时则会降低自我效能感。例如：个体在英语四级考试中没有报名，如果和自己水平差不多的同学考试通过了，个体就会后悔自己没报名；但是，如果和自己水平差不多的同学考试没有通过就会强化个体原来持有的自我效能感。因此个体可以通过更多地接触"成功"的榜样，提高自己的替代性成功经验（即你行我也行），从而增强自我效能感。

3. 言语劝服

言语劝服即个体生命中的重要他人告知个体具有获得成功的能力，也可以提高其自我效能感。言语说服必须具有现实性才会有效,比如一个大学生害怕英语四级考试失败所以不敢报名参加考试,这时候一位令其尊敬崇拜的英语老师在言语劝服中暗示该学生已经具备英语四级考试通过的能力,该学生就会增强学习英语的自信,积极备战复习。言语劝服之后,学生获得自信并通过努力取得了好的成绩,就会大大增强学生的自我效能感。因此,个体在信心不足时要积极寻求重要他人的鼓励,获得自我效能感。

4. 生理和情绪唤醒

情绪会影响自我效能感,焦虑、紧张、害怕、恐惧等负面情绪会降低自我效能感。在面临挫折和困难时,如果个体没有焦虑、愤怒、抑郁等负面情绪,更相信自己能成功地解决问题,自我效能感就会因积极的情绪而得到增强。个体可以通过合理饮食、减压以及身体锻炼调节自己的生理唤醒水平,从而增强应对事件的力量、精力和能力,以积极的生理唤醒和情绪体验来增强自我效能感。

五、学习观念的转变:从输入到输出、从被动到主动

美国学习专家埃德加·戴尔于1946年提出了"学习的金字塔理论",该理论通过实验方式验证了八种学习方式下,经过两周后学习者对知识的掌握程度:"听讲(听人讲授或者讲演)"的保持率为5%、"阅读(看书、材料等领会其内容)"的保持率为10%、"声音图片(听声音、看图片)"的保持率为20%、"示范演示(学生参与课堂表演和角色扮演)"的保持率为30%,这四种学习的保持率均在30%以下,被称为被动学习;"交流讨论(对某一问题进行商量或辩论)"的保持率均为50%、"实践(做中学,实践演练)"的保持率为75%、"教授给他人(向其他人教授知识,对所学知识立即运用)"的保持率为90%,这三种学习的保持率在50%以上,被称为主动学习。这一理论说明,不同的学习方法会产生不同的学习效果。

很多学生和家长对学习普遍有一种片面的理解,认为学习就是听课。根据上述理论可知,上课听讲的学习效率很低,听讲的吸收率最高为30%,也就是说听课环节最多决定学习效率的30%,70%还要靠自己通过其他学习方式去理解、消化和吸收,提升学习效果最好的学习方式是交流讨论、实践演练和将知识教授给别人。

一个完整的学习过程包括知识的输入、加工、输出三个过程，在听讲的基础上，进行思考理解才能对知识进行加工从而将他人的知识转变为自己的认知，在加工的基础上再表达出来就完成了输出过程，所以学生要想提升学习效率，不能只从输入端想办法，因为解决问题的关键点在加工和输出端。通过多种渠道补课、搞题海战术仍然不能取得较高的成绩，就是因为学生只从输入端提升学习效率，而在复习时注重对知识体系进行整理、加工并能将所学知识与他人分享的同学往往获得好的成效，就是注重从加工和输出端提升学习效率的结果。能够用自己的语言将所学知识表述出来讲给他人听，是学习的最高级阶段。

下面以上课为例，讲解如何将输入模式转变为输出模式，变被动学习为主动学习。首先，通过预习环节，提前了解学习任务，找出不能自我消化理解的问题出处，带着问题和任务做好上课准备，这样的心理准备下学生求知欲最为强烈。其次，在上课过程中学生可以主动回答老师问题并就不解之处主动向老师发问，调动自己的求知欲望，提升知识吸收的效率，这一过程切忌有问题不敢提问或者害怕出错放弃提问，那就意味着放弃了学习的机会；接着是课后复习环节，通过消化、吸收、理解和补充资料充实自己的知识体系，把碎片化的知识转化为系统的知识体系，建立各知识点之间的思维导图（知识图谱）。最后，把这个系统化的知识体系用自己的语言表述出来，讲给他人听。这是一次语言表达和思维逻辑能力提升的过程，在讲解的过程中，一般会再次发现问题或者面临他人的发问，讲述者可以聚焦这些问题发现自己的知识盲区，激发自己产生更多思考，再次进行重点复习，继续提升学习效率。这一过程不仅有认知的提升，还伴随着学生自信心的建立，自我效能感的增强，意志品质和讲演技能的锻炼，有利于学生身心全面发展。

需要强调的是，输出有很多种方式，可以是讲解、记录，也可以是考试、解决实际问题等，比如利用下课后的几分钟将课堂内容提炼成一些关键词或者一段话，复习时画一些知识图谱，做试题分析等，输出的目标是发现问题，找到自己的知识盲区，从而重点突破自己的认知弱点部分，切忌只刷题不做反思。

第二节　记忆、思维、潜能开发与学习

一、学习与记忆

（一）记忆的特征与学习

记忆是一个复杂的心理认知过程，包括识记、保持、再认与回忆三个基本环节，分别对应知识的输入、知识的储存和知识的输出。这三个环节是相互联系和相互制约的。识记和保持是再认与回忆的前提，再认与回忆又是识记和保持的结果，能进一步巩固并加强识记和保持。

记忆的内容是多种多样的，归纳起来不外乎两个方面：一方面是抽象的词，另一方面是有关事物的形象。一般把后者称为表象，比如人们回想起熟人时，头脑里会呈现出熟人的笑容样貌，它是记忆的重要内容。按照内容和性质的不同，可以把记忆分为形象记忆、词语记忆、情绪记忆和动作记忆等。①形象记忆也叫表象记忆，比如人们对家乡景物的回忆就属于形象记忆。又如，在考试中，有时考试内容想不起来了，但是力图回忆考试内容在笔记本的哪一页、那一页的哪个地方或者老师讲授这些内容时的场景，这样通过形象记忆就可以把过去记忆的内容再现出来。②词语记忆也称为逻辑记忆，是以概念、判断、推理等形式为内容的记忆，如数、理、化的公式、公理、定理、定律等。③情绪记忆是以体验过的情绪或情感为内容的记忆，如有的人不敢一个人待在黑暗的地方，处在那样的环境中会惊恐万状、毛骨悚然，为什么会这样，他们也说不出原因来，这就是情绪记忆。④动作记忆是以做过的运动或动作作为内容的记忆，如一个人幼年时学会打乒乓球，之后没有机会再打，成年后重操球拍，虽然开始会感到生疏，但与不会打乒乓球的人相比还是不一样。写字、绘画、打拳、游泳和骑车等，均依靠动作记忆。

（二）记忆的过程与学习

学过的知识要想保留在大脑中，一般要通过瞬时记忆、短时记忆和长时

记忆三个阶段来实现。

第一个阶段是瞬时记忆,也叫感觉记忆,其特点是将信息以感觉储存的形式"登记"到大脑中,具有鲜明的形象性,保持的时间很短,为0.25~2秒。瞬时记忆的容量比短时记忆要大,它的内容一旦受到特别的注意,就转入短时记忆,如果没有受到注意,很快就会消失。瞬时记忆最典型的例子是视觉后像,看电影的时候,人们之所以能将一系列断续出现的画面看成连续的,就是由于视觉后像的存在。

第二个阶段是短时记忆,其保持时间在1分钟以内,如学生上课时边听边做笔记,医生边询问患者的病情边写病历,打字员边看文稿边打字等。短时记忆有以下一些特点:一是从功能上看,短时记忆是操作性的,有时也称作工作性记忆,也就是说,这时记忆某事物是为了对该事物进行操作。人的大多数活动都是多环节而又连续性的,如果没有短时记忆则无法进行。二是从容量上看,短时记忆的容量为7±2组块。凡在经验中形成密切联系的若干项目,均可以作为一个单元,心理学上称此单元为组块。三是从编码上看,短时记忆对于字母、字词和句子这些言语信息来说倾向于听觉编码,对于大量的非言语材料,视觉编码也许更为重要。

第三个阶段是长时记忆,是指保持时间在1分钟以上至数十年的记忆。长时记忆主要是对信息进行语义编码。比如呈现一个词单:老师—火车—苹果—飞机—草莓—司机—医生—轮船—西瓜。当回忆词单时,人们往往打乱原来的顺序,将老师—司机—医生、火车—飞机—轮船、苹果—草莓—西瓜分别联系在一起,即按意义加以整理、归类、储存和提取。人的长时记忆多经语义加工,其编码方式也有听觉编码和视觉编码的情况。

需要强调的是,储存编码方式对知识的提取起着重要的作用,因此要想使知识变为长时记忆,不仅要注重视觉编码和听觉编码,还要经常使用语义编码,也就是经常说的意义记忆,让有意义的理解和知识之间产生联系。运用多种感觉器官相较于使用一种感觉器官,能够在知识的提取中提供多种线索,记忆效果要好很多。比如在学习英语的过程中,一般要锻炼听、说、读、写四种技能,有些学生觉得学习英语就是背单词,把大量的精力投入背单词和学语法的过程中。这种记忆方式仅仅使用了听觉编码和视觉编码,缺少输出性的说和写的过程,效果自然不够好。如果学生能够在生活中注重与同学之间的英语对话交流、每天坚持写英语日记，赋予英语学习更多意义性的理解，那么其英语水平就会大大提高。

（三）记忆的品质与学习

衡量记忆力水平的高低，通常是从记得快慢、正确与否、储存时间长短、能否顺利提取四个方面来考察，这就是记忆力的四个品质。培养记忆力需要从四个方面入手。一是记忆的敏捷性：记得快慢；二是记忆的精确性：记得准确与否；三是记忆的持久性：记得是否牢固；四是记忆的备用性：提取记忆中信息的快慢。一个人要想自己的记忆品质发展得好，就要在记忆中培养记得快、准、牢，并且能在该用的时候顺利提取出来的能力。

首先，要明确识记的目的与任务，在理解的基础上记忆。对于任何一个事物，只有打算记住，才能真正记得住，如果没有预定的目的和任务，即使对于多次见过的事和物也会熟视无睹，想不起来、写不出来，所以在识记之初，识记的目的和任务要明确。正如 17 世纪捷克著名的教育家夸美纽斯所强调的，除了很好地理解了的东西以外，绝不能强迫去熟记任何东西。这是因为，所谓理解，就是借助于已经掌握的知识去消化新的知识，并使之成为自己知识结构的一个有机组成部分。这就好比在已经站立牢固的一排拦河木桩中间，又加进了一根新的木桩，由于这根新木桩与原来的一排木桩连在一起，就很稳固。没有被理解的识记材料，则犹如一根孤零零的木桩，与别的木桩没有联系，就很容易被时光的洪水冲走。因此要在理解的基础上记忆，理解是最基本的、最有效的记忆办法。

其次，还要提高对记忆的兴趣。一般来说，在其他条件相同的情况下，凡是能够引起兴趣的事物，就容易记住，也能长久保持。当然，为了提高记忆的兴趣，先要有记忆的愿望，有时还得向自己下达记忆的命令。一旦对某件事物产生了强烈的愿望，兴趣也就会随之而来，它会使大脑的信息接收区形成优势兴奋中心，以热情的态度"欢迎"信息对号入座。

最后，要合理组织复习。复习是"学习之母"，学习任何材料之后，慢慢都会有遗忘，这是正常现象，只有经过不断复习、巩固记忆才能避免遗忘。如何科学有效地复习呢？一是要及时复习。德国心理学家艾宾浩斯研究表明，遗忘的进程是先快后慢，遗忘材料的数量是先多后少，尤其是学习新东西过后的 20 分钟内是遗忘最快的时候,所以针对遗忘的规律,必须在未遗忘之前进行复习,即复习开始时,间隔时间要短,复习次数要多些,以后间隔时间可逐渐加长,复习次数逐渐减少。及时复习,可以使知识有一个比较高的保持量,随着时间的推移,知识的保持量下降的幅度渐慢。由于开始时有一个比较高的保持量,学习起来就显得轻松自如。二是要经常复习,因为每复习一次,都会获得一次巩固记忆、加深理解和增添体会的机会。三是复习时要将全面和重点相结合,以点带面地进行复习。由于前摄抑制和后摄抑制的干扰作用,导致一个学习阶段中处于中间部分的知识最容易忘记,因此在每次复习时应该适当调整一下复习内容的先后顺序,以避免干扰的影响。

(四) 记忆学习策略

学习离不开记忆,记忆的目的是能够达到再认。学生可以利用记忆的特点采取适当的学习策略提升学习效率,比如检索学习、间隔学习、改进记忆方法等。

1. 检索学习

做题、测验、考试等都是检索学习,比如在考试时做选择题,题目当中给出的已知条件会刺激、调动记忆中的相关知识,促使人们作出正确的答案选择,就是对记忆的一种检索。所以,在学习的过程中不要单纯地机械性阅读、反复复习、读书或者研究笔记,也要适当地脱离材料,问自己一些问题。比如,这段话主要讲什么?这些知识与之前所学知识有没有关联之处?试着用自己的话描述出来,达到检索记忆的目的。

2. 间隔学习

研究表明,间隔学习比连续集中学习效果要更好。大家可以做一个实验,教一个幼儿园小朋友讲故事,选取一个故事连续教一个小时,让小朋友进行复述,再选择一个故事每天教 15 分钟,间隔一天教一次,然后让小朋友复述。你会发现,间隔一天教一次的方式比连续教一个小时的方式效果更好,这就是长时记忆的特点。因为信息要长期储存在大脑中需要一个巩固的过程,连续、集中、反复的学习只能产生短时记忆,要想使知识成为长时记忆,需要间隔一段时间进行重新复习和检索。大学课程的排列就是遵从间隔学习的原则,比如理论课程一般一周两次,排 16 周完成授课。大学生在学习中要利用课程之间的间隔时间制订一份适合自己的复习和自测计划,在每次复习和检测中寻找到那些容易被自己遗忘的部分,重新加强学习,增强学习的成效。

3. 改进记忆方法

有意识地学习提高记忆力的方法,找到适合自己的记忆方法并坚持练习下去对于提升学习效果非常关键,以下介绍四种记忆方法。

第一种是分组归类记忆法。在记忆较多材料时,为了便于记忆,可将所记的材料分组归类,加以组合,形成不同的记忆组块(按照短时记忆特征,每个单元可分成 7 ± 2 个组块),可以大大提高记忆效率。需要强调的是,在分组归类记忆时,按自己的分类识记比按别人的分类识记效果好。分组归类不一定只按一个标准,可按记忆材料的技能、构造、性质、大小、颜色、重量、场所和时代等分类。这种记忆法是建立在对材料理解的基础上的,如果对学习材料没有理解,也就谈不上分组归类,因为归类本身就意味着必须通过思维过程的分析、综合、理解的过程才能实现。

第二种是编写提纲法。学习一个较长的材料,对所记忆的内容,通过加工整理将其归类和系统化,并以提纲这种简化的方式保持在记忆中。这种简化的方式不仅便于记忆和保持,而且也便于回忆。编写提纲一般包括三个方面:一是把材料按照意义分成各个组成部分,二是提出每个部分的小标题或提出容易联想的知识支撑点,三是将各个部分按标题或分出的知识支撑点连接成一个系统。

第三种是尝试背诵法。人们记忆材料,常用的有两种方法:一是从头到尾一遍遍地念,念到全背下来为止;二是先念几遍,然后不看书试着背诵,背不出来的地方或遗漏的地方再看书纠正,这样直到全部背下来为止。心理学研究表明,在没有完全记住材料之前就尽早地尝试回忆,是提高记忆效果的重要条件,实验也发现第二种方法比第一种好,并认为最好的比例是阅读占40%,尝试背诵占60%。这种方法比反复阅读效果好的直接原因是在阅读之中插入尝试回答(或背诵)的活动,不但可以使学习的情境生动活泼,而且思考也在起积极作用。其深层原因主要有三个:一是尝试背诵可以帮助人在每念一遍时,都有明确的识记目的;二是它可以使人及时知道自己的学习效果,这对于提高学习成绩非常重要;三是它可以分出已经记住的和尚未记住的部分,把注意力逐渐集中在最难记住的部分上,予以突破。在记忆的过程中，尝试背诵的方式是多种多样的，实际就是自己考自己，可以自己复述，自己默写。如果计划用几个单元时间来学习记忆一份学习材料，要特别注意运用尝试回忆法，这不仅有利于记忆能力的提高，还能加强知识的连续性。

第四种是运用形象记忆法。物体的视觉形象比词的视觉形象和听觉形象容易识记，而且保持度要好一些，因此利用图表、图解和图示等直观形象，把知识之间的联系和关系表现出来，使人一目了然，容易理解，也就容易记忆。利用形象记忆法也是通过形象联想，在大脑中，像电影屏幕一样，一边看着文字，听着词语，一边在脑中的屏幕上描绘形象。应当不断地练习，养成习惯，只有这样，才能在短时间内把所见所闻的事物形象化，很容易地印进脑海并保存下来。那么，如何利用形象记忆呢？首先，就是要把记忆的词尽量换成具体的事物。如由"图书"就想到自己平时最喜欢读的一本书、由"领带"马上想到自己平时最喜欢的一条领带等，总之要想象自己身边印象较深刻的事物，这就是窍门。其次，采用夸张形象的方法记忆。比如记忆"花"，就想象整个一大片花园，万紫千红，百花争艳，这样，就会收到良好的记忆效果。再次，利用图表的想象记忆法。有些学习内容较长，也较复杂，就可以采用画图制表的方式，加深和巩固记忆，因为图表是很直观形象的。最后，把抽象概念形象化。如"真理"一词会让人联想到历史上为真理献身的哥白尼或有关论述真理的哲学家的形象，"全心全意为人民服务"可以让人马上想到雷锋的形象，总之，要想把抽象的、不容易构成形象的事物在大脑中描绘出来，最有效的记忆方法和窍门就是把这些抽象的事物与自己最熟悉的事情联系起来记忆。当然，这需要经常练习，一旦养成习惯也就掌握了这种记忆学习的方法。

二、学习与思维

大脑是思维的主要器官，培养健康的思维习惯，解决大学生存在的种种用脑问题，找到合理用脑的方法是解决很多学习问题的关键。"合理用脑"是因人而异的，每个人都可以根据自己的实际情况找出适合自己的用脑方法，下面介绍几个合理用脑的原则。

（一）勤于用脑

古语云："业精于勤，荒于嬉。"用脑的原理也是如此。科学研究证实，人的大脑在正常情况下大约只有10%在工作，脑的各个功能区都有很大的潜力可挖掘。科学研究证明，长期坚持脑运动，勤于用脑，脑神经根会萌发出更多的新生脑细胞，而且这些脑细胞会变得更加粗壮、树突会变得更丰满，其脑部血管会始终处于舒张状态，给大脑更多的营养和氧气，从而使思维变得更加敏捷。

（二）有规律地生活

1. 采用正确的方法消除疲劳

很多人习惯用抽烟、喝咖啡等兴奋大脑的措施来振奋自己，或以意志来强迫自己战胜疲劳继续学习，或者在自己身体不适的情况下勉强学习，实际上这样做会加重心理疲劳，加重细胞损伤，对机体十分有害。医学研究表明，只有改善细胞的生理过程，才能促进细胞疲劳的恢复，因此，正确的做法是通过增加营养和睡眠来消除学习疲劳。

2. 养成有规律的睡眠习惯

现在有不少大学生习惯晚睡晚起，经常到凌晨才上床睡觉，到了早上上课的时间还没睡醒，严重影响了听课的效率。良好的作息习惯可以保证学生每天有充沛的精力投入学习生活中。充足的睡眠是保证大脑工作的重要因素，因为长时间的工作使大脑皮层神经细胞疲劳，充足的睡眠会消除这种疲劳，恢复脑力。要养成按时就寝、按时起床的良好习惯，不仅需要学生个人的努力，还需要室友之间的相互配合，提倡室友之间要多多体谅他人的感受，这样不仅能够保证每天高质量的睡眠，而且有助于协调好室友之间的人际关系。

3. 交替用脑、动静相依

左、右大脑交替使用、均衡发展对人的全面发展意义重大。著名的物理学家爱因斯坦是左右脑均衡发展的典型例子，他热爱科学和音乐，左右脑并用，取得了惊人的成就。有些学生在学习的时候习惯于听音乐，这也可以起到激发右脑活动的效果，但要注意的是，此时播放的音乐必须是古典音乐、轻音乐或梵唱等，因为有歌词的歌曲、演讲录音带或新闻报道反而会干扰右脑，有害无益。

4. 做适当的体育锻炼

首先，体育锻炼可以通过改善大脑的血液循环，增加脑部的氧气供给，迅速消除大脑的疲劳。科学研究表明，大脑需氧量占人体总需氧量的20%~25%，所以缺氧对大脑影响很大。适当的体育活动，可以使心脏输出更多的含氧血液，全身微血管开放，从而使大脑得到充足的氧和养料，迅速解除在学习过程中产生的疲劳。其次，在运动过程中，大脑会释放出一种叫内啡肽的物质，使人产生轻松、愉快的感觉，平时生活中有规律的运动可以使人保持一个愉快的心理状态。最后，适当的体育运动还可以增强大脑的记忆力。运动往往能体现出一个人的肌肉力量、反应和协调能力，运动过程也是大脑锻炼这几项能力的过程。运动后，大脑皮层的兴奋区和抑制区会发生转换，使大脑兴奋地工作，记忆力达到最佳状态。考试期间，适当的运动可使复习备考和理解能力提高，所以，考试期间无须有意回避体育运动。

5. 掌握自己的"最佳用脑时间"

有的学生习惯于早睡早起，属于"百灵鸟"型，这部分学生可以充分利用早上的时间去完成比较复杂的学习任务。有的学生习惯晚睡晚起，属于"猫头鹰"型，当其他同学都睡觉的时候，他们精力最充沛，那么他们就可以将主要的学习时间安排在晚上，早上好好睡觉。当然，这种方式要谨慎采用，因为毕竟在课堂上通过老师讲课还是能比较高效地掌握知识的，如果衡量下来发现晚上学习的效率并不是很高，还是不要采用这种方式为好。

三、学习与潜能激发

（一）"潜意识"的力量

人类与其他生物最大的不同，就是人类有思想，有创造性。一个人今天所处的环境和人生境遇一定都是他过去创造性活动的结果。人的思维方式决定人的创造性活动，"想什么"才能得到什么，不"想"就不可能得到，因此，所有能力、成就和财富的秘密就在于思维方式。想要做成一件事情，必须先具备相关能力，只有能力具备，才能成功。人们无法运用自身不具备的能力获得成功，所以获得成功的唯一方式就是认识并发挥自身的能力，但是在现实生活中，总是忽略自身的潜能。弗洛伊德提出人的心理有意识和潜意识之分，如果将人的心理比作浩瀚无际大海中的一座冰山，那么意识仅占冰山露出海面的很小一部分，人的心理的大部分被潜意识所控制。如果潜意识能够得到很好的开发对于一个人认知、行为和习惯的影响是非常巨大的，所以一个人如果想要调整、改变和重新认知自己，必须首先意识到"潜意识"的存在，意识到自己是有潜能的。懂得挖掘自身潜能的学生往往会得到生活赋予自己的正强化。比如一位优秀的毕业生在毕业感言中这样写道："我感觉我的内心世界充满着能量，我要告诉我的学弟学妹们，虽然每个人的内心世界都不可触摸，但你必须相信，那里蕴藏着让你走向成功的强大的力量。"

（二）思想与行动相结合

突破学习的瓶颈，关键就是思想和行动必须紧密地结合。定好目标方向之后，在脑海中想象一个成功的愿景图像，越清晰真实越好，在这个愿景的引导下立即行动，专注于做你此时此刻力所能及的事情。

在生活中，之所以会陷入困境，主要源于混乱的思想和不知道自己真正的兴趣所在。为了摆脱困境，必须在杂乱无章中找到内在的规律，并依据这些规律调整自己。因此，清晰的思维和洞察力具有不可估量的价值，它们可以让人们的所有思考过程甚至思想本身都做到有章可依。无目的的努力会让很多人浪费太多的时间和想法，如果能树立一些明确的目标，再得到适当的指引，就有可能产生成效。要想作出成效，必须将精力集中于一个明确的思想与目标，排除杂念，并持之以恒。集中精力的过程就好像通过放大镜观察物体一样：当物体不在焦点上时，影像就不够清晰，看起来一片模糊，可是一旦对准焦点，影像就会变得十分清晰。这就是专注力的力量，学习的过程需要个体专注于某个目标，没有专注力的学习是没有任何效果和意义的。

第三节 学习的意义、动机与习惯养成

一、学习的意义

从心理学的角度来说，学习的意义与个体的奋斗目标、个人能力、学习态度、需求层次等因素有关。一个人如果觉得自己正在做的事情和正在奋斗的目标有意义，并且依靠自身的能力或者得到一定的外界辅助能够实现个人

目标，个体就倾向于以积极的状态投入行动中；反之，如果觉得自己做的事情没有意义或者现有的能力不能够支撑自己实现目标，个体就不会采取行动。因此，找到学习的意义是最重要的学习动机。个体对学习的不同态度会产生不同的学习体验和效果，如果学生认为学习是一项能够提升自己能力的活动，那么他在学习时就会产生愉悦感和成就感，同时也会保持积极的热情投入学习，对学习的目标和要求产生渴望，并乐于在学习行动中实现自己的目标；如果个体认为学习是一项枯燥无味的、让自己感觉痛苦的活动，那么他在学习中更多的体验是学习的焦虑和疲惫等消极情绪，就会对学习产生排斥心理。人在社会化的过程中，发展出竞争意识是自我意识的巨大进步。人的需求层次决定了学习的积极性，比如荣誉感、成就感、自豪感、自我实现感，很多成功的企业家在某个领域获得成功之后往往会转战其他领域，很重要的原因就是原有的领域无法使自己获得成就感，随着需求层次的上升，从学习中获得成就感就使得学习变成生活中必不可少的事情。

大学学习的意义在于，将所学专业与理想建立联系，将所学知识与社会发展建立联系，将理论知识与实际问题建立联系。教育过程中会遇到一些学生对自身所学专业不感兴趣而对其他专业感兴趣的情况，这时候想办法将所学专业和自己的理想建立联系非常重要，让学生获得从当前专业到理想专业学习之间可以转移的可迁移能力，为理想的实现打下良好的基础。除了将专业学习与自己的理想建立联系，学生还要将专业知识的学习与整个社会的发展联系起来。让学生意识到专业学习对社会进步的推动作用，对于学生学习积极性的建立是非常重要的。进入大学之后，学生要首先接受专业教育，对专业发展的历史、现状及前景预测有一个大致的了解，专业前景的预测能够激发学生求知欲与好奇心。培养专业学习兴趣的一个重要途径就是学以致用，在专业学习中找到自己的兴趣点，将兴趣付诸行动，把所学的理论知识与实际问题相联系，更能体验到专业的价值，增强对专业的学习热情。

二、学习动机

（一）学习动机与学习效率之间的关系

学习动机是激发学生保持学习投入的一种内在的心理状态，学习动机适当，学生的学习体验是积极的、轻松的、自觉的、充满力量和乐趣的。学习动机不当主要表现为动机过强或者动机过弱，动机过弱，学生的学习体验一般是被动的、枯燥无味的，动机过强则会陷入学习疲惫和学习焦虑。

耶克斯—多德森定律（Yerkes-Donson Law）说明，人的活动效率与动机强度有关，活动效率和动机强度呈倒"U"形曲线关系，动机过强或者动机过弱活动效率都不高，适中的动机强度下活动效率最高。马斯洛的需求层次理论说明，人在满足了其他基本需求之后还有一项最高级的自我实现的需求，即人有追求成功的成就动机。成就是相对于目标来说的，制定切合实际的目标是关键。如果目标设置得过高，就会导致过度努力，害怕失败的焦虑情绪就会增加；如果目标设置得过低，个体又会极力地去避免失败或者放弃努力，成就感不足。比如，一个学生刚进入大学就定下了一定要考研的决心和目标，每天大部分时间都在钻研考研科目，从而忽视了学校正常课程的学习和大学生活中其他能力的锻炼。如果不能很好地处理正常课程学习和考研课程学习之间的关系，不能很好地发展自己沟通交流、组织协调、心理建设等能力，最终可能陷入自我怀疑的矛盾之中，连正常毕业的目标都无法实现，导致自己在临近毕业时无法以正常心态参加研究生考试。这一案例就是典型的考研动机过强导致的活动效率低下。再如，当前很多大学在毕业要求中不再对英语四级考试设置分数限制，某学生对英语四级考试持"过与不过都无所谓"的态度，因而就不会投入更多精力好好准备复习，最终也导致考试好几次都没有达到及格分数线的结果，就是典型的学习动机过弱导致的效率低下。

学习效率还和任务难度有关，任务难度越大、越复杂，个体的动机水平就越低；任务难度越简单，个体的动机水平就越高。因为人的心理有"自我保护机制"：害怕失败。难度大的任务相较于难度较低的任务，后者失败后的结果对人形成的心理冲击要远远大于前者。这一规律告诉人们，在现实生活中，对于那些难度较低的事情要积极对待，切忌以较低的动机去应付，如果难度较低的任务总是不能完成，将会导致自我积极性的丧失，而对于难度较高的任务，要对结果的期待客观看待，以免打击自我的积极性。

（二）解决学习动机问题的策略

1. 找到自己学习的"最近发展区"

"最近发展区"是苏联教育家维果茨基基于儿童教育提出的一个概念，其具体理论可以描述为学生学习知识的难度应该足够调动学生的积极性，不能太过简单也不能太过复杂，即通过他人的指导和自己的积极努力能够达到一定的水平或者能够解决现实中某个问题。对于大学生而言，每个人的人生阅历不同，接受的家庭教育、学校教育和社会教育具有一定的差异，因此每个学生的"最近发展区"不尽相同。在学习知识和解决问题的过程中，每个学生要根据自己的实际状况设置学习目标，在实现目标的过程中注重能力的提升，而不是单纯以最终结果或成绩来评判自己。学生对学习兴趣在于对某些知识和技能的学习有一定的成效，在这一知识领域表现较好，学生就会投入越来越多的精力去学习这一领域的相关知识，使学习成为一个良性循环，越学越有兴趣。而另一个反面是，学生对某一知识领域的努力见不到成效，对学习产生挫败感和恐慌感，越学越挫败，陷入学习的恶性循环中，就很容易产生"习得性无助"心理，即个体出于寻求自我保护的要求，而选择放弃学习某领域知识或者放弃做某件事情的心理倾向。要避免在学习中产生"习得性无助"，最重要的是学生对学习有成效感。知识的学习是一个由易到难的过程，每个学生的发展水平不一样，所处的"最近发展区"也不一样，学生要想获得成就感就必须找到自己的"最近发展区"，确定好适合自己的目标任务，在实现目标的过程中先解决简单问题，再解决复杂的问题。把复杂的任务进行分解，分解成一个个简单的任务，学生就会从解决简单任务的过程中体验到成就感。避免在学习中产生"习得性无助"的另一个重要方法是，放弃正在突破的难点和知识盲区，给自己一个冷静期，重新寻求学习的目标，让自己从挫败感中"突围"，重新建立自信。

2. 在实践中体验兴趣带来的愉悦感

在学习知识和技能的过程中，如果能够体验到快乐、舒服的感觉，那么学习将变得更为轻松，这就是兴趣的力量。那么如何才能找到自己的兴趣所在呢？凭空想象、凭自己的感觉、参考别人的案例还是依靠自己的实践？相信大家会作出正确的判断：当然要靠自己的实践，实践是检验真理的唯一标准，只有自己亲身体验过更多的选择之后才能知道自己的兴趣在哪里。现实生活中很多学生经常会凭自己的感觉就武断地下结论认为自己不适合哪门课程或者哪个专业的学习，其实是非常不切实际的一种表现。因此，要改变这种消极的观念，首先，应以积极的情绪进行实践后再下定论。其次，在实践的过程中需要专注。幸福心理学相关研究表明，体验"福流"必须在专注投入的状态下才能实现，因为只有专注才能获得愉悦的感觉，才容易培养起学习的兴趣。最后，在实践的过程中还需要与相关他人（如周围同学和老师）之间建立起人际互动。很多兴趣爱好的培养都来自重要他人的指引，很少有人能封闭自我培养兴趣爱好，与他人的交流互动可以借鉴他人的建议与意见引发自我的思考，快速地完成自我成长。比如，一门课程或者说一个专业知识的学习内容是非常丰富的，人不可能对全部内容都感兴趣，有些内容是自己感兴趣的，有些则不是，将老师讲课的内容与同学学习的重点与自己的兴趣点在交互讨论中建立联系，增强学习的成就感，学习兴趣的培养就变得相对容易很多。

3. 从内在动机认知学习的意义

学习的目的和意义在于是否能够促进自己成长。人的学习动机有内在动机和外在动机之分，一个持外在动机的人往往追求的是学习成绩的好坏，持内在动机的人追求的是个人能力的提升，具有内在动机的人往往能在学习过程中获得自我效能感和自我成就感，具有外在动机的人一旦结果不理想就会陷入自我怀疑和自我否定的消极心理状态。由此可见，内在动机是真正驱动人学习的动力。在实际生活中，很多学生注重成绩的好坏，这种观念必须转变，要将注重成绩好坏的外在动机转化为注重个体综合能力、素质和道德品质提升为特征的内在动机。比如，一个毕业生面试建筑类企业，面试官提问了三个问题："你是不是独生子女？""你的家乡所在地是农村还是城市？""你愿意在家乡所在地工作还是外地工作？"该生为独生子女、城市户口，回答更倾向于在家乡所在地工作，尽管该生综合素质很优秀但却没有被录取。事后该生分析求职失败原因，由于建筑类企业经常需要在全国各地做项目，所以招聘人才以非独生子女、农村学生、愿意外出为意向的学生为标准。该生及时对面试结果进行了相关的分析和归因，没有以应聘失败这一外在结果为导向来评价自己，避免了外部结果对自己的影响，没有陷入自我否定、自我怀疑的误区，而是调整方向积极寻求其他途径就业。此后，他备考公务员，最终通过了家乡所在地事业单位的考试成功入职。在对大学生的实际调查中，很少有学生将大学学习或者自己所学专业列为自己的兴趣爱好，因为学习的兴趣（内在动机）很容易被学习成绩（外在动机）所削弱，毕竟能站在成绩塔尖的只有少数学生。有一些学生为了追求成绩的优异，甚至放弃其他的兴趣爱好，"两耳不闻窗外事，一心只读圣贤书"，限制了体育锻炼、沟通交流、情商修炼、组织协调、分析决策、团队合作等其他能力的发展，这对学生的身心健康发展是极为不利的。

（1）学习动机过弱调适对策。在现实生活中，一些学生对学习持消极的认知态度，诸如"学习是为了学历文凭的提升""大学学习就是吃喝玩乐""学习就是为了应付考试"等消极甚至错误的认知。这些同学缺乏求知欲，没有理想和抱负，不能从提升自身能力角度去理解学习的意义，这些认知导致学生不能从内心真正重视学习，也无法调动学生学习的积极性，因此其学习动机是非常弱的，这就需要学生做出改变。首先，要积极调整自己的心态，适应大学生角色的转变，厘清大学学习和中学学习的不同之处，把握大学学习的特点与要求，变"被动"为"主动"，培养独立学习和自主学习的习惯，尽快融入大学学习的环境和氛围中。其次，要逐步了解所学专业，单纯专业知识的学习往往是枯燥无味的，但理论一旦和实践相结合，学生感受到学以致用的乐趣后，就很容易找到专业学习的兴趣、意义和价值。在当今互联网信息异常丰富的时代，学生在学习理论知识的同时，如果不能亲身实践，可以通过查阅理论知识在实践应用中的案例，将理论与实践相结合，学生的学习兴趣也会很快建立起来。除了通过实践学习和查阅资料的方法外，学生还可以通过互动讨论法以及"费曼学习法"等方式，提升学习效率，逐步建立对专业学习的自我效能感，树立对专业学习的自信，保持对专业学习探究的积极性。

（2）学习动机过强调适对策。学习动机过强的同学往往有以下表现：担心失败，急于求成，总想超越他人，制定的目标与自己的实际能力不相符，学习时心理压力很大，对结果和成绩非常看重，喜欢被夸奖的感觉，喜欢用拉长学习时间来提高学习效率，在学习中不懂得"劳逸结合"，常常陷入学习疲劳状态。这类学生一般成绩较好，但在生活中灵活应变能力不足。首先，学习动机过强的同学往往对自己的能力估计不当，不能正确地认知自我。学生要做到正确认知自我和客观看待自己不是一件容易的事情，因为"当局者迷，旁观者清"，有时候可能对别人的优缺点一目了然，却很难认识到自己的不足之处，也很难发现自己的潜能。因此，要正确认知自我，就要学会经常

"反思"。比如每天晚上回顾自己一天的学习收获，哪些方面做得很好，哪些方面做得不到位，进行正确的归因，规划未来采取怎样的举措做出改变等，或者进行阶段性的回顾反思，都能使自己达到尽量客观评价自己的目的，既不好高骛远也不妄自菲薄，踏踏实实学习，走好每一小步，才能收获大的进步。学习动机过强的同学往往会把结果看得很重要，注重奖励和荣誉的获得，即为了某种结果去学习。这类学生往往也不能正确对待外部压力，比如当遇到结果达不到父母的期望、学习成绩的不理想或者受到他人负面的评价等状况时，学生带着沉重的心理包袱进入学习状态就很难体验到学习的乐趣，自然也不容易取得优异的成绩。这一类型的学生，一是需要转变学习理念，在学习的过程中注重知识的积累和能力的提升，而不是一时的荣辱得失；二是要特别注重情绪的调节，防止过度学习带给自己的焦虑和疲劳感，学会通过体育锻炼和音乐放松等方式使大脑得到适当的休息和恢复。

三、学习习惯的养成

（一）习惯的养成规律

行为心理学认为一个好习惯的养成至少需要 21 天，即 21 天效应，也就是说一个人的想法或行为重复 21 天就会变成习惯性的想法或行为。习惯的形成要经历"刻意，不自然"（顺从）、"刻意，自然"（认同）、"不经意，自然"（内化）三个阶段。

第一步：顺从阶段。个体仅从外显行为上表现出新的要求、新的理念和新的习惯，但内心深处实质上未发生改变。这一阶段需要一定的外界压力或者强迫个体被动地顺从新的行为。

第二步：认同阶段。个体从内心深处开始认同新的要求、理念和习惯，不再需要外界压力被动适应新的行为，而是主动改变自己适应新的行为习惯。

第三步：内化阶段。此阶段个体已经与新的理念和行为习惯融为一体，新的理念和习惯已经成为个体的一部分。

比如大学生要培养晨读的习惯，在晨读行为实施的前几天（顺从阶段），要十分刻意地去提醒自己，需要强大的自控力和意志力强迫自己去晨读，这时候会感觉到不舒服不自然；坚持一段时间后，到了中期阶段（认同阶段），虽然仍然需要刻意提醒自己坚持晨读，但不舒服的感受逐渐降低，表明学生已经适应了晨读，进入晨读行为带给自己的舒适状态；继续坚持晨读行为，学生无须通过刻意提醒就能达到自觉晨读的习惯，即晨读成为学生无意识的动作和习惯，当学生感受到晨读带给自己的愉悦感和成就感时，晨读就内化为自己的要求（内化阶段）。

（二）习惯养成的影响因素

习惯的养成速度受重复次数、新旧习惯之间的相互干扰以及新的理念、习惯的性质等因素的影响。

新理念、新习惯的形成需要不断地重复，即使简单地不断重复也是十分有效的。21天效应不是说一个新理念、新习惯只要经过21天便可形成，而是21天中这一新理念、新习惯要不断地重复才能产生效应。比如"广告"的作用就在于此。虽然大家都从理智上不相信商品真的能如广告所展示的那般有效，但事实上每个人在消费中都受广告效应的影响，就是因为重复的广告所宣扬的理念已经内化于心。

如果两种习惯、理念在形式上有很大的相似性，但其中某些因素都要求相反的内容时，新、旧习惯之间就会发生相互干扰。例如教书育人与导学育人两者具有很大的相似性，都要求老师作出育人的理念与行为，但教书与导学的育人手段有较大差异，甚至有本质差异，因此要形成导学育人的新理念与新习惯常常会受到教书育人理念的影响和干扰，且旧习惯、旧理念越是巩固，新习惯、新理念的形成就越容易受到干扰。因此在旧习惯、旧理念干扰下学习一种新习惯或新理念，就会时常出现某些顽固性的错误，这些错误来自旧习惯、旧理念中的成分。可见，一个新理念或新习惯的形成需要不断重复，是与旧习惯、旧理念的干扰有密切关系的，这也可以说是产生21天效应的主要影响因素。

人们所说的21天效应是一个笼统的时间概念，强度低的、简单的新理念、新习惯的形成就可能会快一些，强度大的、复杂的新理念、新习惯就可能形成得慢一些。新理念、新习惯的性质对形成的时间也可能会产生影响，具体影响力的大小要看新习惯和新理念的复杂程度，越复杂的任务，形成习惯需要的时间越长。那么，旧理念和旧习惯的改变或消退是否也如同新理念、新习惯的养成一样具有21天效应呢？一般认为要改掉一个旧观念和旧习惯要比养成一个新观念和新习惯花费的时间更长。大家可以做一个小实验：很自然地将两手十指交叉，然后再改变一下交叉方式。感受一下这个小习惯的改变带给自己的不适感觉，尝试改变这个小习惯是非常困难的。养成一个好习惯难，改变一个坏习惯更难，所以在现实生活中要尽量避免坏习惯的形成，在坏习惯出现萌芽时便要尽早地将其扼杀在摇篮中。

（三）大学生如何践行习惯的养成规律

21天效应对学校育人来说，实在是太重要了。学生的许多不良行为习惯、不良错误观念难以改变，新理念、新习惯难以形成，与学生没有按照21天效应的规律办事很有关系，因此学生要学会积极应用这一规律。首先，要认知到习惯和理念对人的发展具有巨大的作用。行为科学研究表明，一个人一天的行为中大约只有5%是非理念行为，属于非习惯的行为，而剩下95%的行为都受理念支配，都属于习惯性的行为。由此可见，理念、习惯在一个人行为中的作用是巨大的，这也是一个人成功的力量所在。其次，要相信理念、习惯是可以改变和养成的。大量实验与实践证明，只要不断重复，习惯、理念是可以改变的，但是由于改变理念、习惯会是一件极不舒服的事情，所以很多人很难克服困难去作出改变，生活中经常有人感叹"朽木不可雕也"，也常有"恨铁不成钢"的说法。但不管怎么说，人的行为是按理念、习惯行事的，不良的理念、习惯不改变，就可能产生不良的行为。因此在改变理念、习惯时，不能因不情愿、不舒服就放弃，必要时还要给予自己一定的压力，特别是刚开始时更需如此，"万事开头难"，没有好的开端，后续改变就不可能。最后，在改变理念、习惯时，一定要遵循顺从、认同、内化三阶段规律，不能盲干，要有耐心，要不断地重复练习，不习不得。

第四节　大学生常见的学习困扰与学习技巧的调整

大学生常见的学习障碍主要表现在学生的学习心态不好和学习目标不明确两个方面。在学习心态方面，大学生从高中时备受关注的佼佼者到成为大学里的普通一员，学习优越感受到挑战以及学习失去原有的支撑点，导致很多大学生感到空虚和无聊，更有甚者在迷茫中浑浑噩噩度日。在学习目标方面，大学的学习目标和高中时期有显著的不同，高中时期的学习目标很明确，就是上大学，进入大学后，在新的学习目标没有确立之前，学习的迷茫和困惑就会持续存在，因此，大学生在尽快适应和了解大学生活的同时，还要随时咨询老师、与朋友和同学交流，尽快建立符合自身实际能力的个人目标，并制订切实可行的规划，为实现目标而奋斗。

一、大学生常见的学习困扰

大学生常见的学习困扰表现在缺乏学习动力、学习焦虑、学习拖延和学习疲劳等方面。

（一）缺乏学习动力及其应对策略

缺乏学习动力主要表现在以下几个方面。①逃避学习：不愿意上课或者上课无精打采，没有明确的学习目标和方向，对知识没有渴求，不能积极地与老师互动，不能积极思维。②缺乏学习自信：学习没有成就感，对自我没有抱负和期望，自尊感较低，甚至自我否定，不相信自己有学习的潜力。③学习专注力差：上课时注意力不集中，容易分心，不能专心听课，不能集中精力思考，易受外界因素干扰，学习知识不够深入，满足于一知半解。④学习倦怠：对学习有厌倦情绪，处于被动应付的局面。⑤学习方法单一：满足于被动接受知识，不能积极主动寻找适合自己的灵活变通的学习策略。

增强大学生学习动力，一是要加强大学生理想信念教育，培养大学生的社会责任感，引导大学生建立合理的价值观念，树立远大的理想目标；二是提高大学生对学习意义的认识，使学生将当前所学内容与自身的成长意义产生联结，找到学习的动力，端正学习的态度，让学生明白学习不是为了考试和完成学业，而是要将所学知识融会贯通，激发学生的求知欲和专业兴趣；三是引导学生设置适当的学习目标，使学习有明确的努力方向，制订切实可行的学习计划，以便科学合理地利用时间和分配精力，做好职业生涯规划；四是加强学生自控力训练和意志品质培育，增强学生学习的自觉性和主动性，引导学生运用"自我强化法"对学习进行自我监督和自我奖惩。

（二）学习焦虑及其应对策略

耶克斯—多德森定律同样可以解释学习效率和学习焦虑水平之间的变化规律，两者呈倒"U"形曲线关系。对于大部分学生来说，个体的焦虑水平适当才能取得最佳的学习效果，过低的焦虑水平和过高的焦虑水平都不利于学习，所以学生在面对学习时不能太过放松和太过紧张，尤其是学习能力较低时，过高的焦虑水平会妨碍学习。在现实生活中，焦虑处处存在，虽然人们普遍认为焦虑是一种负面情绪，但是一定的焦虑能促进个体提醒自己对自己负责，对自己保持一定的期待，促使个体更加努力地作出成就。

大学生学习焦虑表现在焦虑水平过低或者焦虑水平过度，焦虑水平过低表现在学生对学习的不切实际的盲目自信方面，这类学生一般自以为自己很聪明，会过高地估计自己的能力，等到不好的结果真正来临时，这种盲目的自信又会变成深深的自卑。焦虑水平过度表现在：在认知上，总觉得自己学习的内容和知识不够通透，常常怀疑自己的能力，对学习和考试没有信心，过度忧虑，带着很大的心理压力进入学习状态；在情绪上，体会不到学习的快乐，找不到学习的乐趣，对于学习常常处于一种不安的心理状态。要缓解学习焦虑情绪，学生要学会正确地认知和评价自己的能力，在对自己的能力进行综合分析的基础上确立学习的目标和期望，通过正确的情绪调适方法（在本书情绪调节相关章节中会具体讲到），使自己在学习的过程中保持积极的情绪状态，遇到困难和挫折能够正确地归因和调整自我，降低对失败的敏感度，从而建立对学习的信心，总结出一套适合自己的切实有效的学习方式与方法。

（三）学习拖延及其应对策略

在学习的过程中难免会遇到挫折和困难，如果不能正确地看待这些挫折与困难，学生就会产生拖延或者逃避学习的心理。要解决拖延问题，首先是学会制订学习计划，设定合理的目标，并罗列每天的任务清单，将清单中的任务按简单到复杂进行排序，先从解决最简单的任务开始，依次攻克，难度最大的任务放在最后解决，这样的任务安排，有利于避免学生产生自我沮丧和自我否定。解决拖延症的实质是变消极倦怠情绪为积极的情绪。其次要锻炼自己的自控力，即抵御诱惑的能力。比如从认知上来说，很多学生都知道自己应该学习而不是打游戏、刷视频、看影视剧等，但是现实中却抵抗不了游戏或者刷视频的诱惑，这是因为人的大脑中有奖励承诺系统，所做的事情刺激到大脑的某个区域，就会释放多巴胺，刷视频、打游戏等活动都能刺激这一区域，使个体沉迷于这些活动，从而使自己不能集中精力学习。要锻炼自己的自控力，抵抗这些诱惑就必须采取有效的行动中止这些活动，并转向于比较健康的活动方式。研究发现，运动和音乐是最好的取代方式。缓解拖延最重要的是要行动起来，行动的改变远远比态度的改变重要，有时候态度是随着行动的改变而改变的。

（四）学习疲劳及其应对策略

大学生学习疲劳主要表现在生理性疲劳和心理性疲劳两个方面：生理疲劳，主要表现在头晕头痛、浑身无力、腰酸背痛、动作僵硬、肌肉麻木、眼睛酸痛、睡眠不足等方面；心理疲劳，主要表现在感觉迟钝、注意力无法集中、思维迟缓、情绪低迷、性格烦躁易怒等，学习疲劳的整体表现就是学习效率低下。

学习疲劳的本质是学生不会合理用脑，大脑的左右半球分别负责不同的思维活动，如果长时间处于一种活动中，大脑的相应主管区域就会产生疲劳感，因此要懂得交替使用大脑，使相应区域得到休整。产生学习疲劳的原因还在于学生不懂得采用劳逸结合的生活方式，学习是一项非常消耗能量的任务，学习过程中往往需要抵抗各种诱惑，保持一定的自控力。每个人都有过抵抗诱惑的体验，维持自控力要消耗大量的能量，因此需要适当地放松心情和缓解压力，每次学习 40~50 分钟以后，必须给自己 5~10 分钟的放松时间，利用这几分钟进行适当的锻炼，或者听听舒缓的音乐，有利于能量的恢复。在平时学习过程中也要形成有规律的"生物钟"，合理安排作息，把握自己学习效率较高的黄金时间，合理分配难度不同的学习内容。除此之外，还要为自己创设安静、整洁、优雅、通风透气、灯光柔和的学习环境，置身于这样的环境中自己能够感到心情舒畅，容易迸发出学习的灵感。缓解学习疲劳还可以采用冥想放松法和精神松弛法，也可以采用一些强度较小的放松运动，比如舒展、扭动、拉伸等。

二、考试焦虑及其应对策略

（一）考试焦虑的特征

大学生常见的考试焦虑表现为：担心考试成绩不理想，渴望获得好的分数，考前准备不充分，感觉复习时间紧迫，好多内容不熟悉，害怕达不到父母的期望值，考前精神过度紧张，出现多汗、头痛、失眠、肠胃失调等生理障碍，以及注意力无法集中、记忆力减退、思维迟钝、学习效率低下等心理障碍。

（二）考试焦虑的原因

造成考试焦虑的原因有很多：有的学生由于其先天的气质过于内向敏感从而容易产生焦虑情绪；有的学生在考试中对自我要求很高，不容易接受不完美的结果，也容易产生焦虑情绪；有的学生在先前的考试中有过强烈的负面刺激经历如产生晕厥，这些心理障碍没有得到很好的排解处理，而是被压抑在内心深处，当考试来临时，这种相似的情景会激发负面的情绪记忆，从而产生考试焦虑；有的学生将考试的成败看得很重，常常将考试成绩与大学生学业荣誉（如奖学金）、政治前途（如入党）、学业前途（如研究生保送）等的联系看得过于重要，对自己的学业期望过高，如果一次考试影响了这些目标的实现，学生常常归结为自己人生的失败，这种错误的认知模式也会导致考试焦虑的产生；也有的学生平时学习不够勤奋，对知识的掌握程度很低，同时又害怕考试成绩过低，也容易导致焦虑情绪的产生。

（三）考试焦虑调适方式

走出考试焦虑，需要针对出现考试困扰的真正原因，有针对性地进行调节：一是要正确评价自我，端正对考试结果的认识，考试结果只是一种检验学习的手段，不是衡量学习质量的唯一标准，一次的考试不能全面反映自己的能力和认知水平，不以一次成败论英雄；二是要确立恰当的学业期望，结合自己的实力、能力，制定恰当的学习目标，将注意力放在学习和考试过程中，而不是考试结果上；三是要注重平时学习过程中知识的积累，合理规划好复习时间，制订复习计划，利用间隔复习策略达到对知识的巩固；四是要注意考前科学用脑，适当放松，在复习过程中注重劳逸结合，在平时学习中积累一些放松技巧，激发学习的潜能，使大脑能够恢复到健康的状态；五是在平时学习过程中建立对学习的自信，积极主动投入学习状态，逐步找到自己的学习优势，获得学习的成就感，对学习和考试保持良好的心理素质和情绪状态；六是出现考试生理障碍和心理障碍导致自我调节困难的同学应该找学校心理咨询中心的老师进行有针对性的心理辅导，在专业老师的指导下逐步化解心理困惑，调整自己合理应对因考试出现的心理危机。

在现实生活中很多时候考试的确是大学生通往成功的通行证，大学生面临的考试有课程结课考试、各种技能证书考试、公务员考试、研究生入学考试等。要想在考试中取得成功，首先，要对考试进行提前了解，充分利用互联网、朋辈、老师等资源做好考试前的知识、心理、精神和物品准备，做好临考前的复习时间安排。其次，教材、参考书、真题题库等资料是复习的重点，在知识积累过程中遇到不理解的问题先尝试自我解决，如果不能自我解决，可以整理好问题与他人进行讨论交流，在交流中提升自己的认知。再次，在做题过程中要注意知识的整理和复习，题目的考查往往对应着某个知识的重点或难点，一道题做错了，就一定是哪个知识点没有搞清楚，要赶紧记录下来，之后做相应的补习。做题时没有整理习惯的人，往往在考试中不会取得优秀的成绩，整理的同时，还要经常重新审视自己的笔记。最后，学习和考试的最高技巧是将自己学会的知识讲给别人听，即运用"费曼学习法"，从知识的"输入"转变为知识的"输出"，清楚明了地将自己掌握的知识讲给他人听，如果不能讲解清楚，表明自己理解得不够透彻，在讲解中被他人提问，会促使自己发现知识的盲点，在知识"输出"的过程中，既"教"会别人又巩固了自己对知识的把握度，这种在知识上不吝共享的助人为乐行为还能获得他人的尊重，达到一举多得的效果。

三、学习技巧及学习能力的调整

（一）正确认识大学学习，树立成长型思维模式

进入大学之后，学习的内容和形式都发生了很大的变化。我国学者结合

联合国教科文组织对青少年教育的要求和我国的实际情况，对大学生提出了四个主要任务，即学会做事、学会做人、学会与人相处、学会学习。一名合格的大学生在毕业时应该达到以下状态：能够以良好的态度对待生活中遇到的事情，在做事情的过程中能够坚持不懈，善始善终，能够从"做事情"的过程中体验愉悦感和自我成长感；打破"自我中心"观念，树立对自己、家庭和社会的责任感意识，建构符合社会道德标准的价值体系，能够承担应尽的"义务"；有一定的情商水平，能够为自己营造良好的人际关系，懂得人与人之间相互尊重的原则；掌握更多的学习方法，注重知识学习的可迁移能力，树立终身学习理念，为将来走上社会奠定良好的基础，成为社会需要的人才，通过各种途径，利用各种内、外部资源不断充实和完善自己。

成长型思维模式是一种积极看待自我的思维模式，这种思维模式认为人的认知和能力是可以成长和改变的，无论何时开始努力，都为时不晚。因为学习并不是一件轻松的事情，会或多或少遇到一些挫折和困难，持成长型思维的个体在面对学习中的挫折和困难时，倾向于选择直面挑战，坚持不懈，认为只要自己坚持努力就一定会成功，愿意接受新的挑战，愿意为成功做一切尝试，往往能从尝试中获得灵感，最终走向成功。与此相对的是持固定型思维模式的个体，他们倾向于在遇到困难和挫折时认为自己能力不足以应付复杂的任务，从而时常放弃努力，为了避免"必然失败"的局面或得到不好的评价，不愿意去尝试新的方式，最终使自己应有的潜力无法发挥出来。现实生活中，很多学生持有固定性思维模式，比如很多同学在面对竞赛时会认为"反正参加了也不一定有结果"，所以就选择不参加竞赛，在考试成绩不理想时认为"自己确实不如某某某聪明"因而产生自卑心理，在数学学习遇到困难时选择回避，认为"自己就是个文科生，不具备逻辑思维能力"从而放弃学习数学科目等。

（二）提高自律性，培养自学能力

斯坦福大学实施的棉花糖实验证明：自控力相较于智商更能预测一个人的成功。进入大学学习阶段，随着自主安排学习时间的增加，学生需要抵抗各种诱惑，尤其很多学生面临着如何平衡好参加课外活动与学习之间的关系，参加活动有利于学生全面发展，但也需要花费很多的时间和精力。一个学生如果经常忙于事务性的活动，就很难集中精力投入学习和研究中。因此，大学生必须做好自己的规划，包括哪个时间段学习，哪个时间段参加活动，主要参加什么活动等，锻炼自我控制时间的能力，以良好的自律性提高学习和办事的效率。

大学教育的最根本目标在于培养学生的自学能力。理论上讲，大学毕业之后，学生应该有能力自学自己需要的任何科目，自学能力的基础技能是阅读理解能力，检索能力是建立在相当熟练的阅读能力之上的能力。文字是人类区别于其他动物的最根本标准之一，有了文字之后，人类拥有了最佳的知识积累经验共享手段。但是，每个人在出生的那一刹那，实际上与其他的动物是站在几乎同样的起点上，然后要用相当长的时间通过枯燥的学习和反复的实践才能获得文字运用能力，成长为真正意义上的人。阅读理解和检索能力是在知识"输入"的阶段应该具备的基本能力。自学能力表现在知识的"输出"方面，包括对知识的复述能力、写作技能和实践技能，是高等教育阶段学生需要发展的三种重要能力，复述能力就是能够表述所学知识，写作技能更多地体现在对应用文的把握和灵活运用，实践能力是自学能力最终能够转化为真正价值的根本技能。一个学生完整地自学一本书的过程应该有预习（大致了解章节所讲述的主体内容，与前后章节之间的关系）、提问（在阅读内容之前给自己设置一些启发学习的问题）、阅读（了解详细的内容并回答前面环节中提出的问题）、复述（用自己的话语将阅读内容表述出来，可以采用案例辅助解释）、回忆（材料学习完之后试着回忆所学内容，找到学习的薄弱之处）、复习（建立学习内容各个部分之间的内在联系，巩固所学知识）。

（三）充分利用图书馆和网络资源，拓宽学习视野

大学生学习要破除满足于学好功课即完成学习任务的学习观念，不能因为某些课程取得好的成绩就沾沾自喜，要树立终身学习理念，充分利用学校图书馆资源和互联网强大的资源库广泛涉猎知识，培养自己独立学习能力以及对自己感兴趣的领域开展进一步研究的能力，为今后工作的需要或者进一步提升学业做好基础准备。大学生在课程学习中不一定能够全部消化吸收所学内容，难免会遇到无法解决的难题，这时候可以充分利用图书馆和网络资源查阅资料文献寻求解决之策，尤其要重视互联网这个巨大的学习资源库，

学生可以通过其强大的搜索引擎功能找到自己想要的任何资料。许多网站和App平台都是很好的学习园地,利用这些资源学生可以享受到国际、国内一流教师的教学资源。懂得充分利用图书馆和互联网资源,对于学生完成毕业论文写作或者毕业设计起着很大的作用,学生可以方便快捷地浏览、下载、打印自己所需要的资料,可以通过网络在全国各地、全世界图书馆或研究机构中查找资料,极大地拓宽学习视野。

就学习而言,只有更新自己的学习观念,综合运用各种方法途径,融会贯通地学习,才能有效地掌握、运用各种知识。大学里的学习要把自己的心胸和视野打开,在也许是人生中集中学习的最后四年时间里,学会为人处世,学会自学成才,学会融会贯通,学会培养兴趣,让自己成长为对国家、社会、家庭都有用的人。

(四)了解学习进程,改变学习方式

所有的学习过程从进展方式上来看都是类似的,学习的时候,进展和时间之间的关系肯定不是线性的(在确实努力的前提下),而是非线性的。其图形实际上更可能是阶梯状的:有的时候,会很长时间没有一点进展,但是某一刻又会感觉突飞猛进,而后,就又是长长的一段所谓的"平台期"。事实上,在任何一个阶段,总是有一段时间进展缓慢,许久过后,所谓量变到质变的效果才会出现,才可能有突飞猛进的感觉,学习的成效应该是一个螺旋式上升过程。

学生在学习进程中一些不当的学习方式主要表现为:没有制订学习计划的习惯、没有预习环节,上课时不注重与老师形成互动,课后复习力度不够,考试前突击学习,学习过程中不能很好地处理学习时间与学习效率的关系等。因此,大学生要调整学习方式,要重视课前预习环节,以问题为导向,带着疑问和目的进入课堂,很容易在课堂讲解中与老师形成互动,记录课堂笔记,进一步巩固课程互动和课后复习的效果,在平时的知识积累过程中做到融会贯通,形成系统的知识体系,考试就不会出现焦虑情绪。大学学习还应该特别注意学习效率的问题,注意精读和泛读的关系处理,避免出现"钻牛角尖"式的无效率学习。

学生要学会根据自己的优势,选择适合自己的学习方式。每个人的先天

气质性格不一样，所经历的环境各不相同，擅长采用的学习方式也各不相同，比如有良好听觉能力、擅长阅读写作的个体，选择听课学习效果比较好；擅长逻辑思维的个体，利用归类、找规律、作图制表、建立思维导图等学习方式效果较好；擅长人际交往的同学，采用合作学习方式效果较好；喜欢独立思考、有创造性思维的同学，采用自学方式效果也很好；喜欢观察生活的同学，利用实践学习的方式效果较好。采取哪种学习方式，需要学生在实践中去不断摸索和归纳，整合所有学习方式让自己达到最佳的学习状态。

（五）主动听讲，注重学习的参与感

在面对学习时，当一个人不了解相关的背景知识时，就不知道什么是重要的或什么是不重要的。当学生对一门课程不太了解时，就会觉得它没意思或与自己无关，很可能会对该课程不感兴趣，这并不意味着学生不想关注它，而是因为他没有足够的知识使自己知道究竟要关注些什么。开始学习一门新的课程，特别是当讲课的内容是自己所不熟悉的题材时，在上课前必须首先对它进行了解，了解越多听课时的理解就越透彻，就会激发学习的兴趣，如果对这门课程知之甚少，理解课堂内容就会变得非常困难，兴趣也会随之减少。

预习时可以作者对主题的理解为基础，根据相关的背景知识创建一幅章节概要图，用来表述概念之间的关系和作者的思维模式。如果能够在听课前先建概要图，并把它用作课上参考，学生就开始了一个构建知识和创造兴趣的过程。在课程中间还可以通过上课前完成老师布置作业的方式来为主动听讲做好准备。不管老师收不收作业、批改还是不批改作业，学生都要意识到作业的重要性，因为学生能从完成作业中获益，作业作为一种检测学习成效的方式，能够提升自己对旧知识的理解并为新知识的学习做好准备。

在听课的过程中，学生要积极主动参与课程，要尽量往前排坐。比如去听音乐会，或是看体育比赛，人一般会选择坐在尽可能离表演更近的地方，因为那是对人们最有吸引力的地方。离中心舞台越远，人所能感受到的能量级别就越低，参与感就越弱。听课也是一样，离讲台越近，学生的参与感就会越高，能感受到老师带来的能量也就越多，尤其是带着目的和问题听课的学生，其参与感更加强烈，往往更能集中精力地听讲。听课时，要积极对课堂作出反应，即使在课上从不提问或从不做评论，也要对讲课的老师作出反应，这种反应既可以是思维上的反应（内心提问或思想上的评论），也可以是行为上的反应（记笔记或以体态语表示）。

（六）学会记笔记，提升学习效率

埃德加·戴尔的"学习的金字塔理论"说明听课的学习效率最低，短时记忆的容量只有 7 ± 2 个模块，因此必须通过记笔记才能使学习与理解更加深入。最简单的整理已经输入大脑的信息，尽量让他们有序地排列起来的方法就是记笔记。懒得记笔记的人，通常会以为自己很聪明，觉得自己的记忆力不错，完全听得懂，所以就觉得没有必要记录下来。其实不然，记笔记的作用非常多，总结起来主要有以下几个方面：一是提升自己的专注力，使自己保持听课参与状态；二是在听课过程中捕捉"灵感"，记录听课效果和感受；三是遇到"听不懂"的内容需要记下来课下进行消化理解；四是记录下重点内容作为与其他参与者讨论沟通的材料；五是加深对知识的记忆与理解，把握重点与难点部分；六是作为未来新知识学习的"铺垫"，以便于建立知识之间的内在联系。在学习的过程中，都会有这样的感受：不同时期对知识的理解会有不同的含义和层次，同一个知识点，当下的理解和过去一段时间之后的理解可能并不完全相同，甚至有时候会发现，过去的理解并不准确，因此记笔记是学习过程中非常必要的一个环节。

充分利用笔记，使其发挥真正作用。一般来说，那些记完笔记就马上复习的人要比那些不复习的人收获更大。当你来到教室准备上课，或者当你带着问题来到教室时，尽量不要在课前的几分钟里无所事事、胡思乱想。利用这几分钟复习一遍笔记，这样既能"温故知新"，又能加强记忆。

在记笔记的时候需要注意以下几个要点：快速记录笔记可以借助一些符号来简化书写，比如用"YX"来代替"影响"两个字的书写，用星号表示重点复习的部分，用问号表示不理解或者理解不透彻的部分，用圆括号表示需要查阅资料的部分，用下划线表示下一步要研究或是询问老师的部分等；要做到记录的准确性，错误的记录往往会使人难以改变首次印象误导，因此记录笔记要认真，课后及时翻阅笔记，做好标记，及时与老师进行沟通并作出改正；记录笔记时要注意详略得当，越不熟悉、越不理解的地方笔记越需要记录详细，教材中没有的内容也要重点记录；记录笔记要注意结构层次的条理性，以便于建立完整的逻辑思维的体系；记录笔记时内容不宜太过紧凑，要留出复习时加入自己理解、疑问或者补充的空白部分以便于完善笔记。

（七）做好时间管理，保证最佳学习时间

在大学的学习过程中，学生可能会有这样的体会：确定了一个学习目标，制订了详细的学习计划，规定了每天每个时间段的学习任务，刚开始还能够按计划执行，但随着时间的推移，总有一些事情会打断计划。有时候是有作业需要提交，有时候是朋友邀请参加活动，有时候是发现有一部新的电影要看，手机放在手边总有信息提醒，有时候一看信息就会浏览新闻娱乐视频，往往一看就是1~2个小时，不知不觉每日的任务总是无法完成，日子就这样在浑浑噩噩中度过。以上问题是由于大学生没有做好时间管理而造成的。时间管理指个体能够根据自身发展要求合理制订计划、安排和运用时间落实计划以提高时间利用率和有效性的管理方法。

大学生的在时间管理方面出现的问题主要表现在以下几个方面：计划性不强、计划落实难、计划不合理、调整技巧与方法不当、抗干扰能力弱等。计划性不强主要是缺乏奋斗目标的问题，没有学习方向与学习目标，就找不到学习和活动的意义，这时候看似忙碌实则随波逐流；计划落实难主要是学习效率的问题，在计划的执行过程中不能根据具体事件调整工作内容；计划不合理表现在有的大学生勇于规划但对计划任务的设计脱离自身的实际，在时间的分配上比较混乱或者不合理，例如某个时间段安排超出自己能力范围的繁重任务或者白天娱乐时间过多熬夜完成学习任务等；调整技巧与方法不当是指当突然出现预料不到的事务影响计划的顺利执行时，学生不能采取有效的方式去应对这种变化；抗干扰能力弱是指面对诱惑、别人的请求和提议，学生难以勇于说"不"，不能贯彻以"原则"为中心的时间管理方法。大学生是可塑性很强的一个群体，在大学阶段培养时间管理理念对于人一生的成长非常重要，成功总是偏爱于有计划和有掌控力的人，因此大学生要学会有效地管理时间，规划自己的大学时光。

做好时间管理，还要利用好自己的"最佳学习时间"。前面提到过最佳"用脑时间"，每个人的最佳"用脑时间"不一样，决定了最佳学习时间也不

一样。一般来讲，如果在学习实践中某个时间段相较于其他时间段记忆和思维最为活跃，人的整体精神状态最佳，更能够快速高效地完成学习任务，并且完成的任务量最多，那么这个时间段就是人的"最佳学习时间"。在最佳学习时间内一般人的抗干扰能力最强，适合安排一些复杂的、重要的、难理解的、紧迫的学习任务。与最佳学习时间段相比，人一般还会有一些容易分散精力的、学习效率比较低的时间段，这些时间段就可以学习或者操作一些简单的、非重要的、日常的或者娱乐性的事务。在最佳学习时间段如果遇到一些任务冲突，比如出现一些与学习无关的需要处理的事情，这时为了保证学习任务高效率地完成，可以先将这些干扰性事务记录在便笺上，待完成学习任务后去应对解决这些问题。

（八）从"量变"到"质变"，体验学习的成就感

一个人的成长和进步，就是对当下该做的事情精益求精，以高效率的方式把当天的事情做完，那样才能不断地自我超越，把自己的能力发挥到极致，国家和社会的进步正是源于所有超越自我者的共同努力。

如果实现了今天的学习目标，就度过了成功的一天。一个人如果每天都是成功的，就肯定能够成长起来，就像生活中面对纷繁复杂的人际关系，人们很难弄清此间的种种因缘际会，能把握和掌控的就是每天都要全力以赴做好各种小事情，不遗余力地过好每一天。面对磅礴复杂的知识也是一样，人们可能还弄不清楚知识之间的结构体系，但是可以把握好每一个知识点的学习，日积月累，知识的系统结构就会慢慢显现出来。

凡事都要讲究"度"。一个大学生，不可能把全部的时间都花在学习上，更不能奢望在最短的时间里完成超量知识的学习，不能期望今天完成明天的知识目标。学习的知识量的多少并不是衡量成功与否的标识，学习行动的效率才是最有意义的标准，如果你的每次学习都是高效的，那么你将会因为学习走向成功的人生。当你的脑海中闪现着清晰的目标、当你把全部的信念和决心投入每次学习行动中时，这些行动就能变得强大而高效。

学习的最佳方式是把情感的力量和个人的行动相结合，使自己处于精力集中的"心流"状态。如果个体在某个时间、某个地点做着某一件事，而大脑却在思考另一个时间、另一个地方所发生的完全不相干的一件事情，那么

行动必然是低效的，也就不可能成功。但是如果你能把所有的力量都集中到每次行动上，那么无论这些工作任务多么平凡，都会体验到成功的喜悦，最终的成功是此前每一次成功的积累，目标的实现速度就会越来越快。

第五章　学会与周围世界和解

——大学生人际交往心理

第一节　人际交往是人健康成长的基本过程

一、人际交往概述

（一）人际交往与人际关系内涵

在日常生活中，一般人们对人际交往和人际关系这两个概念不做严格区别。但从心理学角度来说，这两个词语是既有联系又有区别的两个概念。

人际交往是指人与人在进行社会活动过程中，所进行的信息传递、思想沟通、情感交流等，进而产生心理上和行为上的活动过程。人际交往侧重于人与人之间进行交流与沟通的过程。

人际关系是指人与人在进行人际交往的过程中，所产生的心理关系或心理距离。人际关系产生于在人际交往过程的基础上所达到的心理状态或行为结果。

从这两个词语的概念上看，人际交往强调心理或行为的过程，是形成人际关系的前提基础；人际关系强调心理或行为所形成的结果，也是人际交往的结果。人际交往产生得早，人际关系产生得晚。稳定和谐的人际关系需要多次长久的人际交往才能形成，而且在人际交往不断重复的过程中，人际关系圈会扩大。每一个人都是社会人，在不同的环境中需要与不同的人进行交往，从生存安全性角度分析，人们通常喜欢在熟悉的环境中与熟悉的人进行交往，也更容易形成稳定的人际关系。因此，一个稳定、和谐的人际关系，对于每一个人的健康发展是非常重要的。

（二）人际交往的发展阶段

人与人在交往过程中所形成的人际关系是复杂多变的，但其中依然存在着一些规律可循，认识并掌握了其中的规律，可以帮助大学生提高处理人际交往的能力，使得人际关系更和谐稳定，从而促进社会的健康发展。社会心理学家欧文·阿德曼和达尔马斯·泰勒等人提出了社会渗透理论来解释人际关系发展的过程。他们认为，人际交往主要有两个维度：一是交往的广度，即交往的范围；二是交往的深度，即交往的亲密程度。人际关系就是人与人之间在交往过程中由较窄范围的表层交往，向较广范围的深层交往。欧文·阿德曼等人认为，良好的人际关系大概经历了四个阶段，即认知定向阶段、情感探索阶段、情感交流阶段、稳定交往阶段。

1. 认知定向阶段

认知定向阶段包含对交往对象的注意、抉择和初步沟通等心理与行为活动过程。在进入一个交往环境中时，人们会先选择交往对象，在确定了交往对象后，会给予其更多的注意，而给予其他人较少的关注或者只是礼貌性地打个招呼。然后，会与已确定的交往对象进行初步的沟通，谈一些无关紧要的话题，以便更深层次地交流。在认知定向阶段，人们只是进行了表层的自我表露，谈论的内容也只是一些自己的客观表象或最近发生的新闻趣事等；同时，对初步交流的信息、行为等进行印象管理，以期待给对方留下好的印象，为进一步进行情感探索做好铺垫。

2. 情感探索阶段

如果在认知定向阶段，在心理上有继续交往的兴趣，那么人们就会进一步地自我表露，如更多地表达自己对工作、学习的情感体验以及表达更广范围的自我认知领域。这时的信息、行为表述已经掺入了个人情感体验，但极少涉及个人的私密性领域。双方的交往行为还会受到各自的角色规范、社会礼仪等方面的约束，符合正式交往的特征。

3. 情感交流阶段

如果在情感探索阶段，双方建立了基本的信任感，也寻找到了志同道合的探讨领域，这时就有可能发展到情感交流阶段，有更深入的情感掺入。双方会谈论一些相对私密性的问题，如相互倾诉生活、学习、工作中的烦恼，家庭中的矛盾等。这时，双方的关系已经超越了正式、规范的限制，交流时比较放松，如果有不同意见也能坦率相告，会站在对方的角度去思考问题，为对方出谋划策。随着情感的深入交流，这一阶段的关系破裂将会给人们带来比较深的情感伤害。

4. 稳定交往阶段

情感交流经过一段时间的顺利进行后，彼此之间的人际关系就会进入稳定交往阶段。双方成为亲密的朋友，可以分享各自的生活空间、情感、财物等，自我情感、行为、心理的表述更加深入，彼此之间的关心也更多。一般来说，能够达到这种境界的关系相当少，这种关系就是人们常说的"千古知音最难觅"。

在心理学上，除了欧文·阿德曼等人研究的人际关系发展阶段外，还有一些心理学家研究讨论了人际关系退化的原因。综合起来，导致亲密程度减弱的原因主要有以下几点。①空间上的分离。如交往的其中一方迁徙到了别的地方，或者两人因为就业、工作发展等分隔两地，而且相距较远，虽然电话、微信、邮件等形式可以保持联系，但是再先进的通信方式也代替不了面对面的交往。面对面的交往是最有温度的、最有情感的，而且空间上的隔离，可能使得交往的频率下降，进而使得人际关系淡化。②新朋友代替了老朋友。随着社交范围的扩大，认识的新朋友越来越多，一些老朋友的联系可能会减少，与老朋友的关系可能会发生退化。③随着交往的深入，可能各自身上的特征与性格会暴露得越来越清晰，其中有些性格特征，可能是对方无法接受的，导致关系疏远。④交换回报水平的变化。人际交往是人与人之间情感上的相互沟通，在彼此的交往中，也需要付出与回报的对等性。人的需求大致可以划分为物质需求与精神需求，人与人可以保持长久稳定的关系，本质上是彼此可以给予对方某种需求，而这种给予是对等的。如果长期地单向付出，得不到回报，那么这种关系也会退化。⑤妒忌或批评。形成稳定人际关系的人们，一般在经济环境、生活环境、工作环境、学习环境等外在客观条件上具有相似性，一旦其中一方的环境发生变化，超越了原有的境况，就有可能使另一方产生妒忌。或者在发生特定事件时双方意见出现明显分歧，一方的严厉批评让另一方在感情上受到伤害，都有可能使得关系退化。⑥对与第三方的关系不能容忍，尤其在亲密关系中，当出现第三者时，会使得原本的关系出现退化甚至正面的冲突与对抗。因为，通常亲密关系是具有排他性的。⑦没有表现出信任、积极肯定、情感支持等行为。当发生一些重大事情时，一方在行为、情感上与另一方没有站在同一立场上，这个时候很可能使得双方关系退化。

二、人际交往的特点

大学是一个特殊的社会，大学生是一个特殊的社会群体，不同的社会群体的人际交往具有不同的特点，当代大学生独特的条件和社会角色使其交往主要具有以下特点。

（一）人际交往的迫切性

作为社会人，交往是人健康成长的必需品。大学生历经高考的拼搏，终于来到向往已久的大学，迫切希望有一个展示自己的舞台，希望得到这里每个人的认可和尊重，对于良好的人际交往有着美好的愿景。初次离开父母、远离家乡，独自一人面对陌生的环境，又极易产生孤独感。大学生的年龄特征，也使得他们对大学的人和物都有着极强的好奇心，迫切地希望与周围的人进行交流，以尽快熟悉这个环境，融入这个群体。因此，大学生对于人际交往更为迫切，有着更强烈的渴求。

（二）人际交往的平等性

大学生人际交往的对象主要是同学、校友，这一群体内的人年龄相近，在社会阅历、身心发展特征、身份角色、认知水平、思想观念等方面也有很大的相似性，尤其是在同一个专业、班级、宿舍的同学之间，有共同的学习任务，而且在大学期间同学之间基本不存在利益冲突。大学生正处于世界观、人生观、价值观不稳定的时期，也是"三观"塑造的重要时期，在人际交往过程中，更注重平等、民主。他们对待朋友一视同仁，也希望他人可以对自己坦诚相待，拒绝居高临下的说教，讨厌与傲慢无礼、控制欲过强的同学交往。

（三）人际交往的理想性

大学生的社会阅历普遍较浅，心智尚未完全成熟，"三观"还极其不稳定，看待社会问题比较简单，衡量对错、判断事物的标准还多基于中学时学到的道德观念和父母的指导，比较理想化，接触的大多是社会的正面、正能量。因此，在与同学之间交往时也是以这样的标准来进行衡量，以心中理想化的标准来要求对方，一旦发现对方的言行违背理想标准，往往会拒绝与其继续交往，关系也不太稳定。

（四）人际交往的丰富性

大学生思想活跃、精力充沛、兴趣广泛、好奇心强，对自然、社会等各类知识都充满了好奇。随着网络技术和信息技术的不断发展，大学生在人际交往的范围、交往方式、交往内容方面更加丰富和多元化。交往对象也不仅局限于同班同学，而是扩展到了同专业、同系、同级甚至所有校友。随着社会对应用型人才的需求加大，现代大学的培养模式也更加注重学生社会实践能力的培养，课程体系的设置中也增加了很多实践类的课程，社团活动项目也更加丰富。学生们参加的各类社团活动、技能竞赛、学科比赛，参与的科研活动、社会公益等各类活动也更加丰富。这些活动使得大学生的社交范围更为广泛，交往内容也更为丰富。

（五）人际交往的情感性

大学生在交往过程中，更看重彼此之间的情感性，对功利性考虑得比较少。大学生希望通过交往可以获得尊重和爱，注重情感的共鸣，而且情感比较单纯、真挚。在交往过程中，对双方的经济条件、家庭背景、社会地位等因素考虑得较少。因此，大学时期建立起来的友谊情感更真挚，维持的时间也更长久。但由于大学生正处于"三观"不稳定时期，经常会感情用事，在处理一些问题的时候比较冲动，容易出现不理智的行为。因此，在人际交往过程中，彼此之间的情感波动性会比较大，但只要经过这段时期，情感就会趋于稳定长久。

（六）人际交往的开放性

除了在校内与各专业、各年级的同学之间进行交往之外，大学生还渴望接触真实的社会，与校外人员进行交往的欲望也十分迫切，尤其是高年级的大学生。部分大学生通过在校期间在校外进行兼职工作，与校外的社会人员有了接触，并可能形成比较好的人际关系，这无疑是一种积极的社会功能，有利于学生走向社会、开阔视野，为毕业之后更好地就业、创业打下一定的心理适应基础。对于学校来说，出于学生的安全考虑，对于学生的校外社交活动范围、交往对象要有一定的了解，并加强日常安全教育，以防危害学生安全的事件发生。

（七）人际交往的恋爱性

大学生正处于青春年华，性心理逐渐成熟，希望与异性交往，并希望在与异性的交往中得到对方的理解、认同、肯定和情感上的爱慕。对此，大学要开设相关的青年恋爱学、大学生性心理等课程，引导大学生树立正确的恋爱观，以及一些正确处理两性关系的技巧，教育学生要自尊、自爱、自重，理性地处理大学期间的恋爱关系。

以上大学生交往的心理特点，说明引导大学生建立良好的人际关系，对于学生的健康成长和身心发展是非常重要的。

三、人际交往的作用

（一）人际交往是身心健康发展的需要

在人类的各种适应性活动中，最重要的是人际关系的适应。每个人都是社会人，在生存与发展的过程中，必然要与他人进行人际交往。人们生活在人与人、人与社会、人与自然相互交往所形成的客观环境中，每个个体对客观环境的影响是微乎其微的，能做的便是去适应环境，调整个人的言行，使得个人在与他人、与自然、与社会的相处过程中，形成和谐的状态。和谐的状态其实是每个人与他人、与社会、与自然相处时最优的状态。拥有和谐的人际关系，在与他人相处时，给自己和他人都留有一定的空间，保证独立的自我。和谐的生存状态，才可以使得自己得到和谐的情绪状态、和谐的身心状态，才可以支撑个人在生存与发展的道路上走得更远。大学生每天要在生活的校园内与同学、老师、管理人员等进行人际交往，为了使自己的身心健康成长，大学生要学会与周围的人和谐相处。

（二）人际交往是信息交流的需要

为了生存与发展，人们要频繁地、反复地与他人进行信息的交流与沟通。这类信息交流也不局限于单纯的语言，可以使用肢体语言、眼神、面部表情，甚至是心灵之间的默契。大学生每天在校园内与他人交往的过程中，一言一行都在向外界传递着信息。大学生正处于身心逐渐成熟的阶段，因此，大学生在与人交往的过程中，要注意自己的言行举止，学会使用恰当的语言、手势、眼神、表情来表达自己要表达的信息，同时也要学会去正确地理解他人传递的信息。一个人对信息的正确表达与理解是心智成熟的表现之一，也是适应社会生存的必备技能。

（三）人际交往是获得安全感的需要

人与动物都有一个共性特征，就是对熟悉的人和环境更加有安全感，在一个有安全感的环境中，才有可能得到更有利的发展。大学生在进入大学后，只有熟悉了周围的人与环境后，才能更好地生活、学习和发展。要熟悉周围的环境与人，就必然要进行人际交往，随着交往频率的增加，使得人与人之间的熟悉度、认可度、和谐度得到了进一步的深化，建立起相互信任的关系。只有建立了彼此的信任，学生在大学的学习、生活中更容易形成共同奋进的团队，为了共同的理想与信念一起奋斗。

（四）人际交往是确立自我价值感的需要

在与他人交往的过程中，每个人都会不断地表达自己的观点，认同或评价他人的观点。交往的过程，就是不断表达自我价值、接受他人价值信息的过程。在这一过程中，每个人频繁地输出价值观的过程，无形当中就是确立自我价值感的过程。这个过程，不是单向的输出，而是相互交往的每个人的各自价值观的输出、碰撞、融合的过程。因此，大学阶段也是塑造学生世界观、人生观、价值观的关键时期。大学生所处的年龄阶段，每个人都积极地表达自身的价值观，同时每个人也在不断地被周围人的观点同化、改变、塑造。每一个大学生在大学期间，通过与各类人群的频繁交往，逐渐塑造形成了个人的"三观"。因此，对大学生的教育、引导的信息必须是正能量的，这对于他们树立正确的"三观"是非常重要的。

（五）人际交往是人生幸福的需要

人在生存与发展的过程中，总会遇到幸运、开心、挫折、坎坷、伤心、失落等各种人生的高光与低谷时刻。在这些特殊时刻，人总是需要与他人分享个人的情感，个人情感的表达与输出会增加人们的幸福感。伤心的时刻与人分享，可以减轻内心的失落；高兴的时刻与人分享，多一份他人的祝福与微笑，会使开心的情绪更多。因此，不论开心与否，每个人都需要与人交往，去分享各自的情感。对于大学生来说，在开心或伤心的时候，就需要与周围的同学、舍友、朋友、知己或亲人进行交流，分享自己的内心情感，使自己得到更好的理解与开导，使得自己的人生更加幸福。

（六）人际交往是促进大学生社会化的需要

人在不同的社交圈内与他人交往，随着社交范围的扩大，人的交往界限也在扩大。对于大学生来说，在进入大学前，社交范围主要是父母、同学、老师、亲戚、邻居等，社交范围、人员都比较单纯、狭窄。进入大学后，社交的范围更加广泛，有不同班级的、不同年级的、不同专业的、不同社团的同学，还有不同部门的老师，在大学还有各类社会实践课程，这要求大学生要与各类社会单位、组织的人员进行交往。对于毕业生来说，进行求职面试、实习等，还要学会与各类社会人员进行交往。随着交往范围的不断扩大，大学生的社交对象越来越广泛，逐渐学会适应不同的社交圈，这个过程就是大学生逐步社会化的过程。在这一过程中，大学生要掌握正确的社交礼仪、安全的社交深度。

四、人际交往的类型

由于年龄、性格、气质、阅历的不同,大学生人际交往的类型大致有以下几种。

(一)按交往的心理模式,可分为建设性人际沟通、服务性人际沟通、维系性人际沟通

1. 建设性人际沟通

建设性人际沟通是指在新的生活、学习环境中,为了自身更好地融入这一新环境,而需要与周围的陌生人发生的一种人际沟通。比如,刚踏入大学校门,要与新的同学、新的舍友、新的老师、新的社团成员、新的管理人员等进行交往;刚踏入社会职场,要与新的同事、新的合作伙伴、新的竞争对手、新的顾客、新的领导等进行交往。建设性人际沟通的交往对象一般是陌生的,或交往的环境是不太熟悉的。建设性人际沟通需要人们具有一定的适应性,以便更快、更好地适应交往的对象或环境。建设性人际沟通所面对的人或环境是动态的,要求人们根据交往对象、环境来调整自身的言行举止,以便达到人际沟通的目的。对于大学生来说,与陌生人或陌生环境的交往都属于建设性人际沟通,在进行这样的沟通时,要及时调整自我,以便达到较好的人际沟通效果。

2. 服务性人际沟通

服务性人际沟通是指人们交往的目的是服务于某一社会团体、某人或者是为了实现自我的某些价值。比如,大学生参加各类社团组织,与社团内的成员进行人际交往。大学生参加社团活动一般是为了发挥个人特长、实现个人自我价值、得到他人的认可。在参加社团活动的过程中,在实现个人自我价值的同时,也是为这个社团发展贡献个人力量的过程,因此,其本质上是服务于这一社团的。每个人自我价值的实现,都离不开为其提供服务的平台,个人服务于平台,同时平台也成就了个人。寻找一个适合自我发展的平台,对于个人的成长与发展是非常重要的。大学生参加社团活动,就是一个彼此服务、共同成就的过程,也是一个引导大学生逐步适应社会的过程。大学生毕业求职的过程,就像参加社团活动,选择适合自己的职业岗位、适合个人

发展的企业平台、可以实现自我价值的团队组织，共同服务、彼此成就。

3. 维系性人际沟通

维系性人际沟通是指人们交往是为了维持和发展已有的人际关系。比如，已经建立的朋友关系，需要时常沟通，相互倾诉一下个人的情感，增进彼此的关系；在与某人或某组织建立起合作关系后，为了以后更多、更好地继续合作下去而进行的交往。维系性人际沟通主要是为了巩固已有的人际关系，从而使自己拥有更好的人脉资源。

（二）按交往的对象与范围不同，可分为同学关系、宿舍关系、师生关系、网络关系和其他关系

1. 同学关系

同学关系是指以学习为主要活动内容建立起来的人际关系圈。对于大学生来说，同学关系是最重要的一种社交关系。校园内建立起来的同学关系一般是比较单纯、和谐的，同学之间的友情也是人生中最美好的。在大学中，学生还会在同学关系的基础上，根据相同的爱好组成新的学习圈、娱乐圈、运动圈、文艺圈等。

2. 宿舍关系

宿舍关系是大学生校园生活中最密切的关系，很多舍友可以相处得情同手足。但也有"反目成仇"的情况出现，尤其是一些性格冲动且习惯于以自我为中心的人，进入大学后，同处于一个屋檐下，如果缺少包容与谦让，非常容易产生矛盾。宿舍关系是大学生交往最频繁，也是最难相处的人际关系。

3. 师生关系

师生关系对于大学生来说，是大学生活、学习中非常重要的人际关系。现代的大学师生关系更多的是民主、平等、和谐的人际关系，但随着大学扩招，学生比重越来越大，大学老师与每位学生接触的时间变得更少，彼此之间的了解也非常有限，因此，当代大学的师生关系都相对淡薄，不像早年的大学师生关系那样深厚。

4. 网络关系

网络关系是指人们通过网络建立起来的人际关系。随着网络技术的发展

和网络平台的发达,人们可以通过网络结识到更大范围的人群,结交更多的朋友。但网络是把"双刃剑",它在给人的交往带来便利的同时,也给不法分子带来了机会。一些别有用心的人利用网络实施诈骗、诱拐等案件屡有发生,或者利用网络传播非法的言论,给大学生输送不健康甚至错误的信息,试图扭曲大学生的认知与"三观"。因此,对于网络信息的监管、筛查非常重要,这需要国家、社会、学校、老师、家长和学生自己共同的行动和努力。

5. 其他关系

进入大学后,学生有了更充裕的时间来实现自我的理想。有些学生为了更早地接触社会或者为了赚取更多的生活费,选择兼职、勤工俭学,但由于大学生阅历尚浅,在选择工作岗位时受到很多限制或诱惑,在这些活动的交往过程中,经常会出现有损个人身心健康的事情发生。因此,大学生在选择兼职时,要谨慎小心,兼职的工作地点、接触的人员要告知父母和老师。在兼职交往的过程中,要把握好"度",理性处理遇到的问题,并及时寻求父母、学校和老师的帮助。

(三)按交往中的主动性,可分为被动型交往、积极型交往和沉静型交往

1. 被动型交往

被动型交往是指人们在交往过程中处于被动状态,自主性比较差,行为、情感易受他人控制或主导。很多大学生在进入大学后,没有父母的安排、老师的监督,一下子不知道自己的生活、学习该如何进行。这时,会对独立性比较弱的学生产生比较大的影响,无形当中,他们就会被动地接受他人的意愿。因此,大学生要学会独立思考,遇事问一下自己的内心应当采取哪种处理方式。

2. 积极型交往

积极型交往的学生大多性格开朗、行动积极,热衷于社团活动、集体活动,对各类事物都充满好奇心,善于沟通,社交能力强,是班级里的活跃分子。在与他人交往的过程中,往往也能更好地表达个人的观点,独立性、自主性比较强,但有时过于自我也会给交往与沟通带来不利,要学会多倾听他人的意见,虚心地采纳合理的观点。

3. 沉静型交往

沉静型交往的学生大多性格内向、孤僻，不善言辞，较少表达个人的观点，一般会附和多数人的意见，社交圈比较窄，交往的人群也比较少，喜欢简单、安静的交往方式，不喜欢热闹的社交场合。这类大学生喜欢独处，交往对象较少，但有正常的社交活动，有自己的独到见解，仅与少数自己信任的人进行交往沟通。

◇ 拓展阅读

人际沟通类型自测[①]

对表 5-1 的各题作出"是"或"否"的选择，然后根据后面的评分标准判断自己属于哪一类人际沟通类型。

表 5-1 人际沟通类型自测题

题目	是	否
1. 我碰到熟人时会主动打招呼。		
2. 我常主动联系友人表示思念。		
3. 我旅行时常与不相识的人闲谈。		
4. 有朋友来访，我从内心里感到高兴。		
5. 没有人引见，我很少主动与陌生人谈话。		
6. 我喜欢在群体中发表自己的见解。		
7. 我同情弱者。		
8. 我喜欢给别人出主意。		
9. 我做事总喜欢有人陪伴。		
10. 我很容易被朋友说服。		
11. 我很注意自己的仪表。		
12. 约会迟到，我会长时间感到不安。		
13. 我很少与异性交往。		

---

① 与人交往时你是哪类人 [EB/OL]. (2015-04-22). https://www.zzyedu.cn/xsgzc/5b/bf/c1051a23487/page.htm.

续表

题目	是	否
14. 我到朋友家做客从不感到不自在。		
15. 与朋友一起乘公共汽车，我不在乎谁买票。		
16. 我给朋友写信时，常诉说自己最近的烦恼。		
17. 我常能交上新的知心朋友。		
18. 我喜欢与有独到之处的人交往。		
19. 我觉得随便暴露自己的内心世界是很危险的事情。		
20. 我对发表意见很慎重。		

评分标准：第1、2、3、4、6、7、8、9、10、11、12、13、16、17、18题答"是"记1分，答"否"不记分；第5、14、15、19、20题答"否"记1分，答"是"不记分。

1~5题得分相加，其分数说明交往主动性水平。得分高说明交往偏向于主动型，得分低说明交往偏向于被动型。

6~10题得分相加，其分数说明交往支配性水平。得分高说明交往偏向于领导型，得分低说明交往偏向于顺从型。

11~15题得分相加，其分数说明交往规范性程度。得分高说明交往偏向于讲究严谨，得分低说明交往偏向于较为随便。

16~20题得分相加，其分数说明交往开放性程度。得分高说明交往偏向于开放型，得分低说明交往偏向于闭锁型。

如果得分居中，不偏向于高分也不偏向于低分，则说明交往倾向不明显，属于中间综合型的交往者。

主动型的人在社交过程中，一般采用积极主动的方式，在进入一个新的环境中，会主动寻找适宜的交往对象，在生活中，也表现得比较自信；即使在交往中遇到一些误解或挫折，也能坦然面对，寻求合适的解决方案。在生活、学习、社交等方面的适应能力比较强，开朗外向，容易与人相处。这种类型的人，比较适合从事处理人际关系比较多的工作，比如教师、营销人员等。

被动型的人在社交过程中，一般采用消极被动的方式，在进入一个新的环境中，不会主动与人交往，通常是等待他人与自己交往；在交流的过程中，一般也较少主动去表现自己,面对各类社交场合,会紧张、恐惧,自尊心强,担心自己表现得不够好,喜欢独处。这种类型的人,比较适合从事机械、电子、计算机等人际交往比较少、人际关系比较简单的工作。

领导型的人在社交过程中,比较强势、自信、独断,而且攻击性强;对个人观念比较执着,对于提出反对意见的一方,会立刻反驳,捍卫个人观点,有强烈的支配欲和控制欲。这种类型的人,适合从事管理型岗位,比如担任部门经理、项目经理、主管等。

顺从型的人在社交过程中,一般不善于表达个人观点,有时自己也没有明确的目标,只是按照他人的安排,按部就班地执行;缺乏创新性思维,喜欢稳定程序化的工作。这种类型的人适合从事一些程序化的工作,比如仓库管理员、非技术类的操作工等。

严谨型的人在生活、学习、工作中,细心周到、计划周全、责任心强,执着、勤奋;对于家庭,有责任心,孝敬尊重父母;对异性要求也比较严苛,周围人对其的评价比较好。这种类型的人适合从事一些要求严谨细致的工作,比如财务人员、金融从业者等。

随便型的人在社交过程中,表现得比较随意,给人感觉缺乏责任感,自由散漫,原则性比较差,做事比较感性,可能会一时冲动,作出不合时宜的事情。这种类型的人适合从事艺术类工作,如担任演员、作家、记者等。

开放型的人在社交过程中,比较随和,易于与人相处;安全感强,容易轻信他人;对于新环境的适应能力比较强,宽容、体贴,善于和不同类型的人交往;不拘小节,乐于助人,社交能力较强。这种类型的人适合从事服务类行业。

闭锁型的人在社交过程中,比较低调,在团体活动中,缺乏合作意识,通常也比较固执己见;嫉妒心强,与他人斤斤计较,不太顾及他人的利益。这种类型的人适合担任编辑、艺术家、农业人员、创造性科学研究人员等。

第二节　大学生常见的人际交往问题与影响因素

一、大学生常见的人际交往问题

（一）认知引起的交往问题

1. 首因效应

人在第一次与某人接触时得到的知觉性的印象最为深刻，而且会对以后的交往产生指导性的作用，这就是心理学上所说的首因效应，即第一印象。首因效应产生的心理学原理是人们在认识事物的过程中，首先来源于对这一事物的感官知觉上的认识。而第一次接触所能获得的知觉信息是非常有限的，人们会对有限的知觉信息根据自己的认知水平进行一个综合性的分析与整合，从而形成一个加工后的"印象"。因为这个"第一印象"是在信息量极其不充分的情况下形成的，其中掺杂了很多个人的认知成分和加工，个人对某一事物的认知加工的成分越多，越容易受个人主观意识的影响，会不客观地强化其中某些信息。以后与这个人的交往，也是在第一印象的基础上进行的信息输入，不可避免地要受到第一印象的影响，而且下次遇到相符的信息会再次被强化，而忽视后面的新的信息，除非后面的信息足够强，才有可能改变原有印象的定式，因而，首因效应难免会有一定的偏见。大学生要重视首因效应，一方面，在与他人进行第一次交往的时候，注意言行举止，给对方留下一个好的第一印象，为以后的交往奠定一个好的基础；另一方面，随着交往的深入，要更加客观地、多角度地了解对方，不要被对方给自己的第一印象局限了。

2. 近因效应

近因效应是指最近、最后的印象，这一印象往往也是比较深刻的，有时可以淡化之前产生的各种印象。近因效应在大学生的人际交往中是普遍存在的。如有的大学生平时表现都比较好，但最近因为某件事情犯了一点错误，就很容易给其他同学留下较深的负面印象；有的大学生平时表现平平，一到评优选先的时候，就刻意在老师、同学面前表现自己，想给他人留下好的印象；有的大学生之间长期交往关系密切，但就因为最近一些小的摩擦，反目成仇，自私自利，完全不考虑平时的友情；等等。

首因效应和近因效应不是根本对立的，它是一个问题的两个方面。一般来说，在与陌生人的交往中，首因效应的影响比较深刻，而与熟人、朋友、合作伙伴进行交往时，近因效应的影响比较深刻。因此，在进行交往时，既要注意留下良好的第一印象，又要注意一贯的表现，要用动态的、发展的眼光看待每一次交往，全面、客观地评价每一个交往的对象，不要受首因效应和近因效应的影响。

3. 晕轮效应

晕轮效应最早是由美国心理学家爱德华·桑戴克于20世纪20年代提出来的。他认为，人们对某个人或事物的判断经常会出现"以偏概全"的情况，即以局部的特征来推断整体的状况，也被称为"光环效应"。大学生在交往过程中，经常会受晕轮效应的影响。比如对于崇拜的对象，会不自觉地放大对方身上的优点，而忽略其身上的缺点，甚至把某些缺点也看作对方身上特有的魅力。

对于大学生来说，在知道了晕轮效应后，在人际交往中要善于运用晕轮效应发挥自身的优点并扩大其优势，弥补其他方面的不足；在认识和评价他人时，也要避免被晕轮效应所左右，要客观、全面地评价交往对象。

4. 投射效应

投射效应是指人们会认为自己身上具有的特征，在他人身上也同样具有，把自己的情感、意志、特性投射到他人身上并强加于人。比如，一个心地善良的人认为周围的人也同自己一样是心地善良的，一个斤斤计较的人认为周围的人也是心胸狭隘的。

投射效应使人以自己的认知去认识他人，而忽视交往对象的真实特性。当交往对象与自己在性格特性上有某些相似之处时，投射效应会使得人们很轻易地觉得对方的其他性格特性也是和自己一样的。投射效应是一种严重的认知心理偏差，在交往的过程中，很容易使得人们根据自己的性格特性去判断他人的性格特性，进而经常对他人作出错误的判断，导致交往上的障碍。

因此，大学生在与他人交往的过程中，要避免投射效应，主观地判断他人的言行，作出错误的决策。要秉持辩证的、全面的态度去认识对象，克服投射效应的影响。

5. 社会刻板印象

社会刻板印象是指人们在交往的过程中，经常主观地根据对方的年龄、性别、职业、居住地区等特性对其进行归类，并根据脑海中已有的这类人的固定形象去刻画现在的交往对象。比如，人们通常会认为老年人比较保守、年轻人更加开放，男性更加心胸豁达、女性更加谨小慎微，老师一般都文质彬彬、商人都精明奸诈等。因此，在对交往对象进行了主观分类后，在此后的交往中，难免会带有一些偏见。

社会刻板印象的形成是人类不断认识世界、适应环境而形成的一种生存经验。在人类历史的发展长河中，人们根据长期交往经验对来自同一种族、地区、性别的人，总结出其具有的某些共同特性，并传授给后人，其本质是为了在以后的交往中可以更快捷、有效地达成交往目的。从这一角度来看，社会刻板印象是出于生存发展所总结出的经验，对同一类人群标识上各类标志，以便于更好地交往与发展。但这些标志对于本身就具有差异性的个体而言，不总是适用和准确的。因此，大学生在与他人交往的过程中，要客观看待对方的一些信息，不要轻易对他人进行概括性的评价，以免产生刻板印象。

以上这五种由认知引起的人际交往问题，都与个人的主观认知有关，即在交往过程中，主观地、孤立地、片面地看待交往对象。因此，为了避免这些主观判断对人际交往产生负面影响，在交往过程中要客观、全面、联系地看待交往对象。尤其是大学生，认知还不稳定，分析问题还不全面、客观，在认识一个人、遇到一件事时，一定要客观、全面、联系地进行分析，运用辩证唯物主义的方法论来认识他人。

(二) 情绪、情感引起的交往问题

1. 恐惧心理

大学生对周围的人和事往往充满了好奇，在进入一个新的环境后，渴望友谊，希望得到更多的朋友。但有些同学自卑、敏感，害怕或避免与人接触，在与他人交往的过程中表现出紧张、恐惧、怯于表达等，或者因为交往中遇到的障碍而变得焦虑、痛苦、自卑，进而影响大学的生活和学习。

社交恐惧是后天形成的条件反应，是经过"学习"而产生的一种心理反应。这种"学习"通常有两种途径。一种途径是自我经历形成的心理阴影，也就是人们常说的"一朝被蛇咬，十年怕井绳"。有些学生由于在以往的交友过程中，被同学的言语行为伤害过，自此在心理上会形成自我保护意识，再遇到类似的人或事，就会更加谨慎小心甚至是回避。如果以往类似的经历比较多的话，就会导致在以后的交友过程中产生恐惧心理，从而拒绝、回避、恐惧交往。另一种途径是"间接性习得"。人在成长的过程中，父母、长辈、老师还有周围的其他人总会根据个人经验传授一些生活经验，学校也会经常给学生讲解、观看一些交友安全方面的视频。当然，所有这些交友安全的教育、警示都是为了学生的健康成长，对于大多数学生的安全成长都是积极有效的。但对于有的学生，如正好有周围的亲戚、朋友遇到过类似交友不慎而遭遇了人身或心理上的伤害，便会给该学生以后的交友带来一定的心理阴影，担心自己的交友是否也会受到伤害，进而产生社交恐惧心理。

不管是哪种原因导致的社交恐惧，其本质都是由心理紧张造成的，只要适当治疗，是可以改观的。首先是消除自卑、树立自信。尽管以往的交友经历或周围人的不幸遭遇使得他们对交友产生了恐惧，但要认识到，作为一个社会人，与人交往是生存所必需的，而且大多数人是友善的、真诚的，不能"因噎废食"而拒绝与他人交往。要自信、勇敢地与人交往，怯懦反而会增加被他人利用的机会。其次是改变自己的性格。一般有社交恐惧的人都比较内向，尤其是对于大学生来说，来到一个新的社会组织中，周围的人都是陌生的，难免产生恐惧与不适。这时要注意锻炼自己，多参加集体活动，尝试主动与他人交往，逐渐使自己成为开朗、乐观、积极的人。最后是学习一些相关安全交友方面的知识，在必要的时候，可以做好相应的心理准备。

2. 自负心理

有自负心理的人往往自视甚高，认为自己样样都比他人强，看不起他人，与人关系疏远。这种人有很强的自尊心，处处争优抢先、爱出风头，一旦在某些事情上表现得不如他人，就会心生妒忌，甚至会因此打击、排斥他人。在他人遇到挫折失败时，不是出手相助，而是幸灾乐祸、落井下石。因此，自负心过强的人，很难有知心朋友。对于其本人来说，也是孤独与寂寞的。

自负心理的产生一般与个人成长的家庭环境有关，尤其是现代的大学生多数是独生子女，从小在父母、长辈的百般呵护下成长，一直都备受宠爱、夸赞和表扬，往往会觉得自己事事都有理、处处都了不起，自我评价过高，夸大自己的优势而忽略个人的缺陷，自以为是，轻视他人。还有一些成绩优秀的大学生，自小在夸赞声中长大，很容易形成自负的心理。但进入大学后，看重的是学生的全面发展，不再"唯分数论"，这时一些成绩优秀的学生如果心理上又过于自负，难免在大学交友时产生障碍。

3. 猜疑心理

过度的猜疑心，会使人不能客观地分析事情的原委，进而作出错误的决策，伤害他人的感情，同时也会使自己处于不利的境地。

大学生要克服猜疑心理，需要注意以下几点：一是遇事要冷静，理智地分析问题，避免情绪冲动作出错误决定；二是要培养自信心，心胸开阔，不斤斤计较；三是随着个人阅历的丰富、学识的增长，要学会全面、客观地分析问题，学会换位思考；四是遇事要及时与相关人员沟通，开诚布公地消除误会，避免个人主观臆断做决定。

4. 自卑心理

在人际交往中，自卑主要表现为对自己能力、外貌、品质的自我评价过低，面对外界对自己的评价承受能力较差，做事谨小慎微、行为畏缩、瞻前顾后等。心理学研究发现，自卑心理的产生主要源于消极的自我暗示。这种暗示主要来自以下四个方面：一是已有的人际交往经历受挫，对自我产生消极的评价；二是自身生理上的某些缺陷引起消极的自我暗示；三是对于自我智力、能力评价过低带来的消极自我暗示；四是对自我性格、品质的评价过低产生的消极自我暗示。

自卑是心理暂时失去平衡的一种心理状态，可以通过补偿的方式来加以调适，这种补偿的方式有积极和消极两种。比如，有的大学生在自己某些方面的能力不足时，不是通过努力进取，而是通过故作姿态，甚至是奇异打扮来招人注意，来补偿自身能力的不足，这便是典型的消极补偿方式。这种消极的补偿方式不可取，大学生应该学会积极的补偿方式，来降低自己的自卑感。

大学生采用积极的补偿方式主要有以下几个要点。一是正确对待失败。

要理性看待以往交友带来的挫败与创伤。人生不如意的事十之八九，要以一颗坦然的心看待世事纷纭。面对失败的交友，保持一颗平常心即可。二是增强自信。大学生正值青春年少，对待新鲜事物要充满自信心与好奇心，勇于拼搏进取，不断进步，增长阅历，增强信心。对于自卑的学生来说，在设定奋斗目标时，要适合个人能力，不宜过高也不要太低，适当的目标水平有助于实现并增强其自信心。三是要学会扬长避短。每个人都有缺点，要学会客观地评价自己，既不沾沾自喜也不顾影自怜，要善于发挥自身的优势，以弥补自己的不足。

5. 嫉妒心理

心理学家认为，人总是在比较中生活的，通常会与生活在自己身边的，且个人能力、相貌、才干、家庭条件比较相同的人进行比较。如果周围的人在各方面一直与自己的状态差不多，那么大家相处的关系会比较融洽，心理感受也比较良好。但如果相比较的对象突然在某些方面超过了自己，这时个体的心里便会产生不快的感受。

产生嫉妒心理是每个人都可能遇到的，也是人的一种本能反应，但每个人反应的程度会不同。嫉妒的心理发展程度大概可以分为三个阶段。最早的嫉妒程度比较浅，往往藏于心底不易觉察，外在表现可能是出于内心的羡慕，并希望自己通过努力也可以实现同样的提升。进一步的嫉妒，可能发生在自己通过努力后，自身境况却不能得到预期的改善，从而心生不满，转而变为对比较对象的嫉妒，从心理上可能已经产生负面情绪。严重的嫉妒，则外在的表现为对比较对象的言语或行为上的伤害，有时甚至可能采取极端的行为，给他人和自己造成身心的伤害。由于嫉妒心理发生的恶性伤人事件，在大学生中也时常发生。

嫉妒心理会给自己与他人带来身心上的伤害，严重影响大学生的人际交往和健康成长，大学生应理智地调整嫉妒心理。具体可以从以下三个方面进行调整。一是培养乐观的人生态度。人生就是一场戏，每个人都是自己人生的主角，大家要做的是尽自己的能力把人生演绎精彩，他人的优秀是自己学习的榜样，而不应该是阻碍自己前进的羁绊。要理性看待他人的成绩，让它成为自己积极进取的动力。二是要充实自己的生活，充实自己的事业，只要把精力用在提升自己的能力上，就没有闲情逸致去计较别人的成败了。三是要与对方密切交往,加深彼此的了解,因为许多嫉妒心理早期就是产生于对某些事、某些人的误解。嫉妒者误认为对方的优势会造成自己的损害,从而心生不满。因此,大学生之间要打开心扉,主动接近,加强心理沟通,避免误会。参加大学组织的各类社团活动、实践活动、小组讨论都可以加深彼此的了解,对于消除误会是非常有益的。

二、人际关系的影响因素

(一)人际吸引力

人际吸引是人与人之间的相互接纳和喜欢。什么原因会使得人们之间产生相互喜欢的情感呢?心理学研究发现,人与人之间的相互吸引需要满足一个假设条件,即与他人的交往可以满足人们某方面的需求。这些需求既可以是直接的(如他人的肯定、赞赏、鼓励、喜爱、物质奖励等),也可以是间接的(如他人俊美的外表给予的美好感觉,他人亲近的言行给予的心灵上的安全,他人良好的品质、修养给予的交往上的心情愉悦等)。

社会心理学家在人际吸引方面的研究发现,人际吸引力主要包括个人吸引力和相互吸引力两个方面。其中,个人吸引力主要来自外貌、才能和人格品质;相互吸引力主要来自熟悉度、相似性、互补性等方面。

1. 个人吸引力

(1)外貌。容貌、体态、服饰、举止、风度、气质等个人的外在因素在人际交往中的作用是很大的。尤其是在初次交往的时候,良好的外貌特征会给人留下良好的第一印象,对进一步的交往是一个好的开端。良好的外貌还会产生晕轮效应,即人们一般认为外貌较好的人品质、性格也会更好,更愿意与其交往。外貌是一个人的名片,就像人们常说的"腹有诗书气自华"。不可否认,用外貌来判断一个人是否值得深交并不准确,但识人先看脸,是人的一种本能。因此,对于大学生来说,学习一些社交礼仪,注重个人的气质修养是非常必要的。

(2)才能。一般来说,人们喜欢与聪明能干的人交往,因为这些人逻辑思维清晰,沟通起来比较快捷,而且在遇到困难和阻力的时候,头脑清晰、思维敏捷的人更容易想到解决的办法,因而人们也更愿意与其交往合作。特别是在某些方面有特长的人，会增加人际吸引力，因为他的特长时常会帮助到别人，有谁会拒绝一个乐于助人的人呢？同时，才能与外貌具有互补性，一个外貌平平的人，如果才能出众，在团队中可以创造更多的价值，往往也会产生更多的吸引力。在遇到困难时，人们更倾向于与其共同讨论沟通，听取其意见，从而形成团队的凝聚力。这时，才能的吸引力远大于外貌的吸引力。

（3）人格品质。人格品质是影响人际吸引力最稳定、最重要的因素。美国学者安德森研究了影响人际关系的人格品质，主要研究结果见表5-2。从影响人际关系的人格品质排序来看，排在前列的积极品质主要有真诚、诚实、理解、忠诚、真实、可信，排在后面的消极品质主要有说谎、装假、邪恶、冷酷、不老实、令人讨厌等。从这些人格品质排序来看，在个人吸引力方面，诚实守信的人格品质最受人欢迎。

表5-2 影响人际关系的主要人格品质

积极品质	中间品质	消极品质
真诚	固执	古怪
诚实	刻板	不友好
理解	大胆	敌意
忠诚	谨慎	饶舌
真实	易激动	自私
可信	文静	粗鲁
智慧	冲动	自负
可信赖	好斗	贪婪
有思想	腼腆	不真诚
体贴	易动情	不善良
热情	羞怯	不可信
善良	天真	恶毒
友好	不明朗	虚假
快乐	好动	令人讨厌
不自私	空想	不老实
幽默	追求物欲	冷酷

续表

积极品质	中间品质	消极品质
负责	反叛	邪恶
开朗	孤独	装假
信任	依赖别人	说谎

注：自上而下，人格品质受欢迎的程度逐渐递减。

2. 相互吸引力

（1）熟悉度。一般来说，人在熟悉的环境中会感觉比较安全，同样，也更愿意与熟悉的人进行交往，而且随着双方交往的频率增加，互相信任、喜欢的程度也会增加。美国心理学家罗伯特·扎琼克在1968年曾做过一项交往频率与人际吸引的实验研究。他将被试者不认识的12张照片随机分成6组，每组2张照片，按以下顺序展示给被试者：第一组照片展示1次，第二组照片展示2次，第三组照片展示5次，第四组照片展示10次，第五组照片展示25次，第六组照片不做展示。在被试者看完所有照片后，当再次向被试者展示全部照片，并要求他们按自己的喜欢程度将照片进行排序时，发现了一个明显的现象：照片被展示的次数越多，排在前面的机会越大。从这个实验可以看出，彼此交往越多、相互越了解，就越有吸引力、越容易建立良好的人际关系。大学生之间的深厚友情也是建立在频繁的交往与沟通之上。

（2）相似性。人们喜欢与自己相似的人交往，这里所说的相似不是外貌特征的相似，而是性格、习惯、思维、认知上的相似。这些方面的相似性，可以使双方对同一事物、问题更容易达成一致的看法，有种心有灵犀的感觉。曾有一项实验：研究者让互不相识的17名大学生住在同一宿舍，对他们的亲密化过程进行跟踪研究。研究结果发现，在见面初期，人们通常与距离近的人首先成为好伙伴，但随着交往时间的推移，在性格、习惯、认知、价值观上具有相似性的人逐渐成为好朋友。

（3）互补性。人们喜欢那些与自己的性格、品质相反的人。选择与自己个性相反的人交往，对于双方的个性可以起到互补的作用。互补性与相似性看似具有矛盾性，但从角色作用的观点来看却是一致的。

（二）人际信任

1. 什么是人际信任

人际信任是个人在交往过程中，建立起来的对交往对象言语、行为、承诺的可靠程度的一种心理期望。早在《论语》和《吕氏春秋》等传统典籍中就有对人际信任的解释和记载，如"民无信不立""人而无信，不知其可也"。研究者认为，人类交往过程中所表现出来的相互信任是生物进化的基础，因为在信任基础上建立起来的合作更有利于提高工作效率，是人类进化过程中产生的一种双赢的心理机制，因此，人们在团队中更倾向于与自己信任的人进行合作。

人际信任产生于人际互动中，是一个动态变化的过程，会随着交往时间、频率的变化而变化。人际信任水平对大学生的人际关系有着重要的影响，通常人们更愿意与自己熟悉的人、与乐观的人交往。

2. 如何提升人际信任能力

（1）有选择性地自我暴露。当你开始把个人信息向他人暴露时，这便是建立信任的标志，而对方同样把个人的信息暴露给你时，这是接受信任的标志。人际关系越好，彼此暴露的个人信息越多，可以说，自我暴露的程度是人际关系密切的标志。但是把个人信息暴露给他人是存在风险的，因为自己信任的对方有可能会利用获取的信息作出对自己不利的事情，所以自我暴露的内容和程度要有所选择地进行，要看交往对象而定，要理性地暴露信息。

（2）理解他人的真实需求。要提升他人对自己的信任，拉近与他人的距离，便要在他人遇到困难时去理解他人的需求，给予恰当的帮助。个人在理解他人需求时，要站在他人的角度去思考问题，才能给他人提供满足其需求的帮助，避免出现"帮倒忙"的情况。彼此之间的相互帮助可以增加双方之间的信任感，坦诚相待，提升彼此之间的人际关系。

（3）对人对己诚实守信。《弟子规》中的"凡出言，信为先，诈与妄，奚可焉"就是说，开口说话，要讲诚信，答应别人的事情，就一定要信守承诺，没有能力完成的事情就不要随便答应，至于花言巧语或者欺诈更是不可取的。《论语》中说："与朋友交，言而有信。信近于义，言可复也。"讲的就是与朋友交往，要讲诚信，约定的事情合乎义理才能付诸实践。如果一个人不能兑现承诺，他人就会降低对其的信任度。

(4) 勇敢迈出信任的步伐。对于一个人或一件事的信任或不信任，都是相对的。相信一个人，把个人的信息暴露给他，本身就要承担一定的风险。对于心态乐观的人来说，在面对某人某事时，只要有大部分的把握，就会选择完全的信任，并在信任的基础上付诸实践去兑现承诺。对于心态悲观的人来说，会过分看重交往对象的缺点或者所遇事情的风险，过分担忧事情的负面结果，使得行为变得迟疑不定、患得患失。

(三) 认知因素

在人际关系中，认知不同的人对他人、对自己会有不同的认识，在看待同一件事情时，认知相似的人，才可能有比较相近的看法，他们有共同语言，能在同一个层面上探讨问题。比如《三国演义》中的诸葛亮与周瑜，即使是立场不同的对战双方，但因为思维、认知处于同一层次，也会有英雄惺惺相惜的感慨。作为一名大学生，就是要不断地提升自己的认知水平，与见识、能力、认知水平差不多或者更高的人同行、交往，获得更多的成长经历。看到光、追逐光、成为光、散发光，你能走多远，要看与谁同行。因此，在大学期间要多与优秀的人交往，逐步成为优秀的人，并帮助别人成为优秀的人。

(四) 情绪因素

人与人之间的交往，其本质是为了满足彼此的某种需求，这种需求大致分为物质需求和精神需求。对于大学生来说，交往主要是为了满足其精神需求。精神需求主要是通过交往，可以带来积极的情绪感受，因此，乐观、积极、外向、情绪稳定的人更容易得到他人的信任。作为大学生，成熟的标志之一就是情绪逐步稳定，能够控制自己的情绪。大学生要学会管理情绪，在危急时刻要冷静思考而不是情绪化地发泄，情绪化的个性并不利于作出理性的决策。情绪化的个性，也不利于人际交往，没有人会喜欢与一个情绪不稳定的人交往，受到其情绪化的负面影响。

(五) 性格因素

性格通常是指人们对人对事的态度以及在行为方式上表现出来的心理特

点。由于性格具有稳定性，因此，在人际交往中由性格因素引起的交往问题更难解决。大学生在交往过程中对人际关系产生不良影响的性格有以下几种。

一是性格孤僻、内向、封闭。这类人喜欢独来独往，认为与人交往会产生心理负担，在人群中感觉不知所措，找不到可以聊的话题。

二是自私自利。当今的大学生大部分是独生子女，有的人在家庭生长环境中形成了以自我为中心的性格，不关心他人，遇到困难时只考虑个人的利益得失，有时甚至不惜损人利己。

三是急躁易怒、心胸狭隘。大学生正处于青春年少、年轻气盛的时期，有的人遇到困难急躁易怒，缺乏冷静沉稳的特质，做事鲁莽草率，受不了半点委屈，且报复心强。

性格缺陷是造成大学生交往障碍的重要因素之一，大学生要经常反思个人特性，首先了解自己的性格特征，然后通过学习一些心理学知识学会控制自己的情绪，弥补性格上的不足。

◇ 拓展阅读

沙子和石头

有两个人是一对好朋友，一起穿行在沙漠中。途中，两人发生了激烈的争执，其中一个人给了另外一个人一记响亮的耳光。被打的人心中很是不快，但是他没有反击，只是深呼吸后什么话也没有说，默默地在沙子上写下一行字：今天，我最好的朋友打了我一耳光。他们继续在沙漠中前行，终于看到了一片绿洲，两人迫不及待地跳进水中洗澡。这时，很不幸之前被打的人深陷泥潭，眼看就要溺死。他的朋友拼命相救，终于帮助他脱离险境。被救的人什么话也没有说，在石头上刻下一行字：今天，我最好的朋友救了我的命。这时，之前打人的那个人问："我打你的时候，你记在沙子上；我救你的时候，你刻在石头上。为什么呢？"被打的人说："当你有负于我时，我把它记在沙子上，风一吹就什么都没有了；当你有恩于我时，我把它刻在石头上，什么时候都不会忘记。因为我们是朋友，我要多反思你对我的好。"说完，两人紧紧拥抱在一起，并肩走出了沙漠。

第三节 大学生人际交往能力的培养

美国人际关系大师卡耐基曾经说过:"一个人的成功,85%靠人际关系及处世技巧,15%靠个人的专业技能。"由此看来,一个人的成功与良好的人际关系是分不开的。当代大学生是未来社会发展的主力军,具备良好的人际交往能力,是个人发展、社会进步的必备能力。

一、遵循人际交往的原则

(一) 尊重原则

人与人之间,因为先天的遗传因素、性格特征、家庭环境的不同,在外貌、能力、气质、性格等方面千差万别。不同的人在社会中从事不同的工作、具有不同的社会身份,但在人格上是人人平等的,每个人都有自己的人格尊严。人格尊严包括对自己的尊重与对他人的尊重。一个人首先要尊重自己,才能得到别人的尊重。马斯洛的需求层次理论提出人的五个层次需求分别是生理需求、安全需求、社交需求、尊重需求和自我实现需求。对于大学生来说,社交需求和尊重需求是健康成长的必要需求。

(二) 真诚原则

真诚原则是指对人对事的一种实事求是的态度。以诚相待是人际交往得以延续和深化的保证,开诚布公地对待他人,才能使对方产生安全感,获得对方更多的信任,双方才能交流更多的信息。正如安德森的研究结果,真诚是影响人际交往的最积极的品质。

(三) 互利原则

人际交往是相互满足彼此需求的途径,这种需求可以是物质的也可以是精神的,人际交往中的互利主要是指精神上的互利。没有无缘无故的付出,人们付出都是期望获得一定的回报,当然人际交往中的回报很难进行等价衡量，因为每个人对同一事物的价值衡量是不同的。交往双方在满足对方需求的同时，又可以获得对方的回报，这样的交往才能逐步地发展与深化。人际交往的频率往往受到预期回馈的支配，如果其中一方在交往过程中只索取而没有相应的付出，那么这个交往就会中断。因此，要保持人际交往的持续与发展，交往双方必须遵循互利原则。互利性越高，交往双方的关系就越稳定、密切；反之，人际关系则会疏远。大学生在人际交往中，要注重对方心理上、精神上的互利性，这是保持良好人际关系的重要因素。

（四）宽容原则

宽容是指对于那些生活、学习中非原则性问题，要本着求同存异的态度，不要斤斤计较。对于大学生来说，在生活、学习中经常会遇到一些不愉快的事情，但一般不会涉及太大的利益冲突，因此要学会宽容，学会忍耐和克制。大学生在人际交往中要不苛求他人，心胸宽广，用自己的包容之心获得更多的朋友。大学时期建立起来的友谊往往是受益终身的财富。

（五）理解原则

理解是深化人际交往的条件，理解不仅仅是知道或了解对方的处境，而是发自内心地关心对方的心情，设身处地地为对方着想，为对方出谋划策，主动用自己的行为来帮助他人。当然因为每个人所处的环境、思维、认知不同，很难做到真正的感同身受，但可以尽可能地站在对方的角度去思考问题，帮助对方解决实际困难。理解基础上的帮助，在地位上是平等的，不是施舍、救济；理解基础上的交往更可以深入人心，获得人际交往的深化。

（六）适度原则

在人与人交往的过程中，交往双方还要把握适度原则。即使最亲密的亲人、夫妻之间，也应该保持独立的私人空间，而不能过度干涉他人的私密，否则不仅不利于人际关系的发展，还可能对现有关系造成误解。在交往过程中，自我表现、忍让、信任、谦虚、言行举止等，都要适度。

（七）自我价值保护原则

自我价值保护原则是指个人对自身价值的意识与评判。在与他人交往的过程中，要包容、理解，但也要保持自我的独立价值，有自己的处事原则。在遇到事情的时候，要有自己的观点、立场，不能人云亦云。同时，也不要随意去改变、否定他人的价值观。改变一个人的价值观是非常难的，有时非但得不到预想的结果，反而给自己带来苦恼。因此，大学生要学会尊重他人的价值观，同时保护自己的价值原则。

二、掌握人际交往的技巧

人际交往是一门艺术、一门学问、一门技巧。学习和掌握一定的人际交往技巧对于改善沟通的效果是十分重要的。人际交往的方式大概可以分为语言式交往和非语言式交往。人际交往就是为了传情达意，通常语言式的交往主要可以实现"达意"的目的，向对方传递信息，表达个人的观点，这种方式的交往通常是主动的。非语言式交往一般以"传情"为目的，向对方传递感性的情感信息，这种方式通常是非主动式的，甚至是无意识的，因此，有时可以通过非语言式的行为，看到别人内心的真实想法。为了更好地实现人际交往传情达意的目的，经常是两种交往方式结合使用，使交往过程更加高效，同时增强人际沟通的魅力，积极参与人际沟通活动，不断积累交往经验。

（一）语言式交往技巧

1. 听的技巧——善于倾听

有的大学生认为自己的人际交往能力比较差，主要是因为自己不善言辞，其实只要留意身边人缘好、朋友多的人，可以发现他们并不都是善谈之人，但无一例外，他们都是非常善于倾听的人。在器官发育过程中，在胎儿时期人们就有了听觉，而在出生后一周岁左右才会说话。因此，在人际交往过程中，学会说话之前首先要学会倾听。倾听是要用心去听对方所要表达的观点、情感，所以首先要有耐心，静下心来听完对方的倾诉，不要随意打断对方。其次要站在对方的立场去思考对方所表达的意思，不要带入个人的情绪，不仅要听其中的部分语言内容，更要去体会对方的情感体验。最后要学会用眼神、肢体、表情等非语言交流方式，让对方感受你对他的尊重与理解。每个人都有倾诉的需求，尤其是当遇到困难、情感创伤的时候，更需要一个人可以静下心来倾听自己的内心。在现代经济高速发展、生活节奏加快的环境中，能找一个愿意倾听自己心事的人不太容易，这时如果有一个好的倾听者，将会非常容易地成为自己的朋友，拓展人际交往的深度。很多时候，人们感觉身心疲惫、情感受挫、压力难耐，就需要一个倾诉心声的对象，有时并不需要对方真的能为自己提供多少帮助，只是希望对方可以耐心地听自己吐露心声。因此，善于倾听，是人际关系深化的关键。

2. 说的技巧——注意交谈方式的选择

说话是对自己观点和情感的直接表达，说话是要给他人听的，因此，要保证对方愿意接受自己所说的内容，才能达到说话传情达意的目的，这就需要掌握一些说话的技巧。一是要选择好说话的内容。说话的内容应该是对方可以理解的，超出对方认知范围的谈话，就像"对牛弹琴"一样，对方完全理解不了你所要表达的意思。二是说话的方式要得体，要根据交往对象的身份地位、谈话的内容场合，采用必要的说话礼仪，善用敬语以表达对对方的尊重。三是说话的语言要精练、通俗、生动，没有人愿意听没完没了的唠叨，话不在多，要说得得体、简练。

说话是人际交往中最重要的一种沟通方式，它可以传递信息、表达情感、解决问题。交谈的方式有许多种，要根据不同的场合选择不同的交谈方式。常见的交谈方式有以下四种。

（1）商讨式交谈。在商讨式交谈中，人们一般是针对某一问题展开讨论，通过各抒己见，对"头脑风暴"式的多种建议的整合、取舍，最终得出解决问题的最优方案。因此，在讨论过程中，各方在地位上要保证平等，这样才能保证得到最有利的解决方案。要充分尊重每一位发言人的建议，认真倾听、分辨其中对解决问题有效的内容，通过整合形成最佳方案。

（2）说服式交谈。在说服式交谈中，谈话的主导方一般是就某一建议、思想通过谈话的方式，使对方接受。从谈话的目的来说，这是一种比较难的交谈方式，因为要转变一个人的思想，如果所讲的内容说服性不够，将是很难实现的，甚至会起到反作用。因此，在进行说服式交谈前，一定要对说服内容、说服论据、说服对象进行充分的了解。历史上有很多知名的外交家，他们成功的根本原因就是把自己的思想用他人能接受的方式传达给对方，以说服对方，而只有对谈话内容、谈话方式、谈话对象的处境和心理等进行全面的分析，才能保证其谈话的效果。在大学期间的说服式交谈，主要是发生在老师与学生之间，这是为了达到让学生心服口服的目的，老师必须提前做好充分的准备。

（3）静听式交谈。在静听式交谈中，谈话的双方一般有明显的主次之分。说话的一方主要是要对某一问题或事件进行描述与表达，当然这可能夹杂着很多个人情感因素在里面；而听的一方主要是要通过静听来获取其中的有用信息，以便给对方一定的反馈。在这样的交谈中，听的一方还要注意对方的情绪反应。

（4）闲谈式交谈。闲谈式交谈一般没有明确的谈话内容，是日常生活中最常见的一种谈话方式。交谈双方一般是朋友、同学、亲戚、邻居等，谈话比较随意，天气、美食、旅游、服饰、生活琐事等可以成为谈话的主题，没有一定的目的性，也不求达到什么效果。这类谈话要保证彼此之间的平等性，谈话方式以轻松愉悦为主。

3. 恰当地运用赞美和批评

赞美不仅是一个词语，它更是一种力量。对他人发自内心的赞美，是对他人人品、成绩、行为的肯定，恰当的赞美会强化这些优良品质。赞美通常是人际交往的美好开端，因此，要善于利用赞美的力量。当然，赞美也要合情合理，不要变成吹捧、恭维别人，让人感到虚伪。

好听的话，人人都喜欢，但适时的批评一样可以增进人际关系。批评一般发生在人际关系已经达到一定深度的朋友之间，朋友之间善意的批评和建议非但不会减损彼此之间的感情，还会更进一步加深彼此之间的感情。正所谓："良药苦口利于病，忠言逆耳利于行。"大学生要正确地对待别人的意见和批评，虚心接受合理的意见和善意的批评。

4. 记住别人的名字和一些私人信息

人们通常对自己的名字看得非常重要，在交往过程中，如果可以轻松地记住别人的名字并自然地叫出来，无形中就让对方觉得你很重视他，给接下来的谈话打开了一个良好的开端。当然，如果是你主动求助于对方，为了避免对方一时想不起你的名字，而使谈话陷入尴尬，在开始谈话前，最好自报家门。同样，记住对方的一些私人信息，如身体状况、个人爱好、专业特长等，在谈话的过程中表示出对他人的关注，也会使谈话更加顺利。

5. 学会拒绝

在人际交往中,每个人难免会遇到不符合自己意愿或能力的要求,为了不委屈自己,也为了使问题得到更好的解决,要学会有效地拒绝别人。《弟子规》里说过:"事非宜,勿轻诺;苟轻诺,进退错。"因此,当遇到超出自己能力范围的事时,要学会拒绝,否则会使自己陷入进退两难的境地。关于如何拒绝他人,有以下几点建议。

(1)简单回应。当你需要拒绝他人时,最好使用简短的语句回应对方,如"对不起,我帮不了你""感谢你看得起我,但是现在不方便"。

(2)给自己一些时间,你会更加有信心去拒绝他人。

(3)区分拒绝与排斥。你拒绝了他人的某些要求,并不要因此而排斥他人。

(4)不要感到愧疚。当他人的要求超出自己的能力时,拒绝好于承诺而无法兑现,不要因此而感到内疚。

(5)做回自己。要明白什么是自己可以做到的,做回真实的自己,不要逞强。

(二)非语言式交往技巧

非语言式交往是指交往双方通过表情、肢体、眼神、声调等非语言行为和人际交往距离等进行信息传递、情感交流的沟通方式。在人际交往中,非语言式交往虽然不像语言表达那样直接,但它可以微妙地传递语言无法表达的"弦外之音"与内心的暗示。在人际交往中,非语言式交往发挥着重要的作用,所以要提高人际交往能力,就应当充分发挥非语言式交往技巧的作用。

1. 眼神与面部表情的合理使用

人们常说,眼睛是心灵的窗户,内心的情绪变化会通过眼睛表露出来。虽然由于眼睛的表情变化很微妙,有时很难被捕捉到,但观察力敏锐的人,能从一个人的眼神、目光中看到其内心的真实想法。个体的情绪变化首先会反映在瞳孔的变化上,人们常说一个人兴奋、高兴、激动的时刻,眼睛都会发光,是因为人们的情绪由中性向愉悦改变的过程中,瞳孔会不自觉地变大;而情绪由中性向厌恶转变的过程中,瞳孔会明显缩小。由此可见,眼睛是情绪外在表达的指示器。另外,在交往过程中,眼神、目光接触也是非常重要的沟通方式。人在交流的时候，要用目光注视对方的眼睛或鼻梁附近的位置，这是一种对说话人的尊重。当然，也不能一直盯着对方，其间要有相应的语言交流或者其他非语言的反馈。

面部表情是另一种可以细微化的情感表达方式。一个成年人的面部由44块肌肉组成，这些肌肉加上缠绕在骨骼上的血管和神经以及光滑、绷紧的皮肤的配合，可以作出足以让人吃惊的5000个表情来。据人类学家研究，人类至少有18种独特的微笑，每一种微笑都微妙地动用了不同的面部肌肉组合，这些面部肌肉组合表达了不同的心态和情绪。一般面部表情的变化很容易被人察觉到，但经过训练，人可以控制自己的面部肌肉，根据不同的场合、交谈对象作出不同的面部表情，达到人际交往传情达意的目的。因此，有时的面部表情具有迷惑性，不一定是真实的内心情感反应，比如在一些正式的社交场合，相关人员礼貌的微笑、礼仪、举止，你很难从外在的面部表情看透其内心情感。因此，在判断一个人的真实想法时，要结合眼神、面部表情、肢体语言等多种非语言表达方式。

2. 肢体技巧

成功的社交达人，不仅要有优美的谈吐，还要有恰当的表情与肢体动作。语言表达的是内在的思想，表情与肢体动作表达的是内在的情感，完美的表情与肢体动作会使交谈显得更加有魅力。

肢体语言是指经由身体的各种动作，从而代替语言来达到传情达意的沟通目的。广义的肢体语言包括目光和面部表情在内，狭义的肢体语言只包括身体与四肢所传达的信息。日常生活中，常见的肢体语言有：鼓掌表示兴奋，顿足表示生气，搓手表示焦虑，垂头代表沮丧，摊手表示无奈，捶胸代表痛苦等。经常可以在表演中看到表演者使用肢体动作来表达内心情感和传递信息，因为很多信息是无法用语言表达出来的，比如极度悲伤时，眼神会空洞，身体会颤抖、蜷缩，四肢麻木等。

在人际交往过程中，要适当使用肢体动作，过多不合时宜的肢体动作会使人觉得故作姿态，或者有时同样的动作使用在不同场合或对象上，会产生不同的效果。比如同学、朋友在久别重逢时，拉拉手、拍拍肩，所表达的是一种亲切的情感，但如果对领导、长辈也这样做的话，就会让对方觉得不被尊重。

3. 声调技巧

俗话说："敲鼓听声，说话听音。"意思是人们在人际交往时，不仅要听说话的内容，还要根据说话者的语音、语气、语调来判断其真实的意思表达。有时同一句话，在不同的场合、用不同的语调，所表达的意思会截然相反。比如，当一个孩子圆满完成一项任务时，父母对他说："你表现得真棒啊！"这里的语调是欢快的，还伴有上扬的嘴角和明亮的目光，或者再加一个暖心的拥抱、竖起大拇指的示意等，这时重音在"真棒"二字上；相反，如果任务完成得不好或者没有完成任务，同样是一句"你表现得真棒啊！"，这时语气是低沉的，眼角和嘴角的下垂、目光暗沉，甚至手臂都是下垂无力的，重音放在"表现得"三个字上，而且说话的语速会拉得比较长，所表达的内在意思则有责备、嘲讽。

一般情况下，柔和的声调表示关心、友爱，尖锐的声调表示恐惧、惊吓，缓慢、低沉的声调表示同情，有鼻音则表示傲慢、歧视等。在人际交往中，要去细细体会语音、语气、语调的细微变化，以正确理解对方的真实想法。

4. 距离技巧

人际距离是人际交往过程中个体身体之间的空间距离。由于人们在交往过程中的性别、环境、地位、文化、信仰等的不同，彼此之间的距离也会不同。交往双方的人际距离不是越近越好，即使最亲密的夫妻关系，也要给彼此留出一定的个人空间，因为每个人都需要自己相对独立的个人空间，这样才会有安全感，而安全感是彼此之间继续交往的前提保障。

美国学者爱德华·霍尔根据相关研究提出了四种人际距离的概念，这一研究可以为大学生的人际交往提供一定的参考。

公众距离：范围为12～25英尺（3.7～7.6米），是公共场合的演讲、宣传等人与人之间的最佳距离。此时的人际沟通往往是单向的，主要是演讲者、宣传者单向的信息传递，受众只是参与信息接收，较少有个人意见的表达。

社交距离：范围为4～12英尺（1.2～3.7米）。交往的双方已经不是第一次发生社交关系，彼此有一定的了解。商业社交活动一般会保持这样的社交距离。

个人距离：范围为1.5～4英尺（0.5～1.2米），是朋友之间的交往距离。彼此之间除了有语言沟通外，还可以感知到很多非语言性交往信息。

亲密距离：范围为 0~1.5 英尺（0~0.5 米），是亲人、恋人、夫妻之间交往时的距离。在这个距离范围内，双方可以感知到对方的气味、呼吸、体温等私密性信息。

（三）积极参与人际沟通活动，不断积累交往经验

人际交往是一种实践能力，实践能力的提高一定要在实践当中实现。大学生要提高自身的人际交往能力，平时就要多参加一些健康、有益的班集体活动、社团活动、公益活动、社区活动、专业实习活动等，并且在活动中积极主动地承担一定的任务，在完成任务的过程中与人沟通、交往，提升自身的人际交往实践能力。

三、建立健康的人际交往模式

美国著名心理学家爱利克·伯奈提出了人际交往的四种基本模式。

（一）我不行，你行

人在最初的生命阶段，主要是依靠周围人的帮助而生存下来的，与帮助自己的人相比，己方是弱者，因而从内心感到无能、无助、自卑。因此，每个人内心都是自卑的，有种"我不行，你行"的无助感。人的成长过程就是逐渐强大自身、克服这种自卑感的过程。大学生在个人逐步社会化的过程中，也是逐步强大自身、克服自卑感的过程，但有些大学生尚未完全摆脱这种自卑心理，总感觉"我不行，你行"。因而，这类大学生在人际交往中表现出不同程度的自卑和恐慌，甚至是社交恐惧症。

（二）我不行，你也不行

有的大学生自身自卑，也不愿看到别人优秀，总去关注他人的不足，拿自己的缺点与他人的缺点比较，觉得原来"我不行，你也不行"，从而寻求一种内心的平衡感。

（三）我行，你不行

有的大学生自我感觉良好，优越感强，总拿自己的优点与他人的缺点进

行比较，骄傲自大，总感觉"我行，你不行"。在人际交往过程中，总以自己的观点为中心，认为自己的决策是对的，听不得他人的建议，把失败的原因归咎于他人。

（四）我行，你也行

成熟、健康的人际交往模式应该是"我行，你也行"，既肯定自己的能力，也欣赏他人的优点。这样的大学生心理是健康的、积极的，传递给他人的信息也是正能量的。在人际交往过程中，他们能与人和谐相处，发现对方的长处，与人精诚合作，也能正视自己的不足，并积极寻求改进的方法。

第四节　大学生与亲子关系

一、认识亲子关系

（一）什么是亲子关系

亲子关系通常指父母与婚生子女、非婚生子女、养子女、继子女之间的关系。一般认为，亲子关系是以血缘关系和共同生活为基础，以抚养、教养和赡养为基本内容的自然关系与社会关系的统一。

亲子关系一般包括以下三方面的内容：一是自然的血缘关系，二是人伦道德关系，三是法定的养育、监护关系和法定的赡养关系。亲子关系的本质是亲情、道德和法律综合形成的一种综合性关系。随着子女和父母年龄的变化，父母与子女之间亲子关系中的情感、道德、法律等成分的地位将会发生变化。在子女年龄较小时，父母与子女之间的关系主要是抚养、监护，其中情感的成分占绝大比重，父母的物质、情感付出占主导，父母具有一定的权威性，子女对父母的依赖比较大。在子女进入成年期后，父母与子女之间的关系主要是相互关爱和彼此之间的情感交流，在地位上是一种平等的关系。在父母年老多病时，父母与子女之间主要是赡养关系，其中道德、法律成分上升，父母对子女的依赖增加。因此，亲子关系明显地表现为阶段性的特征，对于大学生来说,这个年龄阶段的亲子关系主要表现为父母与子女之间的抚养、监护关系,但子女已经具备了一定的独立能力,进入大学后,与父母的生活关联也不像之前那样密切,因而抚养、监护的力度不像之前那样强烈。

(二)亲子关系的重要性

家庭是每个人的第一驿站,父母是孩子的第一任老师,亲子关系是人际关系中的第一层关系,也是人生中最重要、最基本的一种关系。孩子就像家长的一面镜子,家长在面对困难时的情绪反应,会直接影响孩子以后面对困境时的反应。亲子关系对孩子的认知、情感和健全人格的形成具有极其重要的影响。对于大部分大学生来说,第一次远离父母,需要自己独立面对很多事情,包括情感、挫折、创伤、失败等。当大学生面对这些困境时,他们第一反应所采取的行为或情绪,一般都是从父母那里习得的。

当人们遇到困难时,第一反应是停顿,然后迅速作出本能的情绪和行为反应。在这一停顿与反应的过程中,父母面对困境时的反应,在孩子成长过程中会被刻画在孩子的脑海中,这时孩子就会本能地作出同样的反应。当困难来临时,最佳的解决方式是,首先稳定情绪,然后静下心来寻找、整合可利用的资源,寻找最优的解决措施。最糟糕的方式是面对困难,情绪失控或者无休止地抱怨。人在情绪烦躁时,是很难想到好的解决方案的。作为大学生,如果父母给他们树立了良好的情绪榜样,那么他们是幸运的;如果父母的情绪很不稳定,那么他们要学会控制好自己的情绪,建立稳定的情绪,成就优秀的自己。

(三)亲子关系对大学生心理健康的影响

1. 亲子关系对大学生情绪的影响

家庭是孩子心灵的港湾,对于大学生来说,刚刚独立迈向一个小社会,遇到的各类困难都需要得到父母的关心与鼓励。父母的关心与鼓励是孩子走向成熟的后盾,当孩子面对困境时,父母的情绪更应该稳定,给出合理、有效的指导性建议。情绪化的指责、批评不仅无法解决问题,反而会让负面情绪影响孩子的情绪与情感。

2. 亲子关系对大学生人格塑造的影响

青少年人格的形成和发展与亲子关系有着密切关系，不协调的亲子关系对孩子不良人格和不良行为的形成有重要作用。良好、和谐的亲子关系有利于大学生形成健全、完善的人格特性，缺乏沟通和温暖的亲子关系容易导致大学生产生人格缺陷。多数心理学家都认为，童年时期的生存环境，尤其是家庭环境对孩子的人格塑造非常重要。出生时的婴儿就像一张白纸，没有什么社会性，但他有社会性的相关本能。这种本能就是与周围人或物的亲密关系，婴儿会与周围的人建立一种无阻碍的相互联系，这就是社会性本能。这个社会性本能是否可以顺利获得，与人生存的周边环境有关，尤其是亲密关系的人。一个人是主动的还是被动的，是勇敢的还是怯懦的，是乐观的还是悲观的，是自信的还是自卑的……与此人的成长经历息息相关，尤其是与其少年时期的经历以及极端事件的经历有关。这些经历对其人格塑造起到了至关重要的作用，尤其是最密切的亲子关系，对其人格的形成影响最大。

3. 亲子关系对大学生人际关系的影响

对于大学生来说，温暖的家庭成长环境、和谐的亲子关系对其大学的人际关系产生着重要的影响。一般在温馨、和谐的家庭环境下成长的孩子，个性也相对温和，良好的亲子关系让其感受到了爱与温暖，同时也学会了爱他人、尊重他人、接纳他人，是形成良好的大学人际关系的基础。在有家庭暴力、争吵、无爱、不被尊重的家庭中长大的孩子，更易产生孤僻、傲慢、冷漠、暴力、懦弱、焦虑等心理障碍。

4. 亲子关系对大学生自理能力的影响

孩子在家庭环境中承担的角色以及家庭责任，会直接影响他此后在社会生活中的角色与能力。有的孩子自小就是家里的"宝贝"，过着"衣来伸手，饭来张口"的生活，自理能力较差。还有一些父母并没有随着孩子年龄的增长，给予其应承担的责任与角色转变。孩子作为家庭成员的一分子，理应承担一定的家庭责任，少儿时期应该掌握基本的自理能力，随着年龄的增长，父母应该主动让其承担一定的家庭劳动，参与家庭事务的讨论，让其有一定的责任感和承受能力。从小在温室里长大的孩子，是没有抗风险和抗挫折能力的，一旦迈入社会，遇到困难后将束手无策，只会选择逃避。因此，一个人的亲子关系对其后期的自理能力的获得至关重要。

5. 亲子关系对大学生学习状态的影响

一般来说，大学生的学习受到其智力因素、知识结构、学习氛围、教师水平、班风校纪等诸多因素的影响。学习过程大概可以分为教学与自学两种方式。通常教学方式包括教师的"教"与学生的"学"两个环节，各阶段的学校教育都是教学形式，尤其是中小学阶段，以教师的"教"为主，但要转化为学生自身的本领，必须经过学生"学"的过程。所有形式的"教"必须围绕教授对象——学生，以学生获得相应的知识、能力为导向，持续改进这一过程中的各个环节，使其结果不断优化。自学的学习方式更多的是学生的主动学习，同样的"教"，学习结果却千差万别，本质是"学"的过程中的主动性成分的多寡，越是主动的学习，学习效果越好、效率越高。离开学校后学习，更多的是以自学的方式为主，因此，对于大学生来说，尤其在大学期间要培养自身独立学习的能力。自学的学习状态与其成长的亲子关系有很大的联系，一般家庭学习氛围浓、关系和谐、父母恩爱、地位平等的家庭环境，更利于孩子形成较强的自学能力。自学能力是使人受益终身的一种能力，不管身处何种生存环境，只要具备自学的能力与毅力，就会不断地进步。

二、亲子关系的类型

不同的家庭环境会形成不同的亲子关系，下面按依恋程度和父母的教养方式对亲子关系进行分类。

（一）按依恋类型分类

依恋是指婴儿与其主要抚养人（通常是母亲）之间的情感联结，是一种集抚养、依赖为一体的特殊情感关系，也是婴儿情感社会化的重要标志。美国心理学家安斯沃斯等曾经设计了陌生情境测验，根据测验结果将依恋分为以下三种类型。

1. 安全型依恋

安全型依恋是指在婴儿的成长过程中，母亲给予了足够的陪伴，孩子有足够的安全感，在其逐步成长的过程中，对于母亲的离开和陌生人的进入都没有强烈的不适应感。多数婴儿都属于安全型依恋。

安全型依恋的人成年后,人际关系处理比较恰当,不畏惧与人交往,与合适的人也较为容易形成亲密关系,能安心地依赖他人,让他人也有较强的安全感;不会过分依赖他人,也不担心被人抛弃后就无法生存下去。

2. 回避型依恋

回避型依恋也称为无依恋,这类人群在婴儿时期以无所谓的态度对待母亲的在场或离开,实际上并未与母亲建立特别的亲密关系。现实生活中,这类婴儿只占少数。

回避型依恋的人在成年后,很难完全信任他人和依靠他人,当别人与自己比较亲密时,会感觉到紧张,对于亲密的社交关系采取回避的态度。

3. 反抗型依恋

反抗型依恋又称为矛盾型依恋,这类人群通常在婴儿时期没有得到母亲足够的关爱,缺乏安全感,对于母亲的离开非常警惕和反感,但又无力反抗,因此在母亲回来后,自身又用反抗、敌对来回应母亲之前的离开。他们与母亲既想亲近又存在矛盾的心理反抗,内心非常矛盾,是典型的焦虑型依恋。少数婴儿属于这种依恋类型。

反抗型依恋的人在成年后,内心渴望得到他人的认可,既期望建立亲密关系,又害怕失去而不敢付出太多真情,内心处在矛盾、焦虑之中。还有的人表现为,一旦自己付出真心,就要求对方与自己一样付出真心,不允许对方背叛,有很强的独占欲,甚至害怕对方离开自己,跟踪、监视、监禁对方,最终造成悲剧的发生。

(二)按父母的教养方式分类

父母的教养方式是指父母在子女的教育、抚养过程中所表现出来的一种行为倾向,它是对父母多种教养方式的概括,每一对父母一般都具有比较稳定的行为风格。父母的教养方式本质上是父母对待子女的态度,是父母教育观念、生长经历在子女身上的体现。父母的教育观念与其生长经历、生长环境有直接关系,父母的教养方式有很大一部分是家庭观念、生存经验的传承,对于子女成长发展的多个方面产生重大影响。不同家庭的教养方式不同,在不同教养环境中成长起来的人,在气质、性格、品行等方面也会各不相同。

比如商人世家出身的人，从小耳濡目染，对于商品、贸易、价格、利益就有很强的敏感性；书香门第出身的人，对于道德、品质、儒学典籍就比较熟知。

一般比较典型的父母教养方式有如下几种情形。

1. 过分干涉——严厉型

这种父母的领导欲极强，对子女生活、学习、社交等各方面的管教都比较严格，经常使用命令、指责的方式强迫孩子完成其下达的任务，与孩子之间更像上下级关系，"必须""不准""禁止"等词汇是他们的口头禅，一旦孩子未能完成相应的任务时，便会遭到严厉的批评或惩罚。父母一般不允许孩子发表个人意见，拒绝孩子的合理要求，只要求其无条件执行。父母与子女之间缺乏有效沟通，很少有真正的情感交流。在这种教养方式下成长的孩子，成年后通常表现为自卑、懦弱、没有主见、独立性差，凡事都听父母的安排，没有个人的意见或没有坚持个人意见的能力。

2. 过度保护——溺爱型

这种父母对子女百依百顺、过分溺爱，包办所有的家庭劳动以及孩子的个人事务，孩子除了学习不需要做任何其他事情。在这种教养方式下成长的孩子，对父母的依赖极强，自理能力较差，久而久之会将父母的照顾、付出默认为是理所应当的，缺乏家庭责任感。成年后，在工作岗位中承受不了领导的工作安排，与同事的协作关系也比较差，对他人的行为总感到不满意，缺乏朋友，结婚后的家庭责任感也比较差。在遇到困难挫折时，缺乏独立解决问题的能力，缺乏共情能力。

3. 放任不管——撒手型

这类父母或因工作繁忙，或因离异，对子女生活、学习上的关心不够，对孩子的心理、行为也不太关注，以致孩子习得一些错误行为或染上一些恶习。在这种教养方式下成长的孩子，在情感上缺乏父母的关心，自然会寻求其他途径的情感寄托，很有可能交往一些不良青年。这类孩子内在情感脆弱，把自己外在"包裹"得很坚强，像只刺猬——坚强外表下有颗敏感柔弱的内心。这种教养方式下成长的孩子成年后，会以自我为中心，自我保护意识强，不懂得如何尊重、关爱他人，任性冲动、脾气暴躁、叛逆孤僻。

4. 情感温暖——理解型

这类父母在精神上经常表达对孩子的关爱，在孩子遇到挫折、困难时与其共同面对，并给予必要的支持与鼓励。对于家庭事务根据孩子的能力，要求其承担必要的家庭劳务，培养其责任感。对于孩子提出的意见，父母理性分析，信任和尊重孩子的不同意见。当孩子取得成绩时，会真心地鼓励并引以为豪。在这种教养方式下成长的孩子，成年后会具有独立、自强、自尊自爱、与人友善、协作关系良好等良好的人格特征。

三、大学生亲子关系的影响因素

（一）社会因素

随着经济社会的飞速发展，不同地域、不同肤色的各类人群联系得更加紧密，人们的思想也在不断地发生着碰撞，对原有的教养观念和亲子关系也产生了重大影响。比如，城市经济发展，大量农民进城务工，农村出现了"留守儿童"，这些社会性因素，导致了原有的教养方式和亲子关系发生了很大变化。

（二）家庭因素

1. 父母个体因素

父母的家庭成长环境、受教育程度、经历的教养方式、心理健康水平等直接影响着他们对子女的教养方式。有研究表明，文化水平高的父母，会主动获取有关家庭教育方面的知识，教育观念更加开放、平等，民主观念更强，能与子女公平对话，建立和谐的亲子关系，情绪稳定，给予子女更多的尊重和理解，与子女沟通融洽。文化水平相对较低的父母，往往会坚持自己的教养方式，容易固执己见、独断专行，在教育子女上要么是过分干涉，要么是放任不管。

2. 父母婚姻状况

稳定、健康的父母婚姻状况是建立良好亲子关系的基础和保障。父母与子女之间是一个动态平衡的互动系统，而夫妻关系是整个系统的核心，夫妻关系的和谐与稳定决定了亲子关系的和谐与稳定。如果夫妻关系出现了问题，那么父母就需要消耗更多的时间与精力处理夫妻关系，从而容易忽视对于亲子关系的维护，甚至会破坏原有的亲子关系，单亲家庭和再婚家庭出现的亲子关系问题就是典型示例。父母婚姻状况稳定、健康的家庭，民主的父母更容易有和谐的亲子关系，更能培养出优秀的孩子。家庭环境是孩子生存、发展的第一场所。

3. 家庭经济状况

经济状况相对较好的家庭，父母可以给孩子提供更多的接触新事物、与人交往和表现自己的机会，这些方面的能力培养有助于孩子形成乐观、积极的人格特性。相反，经济状况相对较差的家庭，孩子缺乏见识外面天地的机会，父母迫于生活压力与子女的沟通交流也比较有限，这种环境下成长的孩子容易变得自卑、孤僻、内向等。有研究表明，家庭经济状况与父母的文化水平、职业水平直接相关。

（三）子女因素

1. 年龄特点

亲子关系具有一定的阶段性，比如婴幼儿时期的亲子关系，父母居于主导地位，具有一定的权威性；随着孩子年龄的增长，孩子的自主意识逐步增强，这时父母要学会让孩子独立，而不能还是一味地强势主导孩子的一切言行。尤其到了青春期，孩子变得叛逆，会否定父母的意见、不服从父母的管教，这时如果处理不好亲子关系，会产生较为严重的后果。

2. 性格特征

在亲子关系中，父母的性格特征与子女的性格特征会相互影响。因为亲子关系本身就是一个互动的过程，子女会对父母的教养方式作出相应的反应，尤其是会对他们认为不合理的教养方式进行反抗，这时父母应该及时反思，与子女进行沟通，调整教养方式，使亲子关系协调发展下去。

四、大学生如何调适亲子关系

和谐的亲子关系是父母对子女进行教育的基础，也是孩子幸福一生的基础。常言说："幸福的人，用童年治愈一生；不幸的人，用一生治愈童年。"看来，童年的经历，特别是亲子关系对一个人的影响是深远的。

（一）如何改善与父母的关系

1. 理解父母爱的语言

每一对父母都是爱自己的孩子的，因为有"爱"，才会对子女的日常生活时刻关注，会想在他们做事时经常叮嘱，避免他们走弯路。而在孩子眼中，父母的这种频繁关注、教导，就变成了让人烦躁的唠叨。要引导孩子去理解父母的这种"唠叨"，正所谓"爱之深，责之切"，孩子对父母的教养方式有什么不理解、不适应的地方，也要及时反馈，让父母也明白孩子的心声。

2. 客观看待差异

父母与子女都要认识到每个人在认知、能力、目标和追求上是有差异的，从内心尊重和理解彼此的想法，宽容地接受彼此的不同，对于需要达成一致的地方及时沟通，共同确定最有效的解决方案。

3. 学会换位思考

在遇到困难、冲突时，能够静下心来站在对方的角度去思考问题，是非常重要的一种能力。所谓"不知他人苦，莫劝他人善；不知他人品，莫论他人非"，没有感受过别人的痛苦，没有经历过别人的生活，没有遇到过别人的不幸，就无法体会别人的一些心情，也就没有资格劝别人怎样去做事。只有换位思考，站在别人的立场、处境，才能体会到别人的苦楚与艰辛，才会产生共情。父母与子女之间的亲子关系要维系好，特别是在双方发生冲突时，要学会站在对方的角度、立场去思考问题，才能理解对方的不易，才能更好地从根本上解决冲突、维护关系。

（二）如何化解与父母的冲突

父母与子女在共同生活的过程中，发生意见分歧和冲突是很正常的，但是争吵却是最不理智的解决方式，争吵对双方的感情都会有伤害。很多时候，父母在责罚过孩子之后，内心都会后悔，但就是压抑不住当时的怒气；同样，孩子在与父母发生冲撞后，也会愧疚当时的冲动。既然争吵、冲突是双方都不愿意发生的，那么在面对即将发生的冲突时，双方要学会冷静，尤其是父母，此刻的行为也会影响孩子以后的行为。大学生可以从以下几个方面来学习一下如何化解与父母的冲突。

1. 人无完人

作为子女，要理解父母也是普通人，只不过比自己年龄大一些、阅历丰富一些，父母由于工作压力、家庭压力、情感危机等也会有情绪不佳的时候，不要过多地苛求父母。特别是随着年龄的增长，大学生即将步入社会，应更能切实地体谅父母的不易。

2. 学会"冷处理"

作为大学生，已经是成年人了，当与父母发生冲突时要学会冷静处理问题，控制情绪、避免冲突，不要一味地苛责父母。因为对于同一问题，不同的人有不同的见解，也许此时父母的方式确实不如你的更合理，但他们的初衷是好的，只是方式、方法与你不同而已。因此，面对充满亲情关系的家庭问题，只有不同，没有对错，要学会宽容，不可意气用事，更不能有过激的行为，如"离家出走""断绝关系"等。

3. 学会有效表达

其实很多冲突、误解的发生，都源于无效的沟通和表达。尤其是在情绪激动的时候，过激的语言、失控的行为，极易使双方都作出伤害感情的事情。因此，在发生冲突时，大学生要学会有效地表达自己内心真实的想法，不要采取回避、疏远、顶撞的态度。

4. 学会接纳与包容

大学生在成年后，往往自认为自己独立了，不再需要父母了，对父母的建议也很难听进去，觉得父母的思想落后、不合时宜。其实，成熟的标志正是接纳他人的不同，尤其要理解、包容父母的不同建议，因为那是他们对子女的爱。

第六章 让网络为梦想插上放飞的翅膀

——大学生网络心理障碍与调适

随着互联网技术的飞速发展,虚拟网络世界已经成为人们生活中不可或缺的一部分。这种虚拟平台出现的初衷是为了扩大人类的视野,提高经济发展的速度,给人们带来更多的便利。今天,人们可以通过网络平台获取更多的信息,极大地降低了交易成本,拓宽了交易范围,这些无疑是互联网发展极其有利的方面。但互联网也是一把"双刃剑",它在给人类带来便利的同时,也带来了一些隐患和问题。比如很多人沉迷于网络游戏、网络视频,甚至被网络借贷、网络传销所欺骗。尤其是大学生,在经历了中学时期的埋头学习后,乍一来到生活和学习环境相对宽松的大学,加上远离父母,很容易受到来自网络的各种诱惑,进而影响自己的学习和生活。因此,大学生必须正视网络的两面性,做好心理调适,塑造健康的价值观,成为一个能为国家和社会作出应有贡献的有用之才。

第一节 网络及其对大学生的影响

一、网络的概念及特征

互联网是指将通信网络、计算机、数据库以及日用电子产品联结为一体的电子信息交换系统,以接收、存储、处理、传递全球信息为主要功能。

互联网可以将文本、声音、图像、音频、视频等各种信息传递给世界任何一个有终端接收设备的地方。从这个角度来看，互联网已经不单纯是一个信息传输平台，它更是一个全球信息共享平台。在世界的任何一个角落，通过互联网都可以进行新闻浏览、网上学习、邮件收发、网上聊天、游戏娱乐、直播营销、贸易往来等活动，互联网的使用极大地便利了人与人之间的交流，加快了贸易流通速度，提升了经济发展水平。

互联网自诞生以来，其发展速度相当惊人，对人们的生活、心理也产生了相当大的影响，因为它所形成的网络具有很多其他传播媒介所不具备的特征。

（一）全球性和开放性

网络最大的特点是信息传播范围的全球化。在网络上传播的信息是开放的，它迅速拉近了全球各地之间的距离，真正实现了"地球村"的梦想。全球各地的人可以通过网络获得千里之外的信息，与大洋彼岸的亲朋即时分享快乐。在网络上的信息，内容更为丰富、传播速度更为快捷，对全球各地人的生活的影响也更为广泛，人们通过网络可以完成贸易、合作、购物、书信传递、影像传递等多种操作。

（二）平等性和互动性

在网络上，人们之间的地位是平等的，共同享有海量的信息资源。网络上的信息传递是带有互动性的，尤其是现代智能手机的迅速发展，很多原来计算机终端才可以完成的事务，现在通过手机即可完成，实现了互联网终端设备的便捷化。人们可以通过微博、微信、抖音等各种 App 来发布各类信息。在这些平台上，人们对于接收到的信息可以随时随地地进行反馈、跟帖，使得信息的互动性极强。任何一条有可能引起共鸣的信息，都有可能迅速成为网络热点。人们对于热点问题的讨论是公开的、平等的、互动的，在这里人们享有平等的话语权。

（三）便捷性和高效性

网络的便捷性和高效性是其作为信息传播媒介最大的特征。互联网发展到今天，从最基本的传递邮件到传输各类音频、视频、动画制作、游戏互动，再到今天的通过网络进行购物、直播、学习等，网络传播的便捷性和高效性，给人们的生活、工作、学习带来了非常大的变化。

（四）虚拟性和隐匿性

网络除了给人们的交流沟通、经济贸易、学习娱乐等带来了便利外，还有虚拟性和隐匿性的特点。在网络上交流，不需要提供真实的姓名、年龄、性别、职业等个人信息，在网络上注册的信息可以是真实的，也可以是虚构的。因此，曾经有人戏言："在网上没有人知道和你聊天的是人还是一条狗。"加上当下人工智能技术的发展，使得网络的虚拟性和隐匿性更加让人难辨真伪。

二、网络对大学生的影响

网络的出现客观上给人类的生存与发展带来了更多的信息共享、更快的信息沟通。对于大学生来说，海量的信息给予了他们更为广泛的学习空间；随时随地的碎片化学习，给他们提供了更为自由的学习时间，使得今天大学生的信息获取量更多、学习效率更高。但网络在带来积极影响的同时，也给大学生的健康发展带来了消极的影响

（一）网络对大学生的积极影响

1. 改变了大学生的学习方式

传统的学习方式主要是老师在课堂上讲授，学习的场所一般有具体的地点，学习的内容相对比较明确。学生获取信息的途径也比较单一，一般主要是教材、教辅、书籍、报纸等纸质资料，还有电视、广播等媒体信息。在网络出现以后，增加了网络电子信息以及大量的音频、视频等电子资料。当今在网络平台上发布的电子信息，可以说是超大、海量的，而且现代交互软件的大量出现，使得很多信息可以即时互动更新，迅速派生出更多新的信息。比如，头条、微博、微信、抖音等 App 除了可以即时发布最新热点信息外，还可以让所有用户即时参与信息互动和跟帖，就某一信息迅速产生新的热点，使得信息传播速度以及影响力达到了惊人的地步。

对于大学生来说，网络带来的超大信息量和信息使用方式的革新，为学习带来了极大的便利。大学生可以在吃饭的间歇完成一条新闻的收听、一段英文的阅读、一篇文学作品的欣赏，碎片化的学习，使得他们的学习内容、学习方式、学习场所发生了很大的变化，很大程度上引发了大学生的"学习革命"。

2. 扩大了大学生的人际交往范围

传统的人际交往方式主要是面对面的交谈、书信的交流、电话的沟通。在网络发展起来以后，人际交往方式除了原有的方式外，还可以通过电子邮件、微信、微博、QQ、网络游戏、BBS等进行信息交流与沟通。这极大地丰富了大学生的人际交往方式，而且这种网络人际交往具有超时空的特性，使得大学生可以通过网络与更大范围的人群进行交往，在更广阔的空间寻找志同道合的伙伴，突破地域和时间的限制、突破原始交往方式的约束。人际交往模式的多元化，对于大学生的世界观、人生观、价值观的塑造与培养产生了重大影响。在原有的人际交往方式下，主要是周围的人、事、物对其产生影响，而网络人际交往方式的出现，使得其"三观"塑造的影响源更加广泛，使大学生的社会化过程更为复杂。

3. 拓宽了大学生情绪表达的途径

人们在生活、工作、学习的过程中，总会面对心情低落、伤心、害怕、焦虑、暴躁等各种情绪。在网络出现之前，当出现这些情绪时，人们通常会找朋友聊天，排解心中烦闷；或找父母诉说衷肠，寻求心理上的安慰与支持。在网络交往平台出现后，人们在需要情绪输出时，除了可以利用传统方式外，还可以通过与网上的朋友进行情感交流，达到缓解情绪的目的，而且由于网络具有虚拟性和匿名性，对于有些比较内向、腼腆的大学生来说，更愿意选择与网上的朋友进行交流，尤其是对于一些比较敏感的话题。网络人际交往平台，对于缓解大学生的情绪压力、寻求情感寄托，提供了更大的空间。

4. 促进了大学生思维的多元化发展

人类学习的本质是信息获取、内化、升华的过程，在传统的学习方式下，信息获取的量和途径都非常有限。网络给人们提供了更加广泛的信息源、更加丰富的信息碰撞，使得当今大学生的思维更加活跃。各类信息的获取渠道已经不再局限于中国文化和东方文化的熏陶,还有全球各国文化的融合。当代大学生接受的不再是单一的文化,面对的也不再是单一的价值观的世界,而是一个多元文化交融和多种价值观交织的世界,这使得大学生的价值观更为多元化。

(二)网络对大学生的消极影响

1. 过度使用网络会影响大学生的身心健康

大学生长时间地使用网络会影响其身体健康,最明显的是出现视力下降、颈椎病、肩周炎、背痛等身体上的不适。长期上网,对大学生的心理也会产生消极影响,比如会产生对现实社会的疏离感,出现孤僻、焦虑、社交恐惧等心理障碍。在现实生活中,会出现有些大学生在网上表现得神采奕奕、兴奋、注意力集中、反应敏捷,在现实学习和生活中却出现萎靡不振、魂不守舍、烦躁不安等状况,甚至出现对网络的严重依赖和强迫症。

2. 过度使用网络易导致现实人际交往障碍

良好的人格特性是在社会化的群体交往过程中形成的,特别是真实的面对面的情感交流,对大学生的世界观、人生观、价值观的塑造起着极其重要的作用。网络为人际交往提供了更广泛的时空,但也给人际交往带来了一定的弊病。网络交往的虚拟性和匿名性,使得网上的交往缺乏"归属感和真实感",极易导致现实中人际交往的冷漠、回避、逃避等人际交往障碍。大学生在通过网上交往的同时,也不要忽视现实人际交往的重要性,毕竟真正的情感交流是需要有温度的关爱,这是网络人际交往实现不了的,需要真实的人际交往才能体会到。大学生在线上、线下的多种交往过程中,要时常自我反思,客观正确地评价自己、学会尊重他人、对人宽容、坦诚与人交往,融入真实的群体中,因为人总是要生活在真实的社会中的,而不能生活在虚拟的网络之中。

3. 过度使用网络易产生不良的情绪体验

大学生在网络上浏览大量信息的时候,不仅会耗费很多时间,耽误正常的学习,还会使人感到焦虑,但一旦打开网络,各种各样具有诱惑力的音频、视频、游戏等又让人难以控制,于是容易陷入"上网—浪费时间—焦虑—上网解脱—耽误学习—进一步焦虑"的恶性循环，在反复焦虑中无法自拔。

4. 过度使用网络易导致自我分裂

大学生一旦在网络世界里获得了比现实世界更多的快乐体验，就会花费更多的时间和精力在网络上，长期沉迷于网络世界，会与真实世界脱离轨迹，使得真实世界与虚拟世界的差距越来越大，感觉越来越难以融入现实社会。部分大学生渴望在网络上追求虚拟的完美世界，于是消极地对待现实世界，逐渐形成现实的我、渴望的我、网络的我多重人格的分裂，内心产生矛盾、焦虑、孤僻、回避、恐惧等各种心理障碍。

5. 网络信息污染对大学生的负面影响

网络传播的大量信息中有不少是负面信息，对于大学生的健康成长会产生负面作用。比如，近几年在网络上频繁发生的大学生校园贷，就是利用大学生的虚荣心，诱使其通过网络借入高利贷，并逼迫其拍摄不雅照片或视频等，对其进行人身攻击、敲诈等，由此发生了很多影响恶劣的校园事件。还有人通过网络设局，诱使大学生进入赌博骗局，通过游戏类的小型赌博先让大学生尝到赢钱的"甜头"后产生贪念和依赖，再让大学生大量输钱。这种骗局利用人贪婪的本性，设局让其越陷越深，再借入高利贷，甚至走向犯罪和自杀。还有的招聘网站利用大学生的求职心态，以介绍工作的名义诱拐大学生。因此，作为一名大学生，要理性对待网络上的信息，学会分辨和过滤网络中的负面信息。

6. 网络关注信息量的传播而忽视信息质的学习

网络在给人类提供大量信息的同时，也带来一个很大的弊端，即人们关注了信息量的获取而疏忽了对信息内容的筛选和内化。人类学习的本质不仅是信息的获取，还要把有用的信息内化到自己的认知体系中并升华出新的知识，这才是一个完整的学习过程。如果学习仅仅表现为信息的获取，则达不到学习的本质，也无法实现学习进步的目的。网络发展到今天，海量的信息已经迷离了信息使用者的眼睛，人们在花费大量的时间浏览信息，而缺乏有效的信息解读、内化和升华，达不到利用网络进行学习的目的。对于大学生来说，要有效利用自己的时间，如果不能控制好自己的上网时长和内容，就会浪费大量的时间，甚至因为过度沉迷网络而耽误正常的学习。

第二节　大学生常见网络心理障碍及行为偏差

大学生处于人的青少年期和成年早期，虽然其心智水平已逐渐提高，但大部分人的心理仍不成熟，意志较弱，容易沉迷网络。全国各大高校每年因大学生沉迷网络，导致退学、处分、开除、犯罪、精神障碍的事情时有发生，网络安全教育也一直是高校教育常抓不懈的重要任务。大学生因沉迷网络出现的心理障碍及行为偏差主要如下。

一、大学生常见的网络心理障碍

（一）网络心理障碍

网络心理障碍是指因过度上网，浪费了大量时间、精力而产生的心理障碍，如内疚、自责、焦虑、回避等。情节严重的可能引发行为上的失控、人格上的分裂或精神失调等现象。

（二）网络情感障碍

大学生的情感丰富，情绪不稳定，其情感、情绪的变化往往与周围的现实环境相关，因为情绪是客观人或物对其产生一定影响后的心理反应。网络的虚拟性，使得大学生对其产生的情绪反应是建立在不真实的人或物上的，因而沉迷网络不利于大学生形成健康的情绪、情感。长期沉迷于网络，会对现实世界的情感变得冷漠，产生情感障碍，主要表现为以下几个方面。

1. 冷漠

由于长期沉迷于网络，人会疏于和现实生活中的亲朋好友的交往，对于现实中的情感刺激变得反应冷淡、对现实生活缺乏关心，离开网络很难融入现实社会，神情呆滞、表情冷漠，对于他人的关心表现出无所谓的样子。

2. 孤独

网络充斥着大量的信息，大学生在浏览这些信息时大脑会接收过多的刺激,但对接收的信息并没有充分的时间进行内化和提炼,对于神经元的刺激只流于表面,没有深入刺激神经元,长此以往对这样的刺激就会变得麻木。而现实生活远不像网络世界那般充满刺激,因此他们会对现实生活产生厌烦和排斥,失去激情,感到孤独。此时,表现为更倾向于在网络世界上寻求刺激,而疏于在现实生活的交流,一旦离开网络,就感觉无所适从、精神空虚。

3. 抑郁

对于大学生来说,微信、QQ、聊天室等各类聊天工具可以缓解心理上的孤独、释放学习上的压力,有其积极的一面。但网络的虚拟性会使大学生在缓解压力的同时,内心又感到空虚,没有踏实的感觉,从而其内心还是会感到压抑与郁闷。因此,内心的情感、情绪问题还是需要在真实世界才能得到本质上的解决,网络只能提供一定的缓解。

4. 空虚

现实世界是客观、真实的,充满着诸多不如意的地方,而网络世界是虚幻、多彩的,可以构建理想的世界,总让人神往着迷。一些大学生在现实世界与网络世界之间徘徊,体验着其中滋味,两相比较不免会沉迷于多彩的网络世界而无法自拔,更加觉得现实世界空虚苦闷。

5. 冲动

大学生所处的年龄特征,决定了这是一个心理容易激动、行为比较冲动的人群。如果在现实世界中遇到一些过激的言语或行为,由于受到周围人的约束,往往还可以控制自己的反应,避免作出过激的言行。而在虚拟的网络世界,由于缺少了必要的约束与监督,对于自我言行的约束也就降低了,因而当在网络上看到一些过激不当的言行时,更容易冲动,可能会肆无忌惮地发表一些言论。如果这些言论对他人造成伤害的话,可能需要为冲动的行为接受一定的法律处罚。

(三) 网络人格障碍

人类的人格塑造是一个动态的过程,是在长期的生长过程中不断稳定固化的过程,与其生存的环境、社交的人群、经济条件、突发事件的影响等有直接关系。网络作为大学生学习、生活中必不可少的工具,对其人格塑造有着非常大的影响,有的甚至导致大学生出现人格障碍。

1. 人格虚拟

部分大学生长期沉迷于网络的虚拟空间,可能出现"忘我"境界,分不清现实与虚幻世界,可能会把自己臆想成虚拟世界中具有超能力的"完人",沉迷于虚拟世界中完美的自己。一旦以一种似我非我的状态游走于网络和现实之间,极易形成虚拟人格,出现妄想症,生活在网络或自己虚构的世界中。

2. 人格封闭

当代大学生大多数是独生子女,家庭成员较少,加上生活节奏加快,使得亲朋之间的关系较为疏离。进入大学后,网络就成了大学生主要的情感交流平台,一旦过度沉迷于网络,与现实中的人际交往就会变得更少,少言寡语、思想迟钝。即使有些大学生在网络上可以与人侃侃而谈,在现实中却难以与人正常交流。他们往往成为网络的"久居者",生活封闭,性格孤僻。

3. 人格变异

在现实生活中,所有人的言行要受到法律、习俗、道德等的限制和约束,因此,有很多大学生在现实中的情感、情绪是处于压抑状态下的,而网络给他们提供了一个发泄情绪的渠道。他们利用网络肆意地表达自我,可能会发表一些反传统、反主流、缺乏责任感的言论,追求个性,与现实中的自己截然不同,形成多重人格。

二、大学生常见的网络行为偏差

长期沉迷于网络会产生网络心理障碍,外在的表现就是网络行为偏差,主要有以下表现。

(一)网络成瘾综合征

网络成瘾综合征是指由于过度使用互联网,从而在心理上产生对网络的依赖,产生一些心理障碍的现象。因其是由网络行为引发的精神上成瘾的心理障碍,因而称为网络成瘾症。心理学家米歇尔把它定义为强迫性地过度使用网络和剥夺上网行为之后出现的焦躁行为。网络成瘾综合征的症状通常表现在以下几个方面。

1. 耐受性

耐受性的定义源于医学，是指人体对药物反应性降低的一种状态。对于网络成瘾症来说，耐受性是指现有上网的刺激已经下降，只有不断增加其上网时间才能达到原有的满足感。

2. 戒断症状

戒断症状是指像吸毒人员一样，强制戒断上网只是外在身体戒除，但在心理上还是会幻想、强迫考虑上网的事情，不由自主地会出现手指敲打键盘的行为。

3. 病态行为

病态行为主要体现在以下几个方面。

（1）上网冲动控制障碍。每天除了上网不考虑其他事情，沉迷于网络无法自拔，经常不由自主地检查邮件、查看微信和抖音等，感觉除了上网就没有其他事情可做了。离开网络就觉得内心空虚，需要立即上网去寻找某些信息，甚至因为上网耽误了正常的事情或改变原有的作息时间。

（2）逃避行为。现实中的社交活动较少，逃避与人交往，宁愿与网络上的人进行交流而回避与现实生活中的人交流。通过上网来麻痹自己，暂时隐藏自己的内疚、焦虑、恐惧、抑郁的情绪。

（3）否认症状。否认自己过度上网的事实，甚至会向亲朋好友说谎，以隐瞒自己沉迷网络的真实情况。

（4）认知适应不良。对自我、外部世界、他人的认知存在不同程度的偏见，而且固执己见，听不进他人的劝告，这些对现实的曲解使其对网络更加依赖。

◇ 拓展阅读

网络成瘾测验问卷

美国匹兹堡大学的金伯利·杨参照《美国精神障碍诊断与统计手册》第四版，并结合对网络成瘾的实际研究，提出了8个自测题以判断一个人是否网络成瘾，见表6-1。

表 6-1 判断是否网络成瘾自测题

问题	是	否
1. 全神贯注于网络或线上活动,并且在下线后仍然继续想着上网的情形。		
2. 觉得需要花更多的时间在线上才能获得满足。		
3. 多次努力想控制或停止使用网络,但总是失败。		
4. 当企图减少或停止使用网络时,会觉得沮丧、心情低落、易发脾气。		
5. 花费在网络上的时间总比预期要长。		
6. 为了上网,宁愿冒着重要的人际关系、工作或教育机会损失的危险。		
7. 会向家人、朋友或他人说谎,以隐瞒自己涉入网络的程度。		
8. 上网是为了逃避问题或释放一些感觉,如无助、罪恶、焦虑和沮丧。		

本测验的计分标准是每道题选"是"得 1 分,选"否"得 0 分,得分大于或等于 5 分的可以被初步诊断为网络成瘾者。

(二) 网上破坏行为

网上破坏行为是指主观恶意地通过网络对他人进行诽谤、污辱或人身攻击,编制或传播网络病毒对他人计算机终端进行破坏,利用网络散布谣言、恶意煽动人群造成恐慌等行为。具体有以下几种网上破坏行为。

1. 网络黑客

网络黑客犯罪是一种严重的网络犯罪行为。黑客利用通信软件侵入他人网络系统,盗取或篡改计算机终端设备中的数据,危害网络使用者的信息安全、经济利益甚至国家安全。如盗取企业巨额资金、盗取金融机构资金、窃取政府数据、窃取商业机密、致使交通指挥瘫痪、泄露军事情报等,给个人、企业、政府、国家造成了巨大的危害。目前,网络黑客犯罪已经成为全球各国都在严厉打击的犯罪行为。在大学生中,不乏本身具备较高计算机能力的人,他们在高额回报率的诱惑下、在沉迷于网络缺少正确认知的情况下或者出于计算机能力的挑战,参加黑客技术培训,从事网络犯罪活动也时有发生。

2. 编制和传播计算机病毒

在大学生中，不乏一些计算机高手，出于好奇、逞强或者报复等心态，有的人会自行编制计算机病毒植入程序中，破坏计算机功能，毁坏计算机数据，影响计算机的正常运行，而且计算机病毒具有极强的传染性，它可以通过网络迅速传播，使整个网络陷入瘫痪，造成巨大的经济损失。目前，已知的计算机病毒已有几十万种，编制和传播计算机病毒的人都要承担相应的法律责任。

3. 对他人侮辱谩骂、人身攻击

有些大学生，在生活、学习过程中，对某人或某些事情不满意，便会通过网络对相关的人或事进行侮辱、谩骂、诽谤，给他人造成一定的人身攻击和精神伤害。

4. 利用网络散布谣言

有些大学生个人认知比较偏激，有时会被网络上的一些不当言论所吸引，对网络上传播的一些反动言论或不当信息进行附和。参与一些组织，散布谣言或煽动群众对社会造成不稳定性危害。对于这些行为，情节严重的还会受到相应的法律制裁。大学生正处于塑造"三观"的关键时期，非常容易被不法分子通过网络"洗脑"，有意或无意地参与一些网络破坏活动。对此，国家、社会、学校和家长都应该引起高度重视。

第三节 大学生网络人际关系

一、大学生对网络人际关系的需要

（一）感情沟通的需要

大学生进入大学后，远离了父母和熟悉的生活与学习环境，在进入一个陌生的环境后，适应新的环境、建立新的人际关系都需要一个过程，而在适应的过程中难免会遇到阻碍，这时便很容易产生心理创伤或情绪压力。当大学生面对这些心理上的问题时，需要寻求一个情感输出的渠道。如果在现实生活中不能及时寻求到有效帮助时，虚拟网络上的"朋友"便成为大学生输出情感的渠道。因此，网络在排解大学生情感需求方面有其积极的一面，但由于它的虚拟性，也经常会被别有用心之人利用，发生一些危害大学生的事件。

（二）自我肯定的需要

每个人都有展示自我的需求，而在现实社会中受到周围环境的限制或者个性的约束等，个人潜在的一些优势未能有效发挥出来，深有"英雄无用武之地"的遗憾。网络技术的出现，给予人们更大的表达和发挥空间，在这个虚拟的空间之上，可以充分发挥个人的特长，不用顾忌他人的眼光和评价，也不会受到客观环境的限制。可以看到很多在现实中平常无奇的人通过网络平台，寻找到了一片属于自己的天地，最终凭借着自己的能力借助网络平台，成就了自己的事业。因此，网络为实现自我、肯定自我提供了一个更为广阔的空间。

（三）合群需要

人类作为社会人，在生存发展的过程中，必然要与周围的人进行合作。随着经济发展速度的加快，每个人只是整个生产链条上的一个小环节，交往的对象的数量、交往的空间范围都发生了极大的变化。随着交往空间的扩展，经济时效要求的提高，很多交往通过虚拟网络即可完成，这时网络就成为人类合作的必要工具。

（四）获取信息的需要

信息本身是可以产生价值的，从古到今谁可以获取更全面、更及时的信息，谁在竞争中就更具有优势。对于大学生来说，每天各式各样的学习，本质上都是获取信息的过程。网络的出现，给人类提供了更多的信息，当然在信息量巨大的今天，也给人类带来了另一个困扰，就是筛选信息的难度加大了。大学生利用网络可以更快捷地获取大量信息，可以更有效地提高学习效率。

二、大学生网络人际关系的特点

（一）认同性

基于人类的禀赋效应，人们更加珍视自己拥有的价值观，因此人们更愿意与自己志向、价值观一致的人相处。而在现实社会中，不一定都能找到志同道合的朋友。网络给人们提供了一个更广阔的寻找朋友的平台，而且网络交友很多情况下是匿名性的，不需要见面。网络交友的特性使得有社交恐惧的人群，更倾向于在这里寻找知音。通过网络可以更快地寻找到志同道合的朋友，互相倾诉心声，共同为一个理想奋斗。

（二）匿名性

人们在网络上的人际交往往往采用的是网名或昵称，很少使用真实姓名，这就在一定程度上保障了大家的安全性。在网络平台，人们可以展现真实的自己，有一种似远实近的感觉，交往的双方感觉更加自由、放松。但是，网络的虚拟性和匿名性也使得网络存在一定的不确定性，人与人之间的信任度有时会降低。

（三）松散性

在网络上，人们可以就某一问题达成一致的观点，而成为"朋友"。这个交友的过程快速、高效，但由于这样的交友比较随意，同时缺乏必要的约束机制，因此在网络上形成的"朋友"关系比较淡薄和松散，缺乏一定的情感基础。

（四）平等性

在网络平台上的人际关系没有等级差别，人与人之间在社会地位上是平等的。人际交往的本质是社会资源的交换，包括物质交换和精神交换，在网络平台上的交换主要是精神交换、分享。在网络平台上的交流不需要顾忌社会地位、职务等级、长幼尊卑之别，可以更自由地展现自己的才能与情感。

三、网络对现实人际交往的影响

网络技术的飞速发展,给人们的生活带来了极大的便利与快捷,但其潜在危害也是无孔不入的,如果缺乏一定的防范意识,网络也会成为犯罪的渠道之一。

(一)网络人际交往对大学生人际交往的积极影响

1. 扩大了大学生人际交往的范围

网络平台扩展了大学生的交友渠道,同时对于自卑、社交恐惧的人来说,网络给人们的交流带来了更多的途径,通过网络,可以找到更多志同道合的朋友、合作者。随着信息化的发展,网络对于大学生的人际交往和生活学习,都发挥了积极的作用。交往对象或者授课老师尽管与大学生远隔千山万水,但同样可以通过视频、电话、网络会议完成沟通或者各项课程的学习,使得交流和学习效率得到了质的提升。

2. 增强了大学生人际交往中的平等意识

在网络平台上交往,人与人之间没有阶级、身份、地位的约束,每个人有平等的话语权,能够平等地对话,这样更有利于提出合理、有效的解决方案。在这个虚拟平台上,大学生以平等的身份展现真实的自我,让有才能的人更加自信,获得大家的认可与尊重,从而建立更加协调的人际关系。

3. 促进了大学生角色扮演和角色重建

大学生社会化的过程伴随着社会角色的多重性出现。大学生成熟的过程,意味着需要扮演越来越多的社会角色,学会承担各类角色并做好角色之间的有效转换,是每个大学生成长过程中的必修课。网络平台给大学生进行各类角色的学习与转换,构建了一个可以练习的地方。通过网络,大学生可以在这个相对安全、匿名的平台进行角色的转换,减少了真实角色扮演、转换带来的困扰。通过先在网络上的学习,再运用到现实生活中,提高了大学生现实生活中的人际交往能力。

(二)网络人际交往对大学生人际交往的消极影响

1. 弱化了现实中的人际交往

网络上的人际交往主要是通过文字、音频、视频等非直接性的接触,来实现信息沟通的目的。它可以实现绝大多数的信息交流，完成各个课程的学习，但网络的缺陷在于网络平台上的交流是缺乏真实的情感与温度的。比如，对于老师和学生来说，网络教学的一大优势就是学习时间更自由、相关信息更丰富、学习地点不受限，但弊端是师生之间缺乏面对面的沟通，上课基本上成为老师的单向信息输出，没有与学生眼神的交流与互动。这样的教学效果要低于面对面的授课，因为教学本身就由"教"与"学"两个方面构成，而有效的教学，是需要师生之间通过频繁的语言、非语言交流沟通来实现的。因此，网络环境下的人际交往弱化了现实人际交往的真实性、情感性、互动性和温度感。

2. 弱化了人的道德意识

网络环境的虚拟性，使得网络上的人际交往存在信任危机，大多数人在网络上都采用昵称，这就使得如果有一方受到经济损害或精神创伤时，很难有效地保障自身的权益。甚至有些人会故意利用网络的这种虚拟性，实施诈骗、传销、赌博等犯罪活动，而大学生作为社会经验缺乏、应变能力较差、虚荣心强，同时又有一定的经济能力的特殊群体，就成为不法分子实施犯罪的选择对象。由此可见，网络环境下的人际交往大大弱化了人的道德意识。大多数人是生活在一种"他律"的状态，在网络环境下，由于缺乏有效的监督和约束，在这个平台上发生的犯罪行为同样会给大学生带来伤害。

3. 容易导致心理和行为问题

对于大学生来说，有相对自由的时间，对经济也有一定的支配权，很容易对网络产生依赖，甚至是沉迷于网络，严重影响正常的生活和学习。网络上的社交具有虚拟性、自由性，而现实当中的社交具有真实性、情感性，如果大学生过于沉迷于网络社交，可能会产生人格分裂，网络与现实中出现两种完全不同的人格特性。长期发展下去，会使正常的生活和学习脱离正轨，不仅学无所成，还极易产生心理疾病和行为问题。

四、大学生健康网络心理的培养

任何事物都具有两面性，网络的出现与发展也一样。对于大学生来说，需要加强健康网络社交的学习，提高现实生活中的人际交往能力，有效利用网络为自己的生活和学习服务。

(一) 建立合理网络人际交往规范

人们在现实进行社交活动时,会受到道德规范、社会舆论、法律法规等的监督,对人们的行为有较强的约束力。而网络社交,由于其虚拟性、多样化的特征,使得网络社交的监管、约束力相对薄弱。因此,对于大学生来说,在网络平台上进行交友活动时,一定要更为谨慎,对在网络上认识的"朋友"要心存防范。同时,国家层面也应进一步加强网络人际交往规则和秩序的建设,保障网络社交的安全性。

(二) 加强上网自律能力,对网络树立正确认识

网络上传递的信息丰富多彩,但对于大学生来说,要认清网络的本质是为了人类更好、更快地发展。因而大学生应该多去思考如何更有效地利用网络为自身发展提供帮助,而不要过多地沉迷于打游戏、刷视频等意义不大的活动中。每天对自己的上网时间、浏览内容作出相应的规划和限制,达到自控、自律、有效利用网络的目的。同时,严格约束自己,树立正确的网络社交观,培养健康的人际交往能力;培养自我教育、自我管理、自我约束的精神;锻炼自己现实中的人际交往能力,形成以现实社交为主、以网络社交为辅的社交观。

第四节 大学生如何对待网络

一、正确认识和应用网络知识

当前网络技术的发展给人们带来了极大的便利性,促进了经济的高速发展。大学生应当正确认识和应用网络知识。比如,在工业领域,网络技术的运用不仅节省了人工成本,而且提高了工作的精密度;在医学领域,网络技术的运用为其提供了更加精准的医疗设备,提高了医疗的救治效果,挽救了更多的生命;在教育教学领域,网络技术的运用提供了更加丰富的知识源,

线上线下的多种学习渠道、各种学习软件的运用，便于学生碎片化地学习。但任何事物都具有两面性，网络技术的发展也有其负面效应。大学生要正确运用互联网知识，促进学习效率的提高。

二、端正上网的目的和动机

目前，网络在大学生中的普及率基本达到了100%。每年高考结束后，都是计算机、手机的销售旺季。每个大学生在进入大学时，基本都会配备自己的计算机与手机，家长也大多认为这些电子产品是上大学后学习的必备工具。可进入大学后，很多学生把计算机当成了聊天、追剧、玩游戏的工具，而且没有了父母和老师的监督，可以肆无忌惮地在网络上"冲浪"，甚至有些学生整天泡在网上，不上课、不完成作业、不参加集体活动。在网络上浪费了大量的时间，他们有时也会感到内疚，但又控制不了自己，尤其是在上网耽误了学习，与其他同学产生了差距之后，就更不愿意与同学接触，只是在网络世界中寻找到存在感。

对此，大学生必须端正自己上网的目的和动机。父母给子女配备最新的计算机、手机，本意是希望子女可以有效地利用这些电子产品，通过网络学习，达到更好的学习效果。但事与愿违的是，父母提供的这些学习工具，在孩子眼中成了游戏工具。作为大学生，作为一个成年人，应该对电子产品和网络有一个客观、正确的认识，即使没有父母的监督也要学会克制自己的上网时间和上网内容；端正自己的上网动机，利用好网络上的各类学习平台、学习软件，掌握计算机上的办公软件技能，熟悉专业软件操作技能，充分发挥计算机、网络的优势。

三、规范上网行为

互联网已经成为大学生生活中必不可少的一部分，从网络学习到生活消费，随处都需要与网络接触，可以说，今天的网络已经成为生活必需品。但随着网络的普及，网络也给大学生的正常生活带来了很多负面影响，规范上网行为显得越来越重要。对此，可以从以下几个方面来规范大学生的上网行为。

（一）保护个人隐私

在使用网络进行生活或学习时，经常需要在一些软件中完成用户注册等环节，需要输入一些个人信息。这时个人信息的保密与安全就显得尤为重要，要严防个人信息泄露引发网络诈骗。大学生虽然涉世未深、比较单纯，自我防范和保护意识比较弱，但也应加强保护个人隐私的意识，防止个人信息被一些不法分子获知。不随意浏览存在安全隐患的非法网站，不随意透露有关个人的家庭、经济、身体、情感等隐私性的信息，不要轻易相信网络上的聊天对象，以免给自身带来不必要的麻烦与伤害。

（二）禁止传播虚假信息

随着各类网络平台的增加，大学生获取信息的来源越来越多。网络为大学生提供了海量的信息，但随之带来的是各类信息泥沙俱下。大学生对这些信息要有一定的辨别能力，当面对一些难辨真伪的信息时，尽量不要随意去传播，尤其是一些涉及热点问题的信息，在观看、评论、转发时一定要慎重，对于没有事实根据的信息，要做到"不信谣、不传谣"，以免给自身和社会造成危害。

当然，作为一个当代大学生一定要对当前的时事、政治、经济有所关注，对于这类信息的获取，一定要去国家指定的正规网络平台。

（三）文明网络言行

在网络上，言论自由是其很重要的一个特征，人们可以通过网络自由地抒发个人的情感、言论。但是，网络上的言论自由，并不意味着所有人可以在网络上肆意发表侮辱、诽谤、无中生有的信息。每个人都有责任一起营造一个健康、安全的网络环境。上网时，要遵守网络道德规范，文明上网，正确表达真实情感，禁止发表伤害他人的言论，要学会尊重他人的隐私，换位思考个体之间的差异，共同营造文明、和谐的网络环境。

（四）合法下载、观看

网络给人们的学习、生活带来了很多便利，但违法下载盗版软件、使用非法渠道观看未上映的影片等行为也是屡禁不止。这些行为侵犯了影视、音乐等作品的合法版权，给其造成了一定的经济损失，情节严重的还可能涉及法律问题。因此，大学生在网络下载软件获取信息时，一定要通过正规的渠道，尊重知识产权，拒绝网络盗版，支持合法、正版产品。

四、积极参加社会实践活动，增强现实世界的体验

网络世界对于社会经济的发展，发挥了非常重要的作用，但是网络终归是一个虚拟的世界。人类社会的健康发展是离不开现实世界的，在现实世界中可以获得情感的真实体验与交流，网络只是人类经济社会高速发展的手段而已。因此，要鼓励大学生积极参与社会实践活动，增强现实世界的体验，促进身心的健康发展。大学生要把自己的成长建立在真实的世界之中，而不能过度沉迷于虚幻的网络世界，要明白网络只是促进社会高速发展的工具之一，而人类的发展还是要回归到现实世界中去的。

五、求助心理咨询，对网络心理障碍进行调适与治疗

大学生在上网的时候，难免会遇到一些网络交友带来的情感创伤、网络欺诈带来的心灵创伤或网络上瘾等，大多数学生可以通过自身的调节，逐步得到缓解与平复。当自身无法有效调节其身心受到的伤害时，要学会及时向父母、老师、朋友提出求助。如果这些人的帮助仍然无法使身心健康有所好转的话，要及时地向学校的心理咨询机构寻求帮助。在大学中，学校都会配备专门的心理咨询部门，每年都会定期地对大学生的心理健康进行筛查，专职的辅导员也是经过专门培训，具备一定的心理疏导能力。当遇到自身无法排解的网络心理问题时，要及时地向学校的专业心理咨询人员求助，进行网络心理障碍调适与治疗。

同时，学校也会给大学生安排心理健康教育课程，由心理专业老师引导大学生正确认识心理障碍。心理障碍是每个人都可能遇到的问题，大多数心理障碍就像每个人的身体在遇到天气环境变化、自身免疫力下降时会感冒发烧一样，只不过面对同样的困境，因个体差异，每个人的心理反应不同，产生的心理障碍程度不同。大多数心理障碍经过自我修复、他人疏导，都是可以康复的，只有少数的心理障碍需要较长时间的专业调适与治疗，才能走出心理困境。

第七章　寻找生命的价值与意义

——大学生幸福探索与追寻

著名的希腊哲学家和教育家亚里士多德说过:"所有的人类活动都是为了获得幸福。"幸福是人类永恒追求的目标,但是关于幸福是什么,很多人都无法说清楚。随着经济的发展和社会的进步,人们对幸福的探讨越来越深入,对幸福含义的讨论越来越频繁地出现在各个国家的主流媒体中,幸福成为当代人越来越关注的精神话题。对幸福的研究从哲学领域转移到心理学领域后,在学术界引起了很大的反响,幸福心理学已经成为一门新学科出现在世界很多大学的课程体系中。对幸福的标准的讨论也从社会生活领域上升到政治经济领域,英国经济学家理查德·莱亚德就倡导从政治经济学角度,以"国民幸福指数"来代替"国内生产总值"衡量社会发展程度和政府的治理能力。大学生对幸福的理解也五花八门,有的学生认为毕业后能找到满意的工作就很幸福,有的学生认为在生活中能够得到他人的理解就很幸福,有的学生认为有钱就很幸福,有的学生觉得找到一个志同道合的知己或伴侣就会幸福,等等,不同的学生站在各自的立场上,从不同的视角表达着自己对幸福的认知。

虽然大家对幸福没有统一的认知,但对幸福的追寻激励着每个人前进的步伐。使人遗憾的是,有的同学因为找不到生命的意义而苦闷,有的同学用错误的方式寻找幸福最终得不偿失,有的同学在对幸福的追寻中逐渐迷失自我误入歧途。本章就从哲学、心理学和教育学的视角对幸福进行一个系统的探讨,以帮助大学生科学地追求幸福。

第一节 幸福的基础理论

一、对幸福的理解

（一）我国传统文化对幸福的理解

我国传统文化强调道德与幸福之间的密切联系。我国民间文化中有"五福"之说。《尚书·洪范》一书中记载了人们追求幸福的五项标准——"一曰寿，二曰富，三曰康宁，四曰攸好德，五曰考终命"，即长寿、富贵、健康平安、修行美德、长寿善终。这一观点被古代人所广泛认同并延续至今，强调了道德对于幸福具有重要意义。道家文化中的"修道成仙""成仙不难，忠孝为先"等理念也包含强烈的道德追求意蕴。儒家文化更是将道德与幸福融为一体，主张修身养性，德福一致，将完美人格和理想追求总结为"内圣外王"，即对内通过"格物、致知、诚意、正心"修身成"仁"，对外通过"立功、立言、立德"来完成"齐家、治国、平天下"的人生使命，还强调"先天下之忧而忧，后天下之乐而乐""鞠躬尽瘁，死而后已"。这些理念体现了儒家幸福观对道德的高远追求，由此可以看出儒家文化对于幸福的理解取决于一个人是否具有修身养性的"幸福品格"，认为没有"品格"的人是无法追求到幸福的，有"品格"的人即使"饭疏食饮水，曲肱而枕之"（吃粗粮，喝生水，弯曲着胳膊当枕头）也会体验到"亦在其中矣，不义而富且贵，于我如浮云"（乐在其中，不正当的财富和官职就像过眼烟云）的洒脱与幸福感。

我国传统文化对幸福的理解还具有浓烈的人与自然和谐相处的思想理念。老子在《道德经》中强调"天人合一，道法自然"；庄子在《天道》中论述"与人和者，谓之人乐；与天和者，谓之天乐"，强调统治者顺应民心才会得到百姓拥护，谓之"人乐"，不违背自然规律，与大自然和谐相处，就会得到"天乐"。道家思想认为顺其自然，追求原始质朴和自由自在的田园生活是最幸福的状态。

我国传统文化对幸福的理解还强调幸福与不幸之间的相互转化与辩证统一关系。老子在《道德经》中描述的"祸兮福所倚，福兮祸所伏。熟知其极：其无正也"表达了福祸相依的思想观念。佛教文化认为人生本无幸福可言，佛教教义更多的是给世人传授摆脱痛苦的理论与方法，强调通过灭除今生的贪念欲望，修行念佛，才能在来世得到福报，即"涅槃"重生，饱含着痛苦与幸福相互转化的思想观念。

除此之外，我国传统文化还强调个人幸福与家族兴衰之间的联系，比如多子多福、光宗耀祖、六代含饴等观念。

（二）西方传统文化对幸福的理解

西方感性主义幸福观强调人的感性欲望追求，把追求快乐看作人幸福生活的起点和终点，并将这种快乐分为以肉体享乐为主的物质欲望和以长远快乐为特征的精神追求，前者强调个人生理和物质欲望的满足，后者则认为精神的快乐高于物质欲望的满足，有时候甚至为了追求精神上的满足可以放弃暂时的快乐，即如果忍受一时的痛苦将会使人获得更大的快乐，那么痛苦则优于快乐。古希腊哲学家德谟克利特是感性主义幸福观的代表人物，他认为精神的快乐要高于物质欲望的满足，但是只有两者结合起来，人们才能真正感受到幸福。西方感性主义幸福观从人的主观感受出发，认为人都是趋乐避苦的，强调物质生活与幸福之间的关系，虽然注重物质享受，但更加重视物质与精神的结合。

西方理性主义幸福观不同于感性主义幸福观，它主张人要抑制物质欲望，追求道德的完善或精神上的幸福，贬低感性与情感的作用以及人的物质享受。苏格拉底认为，幸福就是将快乐和智慧相互协调，知识（理性）是获得幸福的前提条件，美德是达到幸福的途径，而幸福是知识和美德的调和剂。柏拉图继承和发展了苏格拉底的思想体系，主张至善是人生的根本目的，人必须通过理性才能达到至善，财富、荣誉和感官享受都是低级的。荷兰哲学家斯宾诺莎指出，个人的幸福必须与社会公共福利相契合才能得以实现，受理性指导寻求自己利益的人是公正、忠诚、高尚的人。理性幸福观还强调对自我欲望的控制，认为人能自制就是善（追求幸福），不能抑制自己的欲望就是恶（无法追求到幸福），有时候可以通过抛弃物质享受和感官快乐来接近至善

（追求幸福）。由此可见，理性主义幸福观更加崇尚人的理性力量和精神追求，强调道德的作用，倡导人要趋善避恶，以理性来指导道德活动。

（三）当代心理学界对幸福的解释

1. 主观幸福感

随着社会经济的飞速发展，人们的物质生活水平不断提高，人类越来越关注对精神世界的追求。1958年，美国经济学家加尔布雷斯首次提出"生活质量"的概念，之后的研究者将这一研究趋向分为客观生活质量研究和主观生活质量研究两个方面，前者关注社会的进步和人与环境的协调发展，后者侧重于对人们幸福体验的研究，即"主观幸福感"研究。心理学家将主观幸福感描述为一种积极的情绪状态，并将其定义为"主体主观上对自己已有的生活状态正是自己心目中理想的生活状态的一种肯定和感受"，即强调个体的积极情绪和主观感受性。古代传统文化对幸福的理解基本上都采用哲学思辨的方法，缺乏对幸福研究的科学方法。20世纪60年代以后，社会学和心理学领域开始采用实证研究来验证或衡量人的主观幸福感，比如美国心理学家弗鲁格尔通过记录样本人群不同时刻的情绪来研究人的心境，并根据记录概括出样本人群在不同时刻的情绪反应模式，后期的学者们更是推出了很多测量幸福感的量表，包括自陈式幸福感问卷、自陈式情绪问卷、生活事件取样、记忆测量、负面评估等五种测量方式。

2. 积极心理学视角下的幸福含义

积极心理学派把幸福作为一个研究范畴，采用科学的研究方法对幸福进行了很深刻的研究探索，主要的代表人物是塞利格曼。塞利格曼在其著作《真实的幸福》和《持续的幸福》以及创办的有关幸福的专门网站中，表达了很多关于幸福的观点和理论，编制了测量幸福相关的一些量表，并总结出了6大美德（24种力量）来描述人的基本品性。塞利格曼对幸福提出两个不同版本的理解，分别为幸福1.0理论和幸福2.0理论。

塞利格曼幸福1.0理论认为，幸福是由积极情绪、投入、意义三个元素组成的，即个体在做一些事情时要想体验到幸福必须具备以上三个要素。首先，保持积极的情绪，即个体在做这件事情的时候有喜欢、着迷、舒适、温暖、喜悦、感激、宁静、兴趣、希望、自豪、逗趣、激励、敬佩、爱等一种或者几种促进身心健康的愉悦感受，情绪影响思维，思维是情绪的外在反映，积极情绪能够拓展人的瞬时知行能力，影响个体的思维反应速度，当积极情绪激发思维、创造、想象时，主体对自我的满意度就会很高；其次，个体能够进入"投入"的"心流"（flow）状态，即完全沉浸在某项吸引自己的活动中，时间好像停止，自我意识消失，这是一种最佳的心理体验，会给个体带来非凡的喜悦，使得个体愿意付出很大的代价来从事这项活动，比如很多作曲家、运动员、美术工作者、科学家等出于职业乐趣，全神贯注地工作时，往往会忽略周围环境，遗忘时间，就是一种"福流"体验；最后，只有积极情绪和投入还不一定能体验到幸福，主体所从事的工作必须对自我发展具有一定的意义和价值，这种意义的存在激励着个体投入更多的精力为超越自我而奋斗，有些事情虽然也可以使个体产生积极情绪和投入状态，但事件本身对个体发展不具备意义和价值，个体也无法体验到幸福感，比如长时间打网络游戏过后个体会很感到很空虚、痛苦或者对身心健康产生伤害乃至威胁，这些活动对于人生成长没有任何价值与意义，因此，个体从这些活动中不能体验到幸福。幸福1.0理论可以概括为个体对生活的总体满意度高，认为幸福的人生就是过愉悦的、投入的、有意义的人生。

随着研究的深入，塞利格曼对幸福1.0理论进行了丰富、修正和完善，提出对幸福的第二个版本的理解，即幸福2.0理论。幸福2.0理论在积极情绪、投入、意义三个因素的基础上，增加了人际关系和成就两个因素，在对各个因素的解释上也做了相应的调整：将生活满意度降低为积极情绪的一个因素，而不是衡量幸福的总体标准；对"投入"状态进行了解释，强调"投入"状态只能主观评估，且只能事后回顾，因为达到"心流"状态时个体并无意识；在对意义的理解中，包括个体对活动意义的主观理解，也包括他人对活动意义的评价；在对人际交往因素的解释中，强调助人能提升个体的幸福感，人际关系在个体遭遇低谷时能发挥解药的作用；成就及成就感是个体的终极需求，在其他因素都不发挥作用的条件下，成就可以作为一个单独的因素发挥作用使个体体验到幸福。

二、幸福心理的研究历史

人类对幸福的探索和实践，有一个漫长的过程，但只有一个短暂的研究历史，心理学对幸福的研究大致经历了以下三个阶段。

（一）第一阶段：幸福心理研究的孕育阶段（1879—1950年）

这一阶段从1879年科学心理学诞生开始，持续到20世纪50年代。这一时期，心理学家对幸福心理没有做有针对性的研究，很多涉及幸福与快乐问题的阐述、观点和思想蕴含在对其他心理学科的研究之中。精神分析学派强调人有很多本能，人的本能释放遵从"快乐"原则，人是受欲望控制的，是身不由己的。弗洛伊德在他的著作《超越快乐原则》中论述，人有很多本能需求，比如生存本能（如吃、喝、睡等）、性本能、死亡本能等。这些本能需求会在个体的无意识领域集聚大量的能量，这些能量会使个体处于紧张、焦虑、不安的状态，因此这些能量需要发泄（释放）出来，个体才会感觉到松弛和舒适。个体的这种无意识本能活动遵从快乐原则，凡是能带来快乐的需求，个体就去追求；带来痛苦的，个体就会尽力避免。不同于精神分析学派认为快乐原则是个体产生行为的原因，行为主义学派的环境强化理论认为，幸福是外界环境刺激的结果，外界环境给予奖励（正强化）个体就会获得快乐，外界环境给予威胁和惩罚个体就会感到痛苦。

（二）第二阶段：幸福心理研究的开创阶段（1950—1960年）

这一阶段人本主义心理学派兴起，提出了许多与精神分析和行为主义学派不同的观点和思想。行为主义学派强调环境对人的影响，人本主义学派强调人的认知和思想对心理的作用。人本主义学派反对精神分析的本能论，强调自我的力量，指出人不完全受欲望控制，能够自己决定自己的意志，所以应该尊重人的本质，给人以尊重和自由。因此，人本主义对幸福和快乐的研究提出了许多精彩的理念，比如乐观主义、善良、美德、性与爱、移情、自我实现、巅峰体验等。人本主义孕育了积极心理学，在生活和学术领域引起了极大的反响。积极心理学家马斯洛在行为主义盛行的时代别出心裁地在其著作中提出要研究"善良，美德，快乐和乐观"；精神分析学者霍尼在学习弗洛伊德理论的过程中意识到其过于注重消极面、神经症、精神病，认为必须关注人类生命体中好的一面，要研究和培养好的品质，指出好的品质是人的一部分；跨领域研究者阿隆·安东诺维斯基也提出人们应该关注健康而非疾病的理念，引进了健康本源学的概念，强调该学科是病理学常规模型的替代模型，除了研究病理学外，还需要研究健康的起源，包括生理和心理的健康；安妮·威尔逊·谢弗提出了有关"幸福的人"的论断，认为幸福的人应该是年轻的、健康的、受过良好教育的、有较高收入的、外向的、乐观的、不焦虑的、有信仰的、结了婚的、高自尊的、工作热情、与其性别和智力相适应的志向或期望的人。这一时期也开始了很多实证研究，比如对幸福感的简单测量，主要描述各种人口学变量，诸如年龄、性别、教育、收入、婚姻和健康状况等对幸福感的影响。此时，幸福心理学理论基本形成，但缺乏对幸福感产生的心理机制的研究，研究的方法还不够严谨、科学，对于如何学习新的理念也没有明确阐述。

（三）第三阶段：幸福心理研究的迅速发展阶段（1960年至今）

这一阶段在积极心理学的框架下，学者们开始了对幸福心理的重点研究，主要探讨各种内外部因素对幸福的影响，研究的方法也更加多样，理论研究取得重大进展。积极心理学的开创者哈佛大学心理学教授埃伦·兰格，在《正念》《正念学习的力量》《成为艺术家：通过正念创造力重塑自己》《逆时针：正念健康和可能性的力量》等著作中，表达了正念（高投入状态）能带来积极的结果的观点，倡导要积极关注周遭事物，增强对周围环境的感知力和敏感性，才能获得健康、幸福和能力，而不是"心不在焉"地生活，因此正念能够创造能量而不是损耗能量，正念能让人以新的眼光看待事物，并相信事物有很多改变的可能性。被称为积极心理学之父的马丁·塞利格曼，创立了正向心理学，主要研究人如何获得快乐的、有意义的、成功的人生，即"快乐的科学"，探讨影响快乐的因素。马丁·塞利格曼在其著作《真实的快乐》中，提出快乐的三个构成要素——享乐、参与（投入程度）、意义，强调意义比享乐重要，认为快乐（幸福）可以因为后天的努力而得到改善，并在此基础上形成了相对系统的幸福科学理论。心理学教授埃德·迪纳从20世纪80年代开始了对主观幸福感的研究。他认为"幸福的人"的特征是：具有积极的气质；更倾向于看到事物的光明的一面；对于不好的事情，不会反复思考和过分计较；有良好的社会诚信；具有实现有价值目标的适当资源。埃德·迪纳喜欢用经验抽样、每天记日记、访谈、记忆测量等不同的方法对幸福展开研究,其研究团队还发表了生活满意度量表。此后社会和心理学界对幸福的研究呈现出蓬勃发展的态势,研究的内容也从对影响幸福感的外部因素的关注逐步转变为对内部影响机制的关注与探索。

三、幸福的生理基础

现代神经脑科学的研究证明,多巴胺、内啡肽和血清素是影响人幸福感的三种重要物质。

多巴胺由大脑分泌,它是一种能够让大脑兴奋、让人感到开心和快乐的化学物质。当美好的事情发生时,会刺激个体的神经系统分泌和释放多巴胺,促进个体采取行动。比如热恋中的人感到异常幸福,就是因为恋爱刺激人体大量分泌多巴胺,促使恋爱中的个体神经兴奋。为了促进多巴胺的分泌,个体要学会通过品味生活、帮助他人、正念冥想、制造生活中的"小惊喜"等方式感受美好,享受幸福。

内啡肽不像多巴胺那样使人感到兴奋,它能够使人更加放松、安静、愉悦、安逸。内啡肽是由大脑的下丘脑区域分泌的一种神经递质,运动可以促进内啡肽的分泌。伴随着内啡肽的分泌,个体会排解压力,体验到快感,因此,当个体遭遇压力和困境时,可以通过跑步、打球、唱歌、跳舞等运动达到释放和排解压力的目的。

血清素是一种能够调节个体情绪的神经递质,当血清素水平较低时,个体容易产生焦虑、抑郁、烦躁、失眠等负面情绪;血清素水平较高时,个体就会感到放松、愉悦。大部分血清素由肠道产生,因此,肠道的健康影响着个体的情绪,保证肠道的健康可以促进血清素的分泌与合成。为了保证肠道的健康,个体要健康饮食,及时补充微量元素和各种维生素,接受阳光的照射,促进血清素的分泌,保持心情愉悦。

第二节 幸福的意义及影响因素

一、幸福的意义

(一) 幸福对身体健康的影响

从幸福的生理基础可以看出,一个具有积极心态的幸福的人容易分泌多巴胺、内啡肽、血清素等物质,从而减少身体的压力反应,避免疾病的发生,相比焦虑、抑郁的人更容易保持身体健康。塞利格曼和他的研究团队通过一些对动物的实验和对老年人的追踪调查,证实了幸福、乐观与免疫系统之间的关系:幸福、乐观的心态可以改变免疫反应,增强免疫系统发挥其功能,防止习得性无助的发生,从而使个体身体更加健康。国外的研究者也通过对生活在同一修道院环境下和生活习惯几乎完全相同的修女的一系列研究,得出幸福的人更加长寿这一结论。耶鲁大学的研究人员在对心脏病患者的研究中证实:婚姻压力影响成年人心脏病的康复进程,幸福的婚姻有助于心脏病康复。主观幸福感能通过影响人的免疫系统来保持其身体健康,而反过来,良好的身体健康状况有助于个体体验到更多的幸福感。

(二) 幸福对个体智商、创造力的影响

通常认为成功会使人幸福,但是研究证实,在获得成功之前通常就会感受到幸福,而取得成功后并不会使人更加幸福。在一项对婴儿的长达30年的研究中发现:幸福的婴儿在婴儿期和童年期智商得分更高,能够学习更多的知识,这些婴儿在成长中更容易获得成功,也表现得更加快乐,因此,呼吁家长在抚育孩子过程中要尽可能多地培养孩子产生积极情绪,从而帮助孩子提升幸福感,为未来的成功打下基础。由此可见,幸福有利于提升个体的智力、扩展个体的心智视野,当威胁或者机会来临时,幸福的个体更能够调配自身潜能和调动社会资源合理地去应对。

关于幸福和创造力的关系,国外研究者进行过一个需要发挥创造性来解决问题的实验。在实验之前,他们对参与实验的控制组进行积极情绪干预,比如给一袋糖果、给看一些好笑的卡通片或者有感情地念出一系列积极情绪的词汇等,对照组不进行积极情绪干预。他们在将控制组与对照组解决问题的实验结果进行对比后发现,积极情绪的干预确实能够提高个体创造力的发挥。幸福的人一定是行动积极的人。事实上,很多科学家获得重大的科研突破,就是因为他们进入了一种忘我的"福流"状态,在酣畅淋漓的积极行动中找到灵感,才会发挥出超越自我的创造力。

(三)幸福对个体心理健康的影响

幸福的个体在人格特质上会表现出外倾性、稳定性和亲和性特征,注重改善与他人的关系,具有良好的人际交往环境,对亲情、友情和爱情的关系处理得更加稳定、可靠。幸福的个体更容易产生自信、自尊、自我效能感等积极心态,增强个体对自己和周围世界的满意度,更容易获取知识、掌握技能、达成目标,促进个性化发展。幸福的个体在生活中更容易实施一些趣味性活动,比如旅游探险、艺术欣赏、娱乐消遣等,懂得享受生活的乐趣,能够有效利用自身资源和社会支持对抗不幸、忍受痛苦和去除消极情绪。幸福的个体往往具有更加完善的自我心态,这种积极向上的心态能够有利于个体发展出使生活变得更好的资源,促进其生活满意度更高,从而使得个体处于较高的心理健康水平。

二、幸福的影响因素

(一)遗传因素

2016 年,科学家首次确定了幸福与基因变异之间的关系,即某些基因的变化导致个体在生理上倾向于发展出幸福、忧郁或神经质等症状,也就是说幸福受基因决定,具有先天的个体差异。

在对双胞胎的研究中也得出一致的结论,同卵双胞胎拥有相同的基因序列,通过测量对比同卵双胞胎和异卵双胞胎的主观幸福感,发现在不同家庭抚养环境中长大的同卵双胞胎的差异,其幸福感水平较为接近,并且其接近水平要高于同一家庭环境中长大的异卵双胞胎。研究证实,基因对幸福感能够发挥50%左右的影响作用。基因的差异导致有些个体天生就偏向积极乐观，具有快乐的基因素质，倾向于以积极的方式体验生活；有的个体则倾向于消极悲观，具有不快乐的基因素质，倾向于以消极的方式体验生活。主观幸福感反映的是个体对自身发展状况的一种积极心理体验。

个体在先天遗传的基础上，会形成相对稳定的人格特质，这种遗传特性会使个体处于比较稳定的幸福感状态。以这个状态为基线，生活中发生突发性事件会使个体的主观幸福感在这个基线上下波动，虽然重大的消极事件（如失业、丧偶等）往往在短期内有损于主观幸福感，但是随着对特定事件的适应，个体的幸福感会回归到基线水平。需要说明的是，就像身高的遗传一样（虽然基因起一部分作用，但是也可以通过后天的饮食和锻炼来改善身高），人格特质虽然有基因决定性因素，但也可以通过后天因素来改善，个体可以通过加强对幸福感的练习来改变先天遗传基因和人格特质对幸福感的影响作用。

艾森克将人格特质归结为内外倾、神经质和精神质三个维度。国内外相关研究表明，在内外倾这个维度，外倾性人格一般好交际，不喜欢独处；内倾性人格喜安静，不喜欢与人交往；具有外倾性人格特质的个体，相较于内倾性人格特质的个体，其体验主观幸福感的水平更高。在神经质这一维度，个体情绪反应表现为稳定和不稳定两种特性，情绪反应稳定的个体相较于情绪反应不稳定的个体，更容易体验到幸福感。在精神质这个维度，得分较高的个体往往以自我为中心，表现为冷酷无情的特性，得分低的个体则表现出温柔、善良、助人的特性；前者表现出强烈的功利主义特点，个体追求与主流价值体系往往产生矛盾冲突，后者在助人的过程中更能体验到幸福感。

在人格特质中，良好的自尊对主观幸福感体验起着重要作用，自尊水平高的大学生更能够体验到较高的生活满意度和快乐感。自尊感较低的个体往往认为自己不配得到幸福，生活中总是注重一些不幸福的事情，经常会想一些不开心的事情，对自己的优点没有自信，觉得不足以支撑自己过上幸福的生活。尤其是在一些文化当中，认为人是邪恶的，人类崇尚破坏和杀戮，不可救药，这种内在和外在的双重否定让个体潜意识里觉得自己不配得到幸福，就算短暂获得了也会很快失去。因此，要教育学生全然地接纳自己，相信自己值得更好的生活，也接受自己的缺点、恐惧和怯懦，提升个体的自尊水平，从而让个体体验到更高的幸福感。

（二）需求因素

人的主观幸福感与其目标及价值能否得以实现有关。个体因为各种各样的需求，会给自己设定许多追求的目标。在实现目标或需求的过程中会产生积极或消极的情绪体验，积极的情绪体验一般会带来较高的生活满意度从而产生幸福感，个体实现的目标越大，体验到的积极情绪越强烈，幸福感也越强烈；反之，如果个体在实现目标的过程中遇到阻碍或者发生冲突，就容易导致消极情绪的产生，使个体降低或者体验不到幸福感。

在马斯洛的需求层次理论中把人的需求分为由低到高五个层次。马斯洛认为，人只有满足了低级的需要，才会产生更高层次的需求。个体的现实需求不同，其目标追求和价值取向也不相同，如果个体的价值取向为追求生活舒适，就会将提高收入水平作为自己的目标，当收入增加时，就会产生较高的生活满意度和幸福感；如果个体将增加智慧作为自己的价值取向，那么取得好的成绩或者在工作中作出成就就会给个体带来较强的满意度和幸福体验；如果个体具有崇高的为社会服务的理想信念，在帮助他人的过程中就能体会到强烈的幸福感（但有时候也会导致个体为此付出健康或者生命代价）。每个个体都有自己的价值系统，当个体的价值系统与其所处的社会的主流价值观相一致时，个体就容易体验到幸福感；反之，如果个体的价值观与社会主流价值观不一致时，个体就容易遭遇社会矛盾与冲突，陷入理想自我和现实自我无法统一的焦虑、痛苦、沮丧等情绪，降低个体的主观幸福感。

需要特别说明的是，幸福感与享乐主义有明显的不同之处。享乐主义者可以通过不道德的方式使需求得到满足从而感受到快乐，通常认为这种快乐感与幸福感有所区别，快乐感与价值观无关。但幸福感反映着个体的价值观，这种价值观通常认为是对个体和社会均具有意义的正向的价值追求。物质需求与主观幸福感的相关性取决于个体对物质的期望，物质需求对幸福感的影响存在一定的界限，当个体处于努力满足基本的生理和安全需求时，物质财富的增长和幸福感呈正相关关系；当基本需求得到满足后，物质财富水平的增长和幸福感之间的相关性则不显著。

（三）认知因素

幸福感的产生并不完全由基因遗传决定，也不完全取决于外在的需求刺激是否得到满足，与个体的内在认知也存在着很大的关系。认知通常指个体对知识的掌握和应用，认知包括个体对自我、认知对象和认知情境三方面的解释和观念。不同的认知导致个体产生不同的情绪以及对情绪刺激作出不同反应，认知的结果会使个体明确认知对象是否具有积极意义。如果个体基于自己的认知对事件作出积极的判断，就容易获得快乐和幸福的感受；如果作出消极的判断，就倾向于获得痛苦体验。认知代表着个体对待客观事物的态度，与个体的需求、生活经历、自我觉知以及所接受的教育有关，不同的认知代表不同的人生态度，形成不同的价值观和幸福观。

从对事件的归因来看，具有消极认知倾向的个体会把不幸看成是必然的，是由一些无法抗拒的原因造成的，会持续发生的结果，具有消极认知倾向的个体更容易将中性的结果看作消极的，甚至将一些无法界定好恶的模棱两可的事件看成是恶性的，更容易体验到焦虑感和痛苦感。具有积极认知倾向的个体则会认为不幸是偶然的、暂时的，是可以通过努力克服的，更容易将中性的结果看成是积极的，更容易体验到快乐和幸福。

从对事件的应对方式来看，具有积极认知的个体通常采用适应性的、有利于问题处理的以及能够提升自我能力的积极的行为，这样的个体既相信自己，有一定的自信心，又懂得寻求他人的支持与帮助，更能够在应对事件的过程中获得自尊和成就，从而提升自我的幸福感；而消极认知倾向的个体则容易采用回避性的、对抗性的、不利于问题解决的行为方式，在应对的过程中，这些消极认知倾向的个体更容易责备自己或者他人，容易偏执地执着于某些奇怪的想法，或者干脆回避问题的解决，任其发展，这样的应对过程个体更多地体验到的是悲伤、自责、焦虑、自卑、愤怒等消极情绪。

（四）社会支持

主观幸福感与社会支持具有相关性，个体得到社会支持时会获得幸福感。在学者们的研究中，家庭支持、朋友支持和其他支持与主观幸福感及其指标相关性都达到非常显著的水平。因此，良好的朋友关系有利于主观幸福感的生成，良好的社会关系是幸福最重要的源泉。

第三节　大学生的幸福困扰及其解决对策

一、当代大学生的幸福困扰

中国科学院发布的《中国国民心理健康发展报告（2021～2022）》中对近8万大学生心理状况的调查结果显示，抑郁和焦虑风险分别为21.48%和45.28%，说明我国大学生心理状况令人担忧，有超过1/5的学生存在抑郁情绪，约50%的学生面临焦虑问题，大学生面临的心理压力和挑战不容忽视。

首先是学业压力，在考试、竞赛、论文写作等环节遭遇困难，学生容易产生焦虑、自卑、否定自我等情绪，失去继续前进的动力。其次是社交压力，有的学生有社交恐惧症，一旦和别人交往就表现出紧张、焦虑和不知所措，有的学生害怕在交往中遭遇伤害而选择回避社交，有的学生遭遇亲密关系困扰，有的因生活琐事与同学或者舍友关系不和。在恋爱关系的处理中，有的学生遭遇"追求被拒"和"失恋"的打击而一蹶不振，有的因感情遭遇困难，无法正常排解苦闷情绪和修补逐渐崩塌的内心世界而作出自伤、自杀或者伤人的极端行为。最后是就业压力，大学生还会因就业压力引发情绪困扰，就业竞争的加剧导致一些大学生从升入大学就背负着"找工作难"的压力，在高考填报志愿时一些大学生甚至不惜放弃自己喜欢的专业转而选择容易就业的专业就读。有的大学生在就业竞争中受到挫败时，会产生知识无用论的想法，甚至会否定大学四年的努力和奋斗，感情变得逐渐冷漠，生活态度上常常愤世嫉俗，甚至产生扭曲的价值观，比如树立以金钱和权势为追求的价值目标，以非道德的方式获取所谓的就业机会或者选择不正当的就业方式。随着智能手机的普及，大学生还会遭遇网络成瘾的困扰，大部分遭遇学业困境的大学生都是因为网络成瘾，很多青少年犯罪也和网络成瘾相关。一些大学生还会面临其他的情绪困扰，如做事情莽撞，性格易冲动偏激等。

二、了解幸福的持久度和追求幸福的法则

每个人在生活中都经历过幸福的时刻，但是人总会感觉幸福时刻是短暂的，总是希望幸福可以持久一些。对此，塞利格曼提出的幸福的持久度公式如下：H(幸福的持久度) = S(幸福的范围) + C(生活环境) + V(个体可控因素)。

关于幸福的范围，前面在讲到幸福的影响因素时提到遗传基因对幸福感有50%的影响作用。受遗传基因的影响，个体的幸福感有一定的基准范围，其余因素会使幸福感超过或者低于这个基准，但是一段时期后个体的幸福感还是会回到基准范围内。学者们在对彩票中奖者的研究中也发现，中奖者在中奖后的几个星期或者几个月里会感觉很幸福，但是一段时期过后又会恢复其日常的情绪状态，说明幸福感是有时限的。生活环境包括个体的教育环境和人际环境。个体可控因素主要是指个体对待过去、未来以及现在的态度与方式。

从公式中可以看出，S（幸福的范围）和 C（生活环境）是不可控的，想体验到更加持久的幸福感，需要调节 N（个体可控因素）。针对可控因素，塞利格曼提出幸福的三个法则：感恩与宽恕过去；对未来充满希望和信心；享受当下的愉悦，对现状满意。

（一）感恩与宽恕过去

关于过去的情绪是否会影响现在的状态，答案是肯定的。人们在生活中经常会有这样的感受，心情沮丧时总会引起一些悲伤的回忆，心情愉悦时容易引起一些甜蜜的回忆，如果过去经历某些危险的场景，当现实中再次出现类似场景时心情会变得焦虑。那么对于过去那些"好的"或者"不好的"记忆，以怎样的态度去对待它们才能获得幸福的感受呢？心理学家总结了以下三方面：不沉溺于过去、感恩过去和宽恕过去。

1. 不沉溺于过去

当遭遇背叛和伤害时，人们常常有这样的体会，每次听到对自己实施过伤害的人的名字时，心中总会油然产生一股愤怒情绪，如果不对这种负面情绪做特别的处理，这种愤怒会延续很长时间而无法消失，对个体的心理造成

持续性的伤害。很多一生都无法走出童年创伤的人，认为童年创伤是自己不幸的源头，沉溺于童年创伤中无法自拔，就如同经常打开绷带查看伤口，甚至相当于把结痂撕开查看，是不利于创伤愈合的。很多精神类疾病的患者和抑郁症患者总是会喋喋不休地诉说过去的错事或者受到的伤害，但是越说就越是纠缠不清，陷入痛苦情绪无法自拔，甚至因此而自杀。由此可以发现，沉溺于过去尤其是过去的"不好"的回忆，会对个体的心理造成极大的伤害，影响个体的幸福感，因此，要对过去的情绪尤其是一些负面情绪进行有针对性的处理，即感恩和宽恕。

2. 感恩过去

对于过去，不要只关注那些不好的记忆对人的影响，而应该关注那些好的记忆，强化这些美好记忆带给人的幸福体验，感恩过去的某些经历、事件和重要人物对人生带来的积极影响。感恩能够将过去好的记忆放大延长，从而增加个体对生活的满意度。可以利用生命中的一些特殊日子，比如生日之际，对帮助过自己的人写一封感恩的信或者表达一段感恩的话语，也可以回顾自己的生命历程，列出值得感谢的事情清单。在平时的生活中，也可以进行一些感恩拜访，和感恩对象在一起交流彼此的心理感受，培养自己的感恩情绪，享受感恩带给自己的愉悦感受。

3. 宽恕过去

对于过去那些不好的记忆，应该选择宽恕而不是压抑，因为压抑只是暂时将负面情绪隐藏在潜意识中，而不是从根本上解决问题，宽恕可以在不改变记忆的情况下，将伤痛和仇恨等负面情绪转化或者消除。在生活中面对曾经伤害过自己的人，人难免会产生如下的想法和感受：我要让他付出代价，我发誓不对他友善，我要远离他，我不想看到他，我希望他遭遇不幸，我当他不存在，我要看他倒霉，等等。但是当人们持有这样的想法时往往自己也承受着非常大的心理负担，并不会体验到轻松感，甚至有时候当想法与事实相违背时会陷入痛苦、焦虑和愤怒等情绪中，由此可以发现，仇恨或者复仇并不能使人感到快乐。生活中那些懂得宽恕他人的人往往才能过得幸福。

◇ **拓展阅读**

宽恕练习：REACH

心理学家提倡人们在生活中多做一些宽恕练习，练习步骤如下。

回忆（Recall）：深吸一口气，慢慢地把事情在脑海中回想一遍。回忆时要客观，不妖魔化对方，也不自怨自艾。

移情（Empathize）：从对方的观点来分析他为什么要伤害自己，可以编一个故事，设想对方如何解释他的行为。

利他（Altruistic）：做到这一点很困难，需要真心地为对方好。可以回想自己之前犯错被原谅的事情，将其当作别人送的礼物，把这份礼物传递下去。

承诺（Commit）：在公共场合下承诺宽恕对方，可以写下宽恕保证书，也可以写信给对方，或告诉可信赖的朋友。

保持（Hold）：做到这一点也非常困难，因为人不能完全忘掉记忆，在此需要更换掉记忆里给这件事情贴上的标签，不在记忆中加入复仇成分，经常提醒自己已原谅对方。

不沉溺于过去的忧伤，面对记忆中"好"的和"不好"的回忆，懂得感恩和宽恕，个体最终会体验到满足、满意、成就感、骄傲、平静等幸福愉悦的感受。

（二）对未来充满希望和信心

西方学者通过"戴头套的狗"和"跳蚤实验"两个测试证明了"习得性无助"心理的存在。习得性无助是指个体因为重复的失败或遭受惩罚而造成的听任摆布的行为，它是通过后天学习形成的一种对现实的无望和无可奈何的行为和心理状态。当个体重复地遭遇困难的时候就有可能不想再去尝试，而陷入抑郁、沮丧的习得性无助心理。

从时间和空间两个纬度来看，乐观者和悲观者对待"好"和"不好"的事情的态度是有差异的。在面对"好"或者"不好"的事情的时候，悲观者往往持有一些以绝对化、概括化或者糟糕至极为特征的不合理信念，悲观者认为"坏"事情的发生是必然的、绝对的，不管在何种情境下，结果都是无法改变的,"好"事情的发生是偶然的、一时的,带有运气性的,一旦情境改变,好的结果就会消失。而乐观者认为世界上任何事情都是发展变化的,具有时代和情境的特殊性,任何事情的发展都具有两面性,当"不好"的事情发生时,乐观者倾向于认为是偶然的、一时的、情境改变时结果会变好,当"好"事情发生时,乐观者认为是必然的、永久的、不管情境如何变化好的结果最终都会出现。由此可以看出,乐观者和悲观者对未来持有的态度具有显著的差异,乐观的个体对未来充满乐观、希望、信心和信任,在生活中更容易体验到自我效能感,遇到困难时更能坚持,能够防止习得性无助心理的产生,促进个体的身心健康、学业进步和事业成功。而悲观的人更容易体会到痛苦和无助感,遇到困难容易放弃,产生习得性无助心理,不容易在学业和事业上做出很大的成就。心理学家和精神病学家均证实,悲观的态度和行为可以通过学习得到改变。

生活中很少有绝对乐观和绝对悲观的人,不同的人针对不同的事情可能持乐观或者悲观的观念和想法,这些观念和想法影响着个体对未来的态度与看法,人们要做的是避免习得性无助心理的产生,注重培养自己的乐观情绪,即习得性乐观。个体可以通过艾利斯的情绪 ABC 理论培养习得性乐观情绪,对悲观的想法进行驳斥,给"不好"的结果寻找充满希望的解释。比如大学生面对自己某门课程糟糕的学习成绩,寻找其他解释的可能性:是不是所有科目成绩都不佳?是不是题目难度偏大?是不是这门课程正好是自己的短板?自己的优势之处是不是没有发挥出来?等等,通过对各种因素的综合分析,找出能够发挥自我优势继续努力的方向,放弃自己最初认为成绩不好就很糟糕的想法,对未来充满希望和信心,为新的目标而奋斗。

(三)享受当下的愉悦,对现状满意

愉悦感分为身体的愉悦和精神的愉悦两种。身体的愉悦来自感觉通道,这种愉悦感往往持续的时间比较短,具有暂时性特征,当个体因某种刺激体验到感官的愉悦之后,再想得到相同的愉悦感就需要强度更大的刺激。如果个体一味地沉迷于这种感官的愉悦,就会频繁地寻求更强的刺激,使感官刺激"习惯化",将不利于个体保持持久的愉悦感,也限制着个体对其他领域愉悦的追求,从而使个体追求幸福的道路变"窄"。如果个体为了追求身体的愉

悦采取不道德甚至危害社会的方式，最终还会走向犯罪，失去对幸福追寻的机会。精神的愉悦来自思维深处，是认知的结果，比身体的愉悦内容更加丰富，从低强度的舒适、和谐、满意、放松、乐趣，到中强度的活泼、奔放、开心、高兴、欢喜、热衷、娱乐，再到高强度的狂喜、兴奋、刺激、销魂、亢奋等，精神的愉悦是多变的，可以反复回味的，比身体的愉悦更加持久。

为了给身边的人增加愉悦感，可以每天花5分钟时间，为他人制造惊喜。从增加愉悦感的角度来说，生活的仪式感很重要，比如在重要的节日为爱人做一顿丰盛的晚餐，送上一束对方喜欢的花，带爱人出去旅游，等等。当然为了让愉悦的感受更加持久，要控制愉悦的"习惯化"，将愉悦的时间间隔拉长。如果频繁地送爱人礼物，比如一个月送一次，对方得到礼物时的愉悦感就会降低。如果拉长送礼物的间隔，一年送一次，那么愉悦的感受还会像第一次那样强烈。因此，要懂得把愉悦平均分配在自己的生活中，找出最佳时间间隔。为了让愉悦的体验更加深入，还可以选择与他人分享愉悦，在分享中再一次品味愉悦，加深对愉悦的记忆建构，个体会更加开心，当然也可以在夜深人静时进入冥想状态，达到或保持正念，提升自我满足和幸福感。

对现状满意就是个体正在从事着自己喜欢的事情所带来的感觉，因为喜欢所以会沉浸其中，失去自我意识，进入"心流"状态，比如舞蹈家动情地跳舞，歌唱家投入地演唱优美的歌曲，运动员沉浸在比赛中，大学生专注于喜爱的体育运动，学生在一场高质量的讲座上听得入迷，国人沉浸在国庆阅兵现场直播的震撼画面中等。满意感与愉悦感不同，不能从身体愉悦中获得，是只有在特定行为完成后才会产生的感觉。对于满意感来说，"心流"状态非常重要，因为它是在投资幸福而不是消费幸福，要达到"心流"状态，需要一定的技能和努力，个体需要找到自己的优势并很好地发挥这些优势。可以通过VIA人格力量测试尝试找出自己的优势心理品质。如果找到的这些优势有如下特征，那就说明你找到了"真正的自己"：在运用这些优势时感到兴奋、欢乐、激情，甚至狂喜，尤其第一次展现优势时这些感觉更强烈；在运用优势的初期自己的能力得到快速上升，而且自己乐于用不断地学习和不断地调整新的方法来加强巩固优势；会围绕这些优势制订并实施个人计划，并渴望在不同领域都展现它。为了强化突出优势，个体还需要不断地在生活中运用它并加强突出优势练习，给突出优势以使用的机会，并懂得创造性地使用突出优势。比如，一个大学生的突出优势是创造性，那么可以选择加入创新创业社团，不断推出创新设想和作品；如果其优势是自我控制，那么可以选择每天定时运动或者自习；如果其优势是美感，可以拿着相机在周围环境中捕捉不同的风景。总之，通过这些活动不断强化自我的优势，在发挥优势的过程中体验投入的"心流"状态，增加自己对生活的满意感。

三、大学生解除幸福困扰的途径

（一）认识自我，培养积极的社会心态

大学生如何看待自己影响着他（她）对周围世界的解释风格和应对方式。如果学生总是关注自己的缺点与不足，那么他就容易自我否定和消极看待周围世界；如果学生能发现和挖掘自己的优势，接纳自己的不足，就会客观地评价自我和对待周围世界，以积极的态度解决生活中遇到的问题，应对生活中的挑战。

大学生可以通过以下方式培养积极乐观的社会心态。

1. 突破思维定式，勇于尝试新的行为方式

大学生在成长的过程中，会形成一定的行为习惯与为人处世倾向，这些习惯和倾向作为一种心理准备状态影响着他们后期的问题解决方式，即思维定式影响行为方式。在认识自我的过程中，大学生可能会受思维定式的影响。比如认知中的负面偏差导致学生过分纠结自己的缺点与不足，忽略自己的优点，养成自卑的性格倾向，就会在各种活动与挑战中形成畏首畏尾、害怕失败的行为表现。如果大学生能够突破思维定式，发现自己拥有某项优势，树立成长型思维模式，勇于接纳新的解决问题的想法，相信通过学习和努力能够改变和提升自己的能力，那么在行为上就会表现出勇于面对挫折与困难，敢于承担责任，关注改进措施，不断尝试新的解决问题方式的倾向，最终赢得成功的概率就会大大提高。

2. 识别自己的优势，合理确定抱负水平

对照塞利格曼总结的 6 种美德 24 项优势，通过测试量表，每个大学生都能找出其独特的优势和美德。这些优势与美德有利于大学生形成积极的自我

评价、悦纳自己、自尊自爱，在此基础上，合理确定自己的抱负水平，就会增加成功的经历体验。如果目标制定得过高，大学生竭尽全力却可能体验到挫败感，成功的概率太低，大学生就会产生习得性无助，自尊水平也会很低。如果抱负水平合理，大学生又善于利用优势做自己擅长的事情，就更容易进入"投入"状态获得成功。当任务复杂时，大学生要学会将目标任务进行分解，在每一个小目标的实现中，体验成功带来的成就感。

3. 加入社会群体，获得团体成员的接纳和支持

大学生要学会在群体中获得较高的认同感和自尊水平，在竞赛团队、青年社团、宿舍、班集体、学习小组等团体中与团队成员相互支持、相互鼓励、相互认同，形成共同的价值理念，与团体成员分享成功的经验，讨论失败的教训，获得团体成员的接纳，有利于帮助大学生建立自信，提升其自尊水平。

除此之外，大学生还要善于对自己进行积极的心理暗示，用潜意识的力量提升自尊水平，带来积极的心态。

（二）悦纳他人，建立良好的人际关系

人不能脱离社会群体而生存，良好的社会交往能力和人际环境是个体获得幸福的重要因素。

1. 克服认知偏差，客观评价他人

由于大脑存在无意识和有意识两种决策方式。无意识的决策方式凭借情感、记忆和过去的经验作出判断，能够使个体快速地完成任务，但有时候会导致错误的判断和行为；有意识的决策方式虽然可以调动个体的注意力应对问题，但往往利用无意识判断的结果来行事。因此无论哪种决策，都会导致个体在对他人进行认知和评价的过程中出现偏差，现实生活中表现为对他人的主观偏见，这些认知偏差和主观偏见导致个体不能客观、全面地评价他人，从而影响个体的人际关系。因此要想悦纳他人和建立良好的人际关系，个体必须首先克服这些认知偏差。同时，在认知偏差的基础上还要注意环境因素对人的行为产生的影响作用。个体在对他人进行评价时会过分强调他人的性格特点，而忽视环境对他人造成的影响。

2. 发现他人的优势，善意揣测对方

了解了认知偏差后，在与人交往中就不能贸然对他人作出评价，随着交

往频率的增加，通过一系列的观察、接触和交流，要善于发现他人的优势与美德，提升对认知对象的满意度，欣赏他人的优势从而悦纳他人。在亲密关系中有一种叫"积极错觉"的心理现象，即在大脑信息加工中产生对他人积极的歪曲的知觉，比如恋爱中的情侣容忍对方的错误，父母对自己孩子过分优秀的评价，好朋友之间放大对方的优点弱化对方的缺点等。这种"积极错觉"有利于个体在社会交往中善意地揣测对方，增进彼此之间的友谊，同时，这种积极错觉还可以作为一种积极的明示或者暗示，激发对方作出积极的行为或者得到好的行为反馈，从而促进人际交往的良性循环。

3. 常怀感恩之心，提升幸福指数

感恩意识的树立有利于大学生建立社会责任感、提升爱与被爱的能力、赢得他人的尊重与信任、体验到更多的充实感，从而有利于大学生形成健康的人格，建立良好的人际关系。缺乏感恩意识的大学生往往会形成以自我为中心的性格倾向，这种倾向会导致大学生无法妥善处理人与人之间的关系，在生活中感受到更多的被剥夺感，导致人际关系紧张或者僵化。感恩之心不仅包括感恩认知和感恩表达，更重要的是有感恩行为。当大学生接受了他人的帮助时，可以通过口头或文字表达，也可以通过给他人赠送礼物或者请客吃饭等物质回馈表达感恩之意；当他人需要帮助时，可以通过给予物质帮助、安慰、陪伴、关爱对方，表达对对方的支持和信任，加深彼此的感情。

4. 锤炼自我人格品质，提高人际吸引力

在人际交往中，真诚、热情、亲切、感恩、宽容、善良、乐观、乐于助人等人格品质最受欢迎，也最容易产生人际吸引。每个大学生都可以从24项优势与美德中找到自己最突出的心理品质，发挥这些优势可以使大学生的综合能力得到提升。在社会交往中，人们更倾向于欣赏有能力的人，与有能力的人交往有利于提升自己的价值，让自己变得更有能力。社会心理学中的熟悉定律表明，拉近与对方的空间距离，增加与对方见面的频率可以促进亲密关系的建立，因为熟悉会带给人安全感，因此具有亲切感的个体在人际交往中更受欢迎，具有相似爱好和价值观的个体之间更容易产生相互吸引。除此之外，外表的吸引力对人际吸引也很重要，所以大学生要适当地对自己进行形象管理，通过运动和健身塑造良好的身材，通过读书、绘画、舞蹈等提升自己的气质，从整体形象方面提升自己的人际吸引力。

(三) 投入学习，体验学业成就幸福感

学习是大学生最重要的任务，大学生要想在学习的过程中获得幸福感，必须做到以下两点。

1. 设定学习目标，专注地"投入"学习

在学习过程中制定目标非常重要，制定的目标要足以挑战自己的能力但不至于使自己产生挫败感，也就是说，学习所要达到的目标应该是有一定难度但又不至于难度太大，这样才能够很好地激发大学生的学习动机和求知欲。在有明确目标指引的基础上，为了提升专注力，进入忘我的"投入"状态，大学生在学习时首先要给自己创造一个相对安静、整洁的环境，可以选择去自习室或者图书馆学习，避免在人声嘈杂的宿舍、食堂或者马路边学习，学习桌面要保持整洁，尽量清除与学习无关的零食、饰品或者电子产品等；其次在每个学习时段内只给自己设定一个明确的目标任务，因为任务过多、过于繁杂会导致大学生大脑混乱，也会增加挑战难度，影响其注意力的有效集中，打击学习的积极性；最后在设定学习任务之后，大学生要尽量安排集中的时间段进行学习，如果将学习时间分散，往往很难集中注意力进入"投入"状态，总是会被其他外界"诱惑"所打断，学习效率会很低，就体验不到学习的成就感。

2. 培养自己良好的时间管理能力

面对同样多的学习任务，有的大学生能够在有限的时间内有条不紊地将每个任务都处理妥当，有的大学生则会拖拖拉拉，在任务提交的最后时刻手忙脚乱地应付。大学生的时间管理能力不同，学习的效果就不一样。大学生要提高学习效率，必须学会合理分配和利用自己的时间。首先，要从认知上建立良好的时间价值观，树立惜时理念，等到一天、一个月、一个学期、一年等时间段结束时，多回顾自己在这些时间段内学习与生活的点滴成就，就能感受到生命的价值、成长的意义；其次，要锻炼自己驾驭时间的能力，通过有效地规划学习、工作、休息和娱乐等时间，在计划时间内完成学习任务，在学习之余享受生活乐趣，就能够体验到对时间的掌控感和分阶段分目标任务完成后的成就感；最后，在学习中要懂得抓主要矛盾，把有限的时间和精力投入重要任务中，而不是在繁杂、琐碎、次要的事情上消耗自己，比如有

的学生明明知道自己今天的任务是去图书馆复习功课,但由于与舍友发生口角不开心就去找别的同学聊天,或者吃东西、睡大觉等,从而放弃了自己的重要学习任务。当学习任务比较多的时候,大学生也要分清任务的轻重缓急,先做重要且紧急的事情,再做重要但不紧急的事情,最后做不重要也不紧急的事情,游刃有余地处理生活中的主要矛盾与次要矛盾。只有不在小事情和非重要的事情上消耗自己,将更多的精力投入重要任务中,大学生才更容易获得学业上的成就和对生活的满意感。

(四)发挥优势,做好自我职业生涯规划

大学进入大众化教育阶段后,学生的就业压力逐渐增加。为了减轻对就业的压力感,学生在大学学习期间要对自己的人生和职业生涯进行提前规划。大学生如果在未来的职业中能够发挥自己的兴趣和优势,其职业幸福感就比较高。如果盲目就业,只是将工作当作谋生的手段,那么在工作中就容易产生消极情绪,无法以"投入"的状态认真对待工作,也体验不到工作带来的乐趣和成就感。

1. 了解职业类型和职业价值观

对于职业,每个人在内心深处都有着深层次的职业价值观。有的人认为能够有效地管理人员,得到晋升的机会就是职业上的成功,有的人认为具备一定的专业才能,取得技术上的突破就是成功;有的人觉得服务他人是很开心的事情,有的人讨厌被约束,更喜欢按自己的习惯、方式和标准来完成任务;有的人追求稳定安逸,有的人喜欢挑战困难。这些不同的价值观,分别对应着不同的职业类型,如管理型、技术型、服务型、自主型、安全型、挑战型等。这些不同的职业类型,对应着不同的发展方向,大学生要根据自己的性格与能力,探索自己的职业定位。

2. 了解与职业相匹配的职业性格

性格和兴趣对未来职业发展至关重要,不同的职业类型对人的性格要求也有差异。比如从事教育和社会工作就需要具备乐于社交、热心助人、善于表达等性格特征;从事企业管理、人力资源管理、法官、律师等工作需要具备有领导才能、有魄力、喜欢竞争、务实、功利等特征;从事技术和技能型职业的人一般具有动手操作能力良好、不善言谈、喜欢独立等特征;科研、

医生、编程等职业人员一般需要具备抽象思维能力良好、善于思考、知识渊博、理性思维等特征；从事艺术类工作的个体一般具有追求完美、个性突出、有创造力等特征。当个体的职业性格与职业类型相匹配时，个体就能够发挥潜能作出成就。需要特别注意的是：虽然性格具有稳定性，但也不是一成不变的，如果大学生对某个职业领域有浓厚的兴趣，也可有意识地调整和塑造与该职业相适应的性格。

在进行职业规划时，切忌利用自己的弱势和短板从事不擅长的职业，而应该结合自己的性格优势选择职业。当优势与职业相结合时，个体的需求能够得到满足，对职业的掌控感也会增强，随着潜能的发挥，个体的能力不断增长，得到的认同感不断激励着个体继续努力奋斗，职业的成就感也会越来越强。

参考文献

[1] 孟娟,周华忠. 自助与成长——大学生心理健康教育[M]. 北京：国家行政学院出版社,2013.

[2] 沈德立. 大学生心理健康[M]. 北京：高等教育出版社,2013.

[3] 刘儒德. 学习心理学[M]. 北京：高等教育出版社,2010.

[4] 俞国良. 大学生心理健康[M]. 北京：北京师范大学出版社,2018.

[5] 戴比·盖斯·朗曼,朗达·霍尔特·阿特金森. 大学生学习方法十二讲[M]. 夏慧言,张瑞华,译. 北京：首都师范大学出版社,2005.

[6] 露西·乔·帕拉迪诺. 注意力曲线——打败分心与焦虑[M]. 北京：中国人民大学出版社,2016.

[7] 约翰·A.辛德勒. 破解情绪密码[M]. 刘杰,译. 北京：中国长安出版社,2009.

[8] 马克·威廉姆斯. 改善情绪的正念疗法[M]. 谭洁清,译. 北京：中国人民大学出版社,2009.

[9] 埃斯特·希克斯,杰瑞·希克斯. 情绪的惊人力量[M]. 钟玉玲,译. 北京：中国城市出版社,2010.

[10] 盖瑞·查普曼,詹妮弗·托马斯. 道歉的五种语言[M]. 吕海霞,译. 北京：中国电影出版社,2014.

[11] 维茨金. 学习的艺术[M]. 苏鸿雁,谢京秀,译. 北京：中国青年出版社,2007.

[12] 拉金. 如何掌握自己的时间和生活[M]. 刘祥亚,译. 北京：金

城出版社,2009.

[13] 方晓义,夏翠翠.大学生心理健康教育[M].北京:人民邮电出版社,2022.

[14] 谭咏梅.遇见自己——大学生心理健康咨询与疏导[M].北京:人民出版社,2021.

[15] 刘新民.大学生心理健康的维护与调试[M].北京:中国科学技术大学出版社,2009.

[16] 高丽芳,常旭.心灵在快乐中成长——大学生心理健康教育教程[M].北京:首都经济贸易大学出版社,2018.